INTELIGÊNCIA ARTIFICIAL
ENTRE O FASCÍNIO E O MEDO

Proibida a reprodução total ou parcial em qualquer mídia
sem a autorização escrita da editora.
Os infratores estão sujeitos às penas da lei.

A Editora não é responsável pelo conteúdo deste livro.
O Autor conhece os fatos narrados, pelos quais é responsável,
assim como se responsabiliza pelos juízos emitidos.

Consulte nosso catálogo completo e últimos lançamentos em **www.editoracontexto.com.br**.

Paulo Roberto Córdova

INTELIGÊNCIA ARTIFICIAL
ENTRE O FASCÍNIO E O MEDO

Copyright © 2025 do Autor

Todos os direitos desta edição reservados à
Editora Contexto (Editora Pinsky Ltda.)

Montagem de capa e diagramação
Gustavo S. Vilas Boas

Preparação de textos
Lilian Aquino

Revisão
Bia Mendes

Dados Internacionais de Catalogação na Publicação (CIP)

Córdova, Paulo Roberto
Inteligência artificial : entre o fascínio e o medo /
Paulo Roberto Córdova. – São Paulo : Contexto, 2025.
288 p.

Bibliografia
ISBN 978-65-5541-620-6

1. Inteligência artificial 2. Ética 3. Tecnologia – Aspectos sociais
I. Título

25-1266   CDD 006.3

Angélica Ilacqua – Bibliotecária – CRB-8/7057

Índice para catálogo sistemático:
1. Inteligência artificial

2025

Editora Contexto
Diretor editorial: *Jaime Pinsky*

Rua Dr. José Elias, 520 – Alto da Lapa
05083-030 – São Paulo – SP
PABX: (11) 3832 5838
contato@editoracontexto.com.br
www.editoracontexto.com.br

Sumário

**UMA NOVA AMEAÇA À VISTA:
POR QUE DEVO ME PREOCUPAR?** 7

ESSA TAL DE INTELIGÊNCIA ARTIFICIAL 12

    Direto ao ponto 16

    Um fascinante quebra-cabeça 30

    Onde está a inteligência artificial? 84

A VERDADEIRA AMEAÇA 126

    O lado sombrio da aprendizagem: o problema do viés 130

    Violação de direitos humanos 148

    Ameaças às estruturas democráticas 161

    Ideias roubadas: inteligência em colapso 168

    O fim da humanidade: o problema da instanciação perversa 177

PARA ONDE VAMOS? **186**
    Uma questão de ética 188
    Dividir para conquistar 204
    Máquinas com senso moral 212
    Um caminho a seguir: a deontologia da IA 229

MEDOS, MITOS E REAIS RAZÕES PARA TEMER **256**
    Moinhos de vento contemporâneos 258
    À nossa imagem e semelhança 264
    Temer ou não temer, eis a questão 268

Notas 275
O autor 287

Uma nova ameaça à vista: por que devo me preocupar?

Desde os primórdios da nossa existência, a inteligência humana desempenhou um papel central na superação de desafios à sobrevivência, na criação de ferramentas e na formação de sociedades complexas. Esse atributo, aparentemente único de nossa espécie, pelo menos no grau em que podemos observar, possibilitou o surgimento de sistemas filosóficos, avanços científicos e revoluções tecnológicas que moldaram e transformaram o mundo ao longo dos séculos. A partir dessas capacidades cognitivas, o ser humano consolidou sua posição como a espécie dominante, usufruindo de uma supremacia intelectual que, até então, não podia ser superada ou desafiada.

No entanto, recentes avanços no campo da computação têm deixado claro que um novo tipo de recurso tecnológico, a inteligência artificial (IA), pode colocar essa supremacia em xeque. Com suas capacidades de aprendizado, criatividade, raciocínio e tomada de decisão, a IA levanta questões sobre a exclusividade humana em aspectos cognitivos que antes eram considerados intrinsecamente nossos.

O cenário é ainda mais inquietante porque recursos de IA já integram nosso cotidiano de maneira invisível, influenciando desde a forma como consumimos conteúdo até como nos relacionamos com o mundo. Isso, por um lado, pode ser positivo, pelo universo de novas possibilidades que se apresentam, impulsionando avanços que até então só eram possíveis no mundo da ficção científica. O modo como navegamos na internet e interagimos com computadores, por exemplo, foi profundamente transformado pela IA. Sem falar nos avanços em diferentes campos como agricultura, educação e saúde, como será apresentado na seção "Onde está a inteligência artificial?" do capítulo "Essa tal de inteligência artificial".

Por outro lado, a falta de transparência e ética no uso desses recursos pode amplificar e perpetuar problemas já existentes na sociedade. Por exemplo, questões relacionadas ao viés da IA, tratadas na seção "O lado sombrio da aprendizagem: o problema do viés", do capítulo "A verdadeira ameaça", podem levar as máquinas a reproduzirem comportamentos discriminatórios contra populações historicamente marginalizadas, como mulheres, negros e imigrantes. Além disso, é preciso considerar também o uso de algoritmos – instruções para que computadores executem aquilo que desejamos – capazes de moldar opiniões, capturar atenção e influenciar comportamentos, muitas vezes sem que as pessoas tenham consciência plena do grau de manipulação a que estão expostas. Esses usos da IA, sem a devida transparência podem implicar sérias violações à privacidade e outras liberdades individuais, como será discutido ainda no capítulo "A verdadeira ameaça", na seção "Violação de direitos humanos".

Imagine um estudante universitário usando um motor de busca – como o Google, Bing ou Yahoo – para pesquisar sobre temas acadêmicos.

Os resultados que aparecem no topo da lista não são determinados por critérios puramente científicos, mas por algoritmos que priorizam fatores como popularidade, lucratividade ou adequações estruturais das páginas de internet. Isso significa que, muitas vezes, as informações mais relevantes ou precisas ficam enterradas entre os resultados. Essa dinâmica pode influenciar diretamente o que as pessoas consomem, moldando opiniões por meio de informações que, apesar de parecerem confiáveis, podem ser incompletas, distorcidas ou tendenciosas.

Considere também o impacto no mercado de trabalho. Muitas pessoas já enfrentam o desafio de competir com máquinas que executam tarefas antes realizadas por humanos, e agora também precisam lidar com sistemas de recrutamento e ofertas de emprego que discriminam com base na cor e no gênero. Nos últimos anos, as redes sociais também ilustram como a IA molda nossos relacionamentos e percepções do mundo. Sistemas de recomendação decidem o que vemos, ouvimos e acreditamos, criando bolhas de opinião e amplificando desinformação. Em casos extremos, essas plataformas são utilizadas para manipular eleições e semear divisões sociais, tudo isso com a ajuda de algoritmos cujo funcionamento a maior parte das pessoas desconhece.

E quanto à privacidade? A maioria dos dispositivos modernos, como smartphones e assistentes virtuais, coleta dados constantemente. Esses dados alimentam sistemas de IA que, muitas vezes, sabem mais sobre nossas preferências, rotinas e pensamentos do que nós mesmos. Sem compreensão e regulação adequadas, essa relação pode evoluir para um estado de vigilância constante, onde a liberdade individual é ameaçada. E tudo isso é só parte do problema. Muitas outras questões sobre esse aspecto da IA serão tratadas no capítulo "A verdadeira ameaça".

Então, por que é tão crucial conhecer mais sobre IA? Porque o desconhecimento nos torna vulneráveis. Seremos consumidores de produtos determinados por algoritmos, trabalhadores descartados por sistemas que reforçam discriminações de cor ou gênero no mercado de trabalho e cidadãos cujas escolhas democráticas são manipuladas. Para garantir que a tecnologia seja uma extensão do potencial humano, e não uma limitação ou perigo, precisamos educar e nos educar. Saber como a IA funciona e quais são seus impactos é o primeiro passo para não apenas coexistir com ela, mas moldá-la a nosso favor.

O que está em jogo é nossa capacidade de sermos protagonistas em uma era marcada pela integração entre humanos e máquinas. Sem esse conhecimento, renunciamos à capacidade de garantir que decisões tomadas por computadores possam complementar nossas capacidades humanas, em vez de subvertê-las ou prejudicá-las.

Para ajudar nessa compreensão, indispensável para o exercício da cidadania contemporânea, este livro conduz o leitor por uma jornada instigante e acessível, que permite compreender o impacto da inteligência artificial em nossas vidas. Conectando e traçando paralelos entre essa tecnologia e a história humana, a leitura possibilita compreender os dilemas contemporâneos e as raízes das mais importantes preocupações relacionadas à IA.

Nesse sentido, com objetivo de oferecer um entendimento além do senso comum, a seção "Direto ao ponto" do capítulo "Essa tal de inteligência artificial" não se limita a explicar o que é inteligência artificial, mas também aborda questões fundamentais como as hipóteses da IA Forte e da IA Fraca, bem como os paradigmas que influenciam nosso entendimento sobre o tema. Para explorar toda a complexidade desse campo, ainda nesse capítulo, a seção "Um fascinante quebra-cabeça" apresenta uma visão geral das diversas áreas que a compõem, além de explicar o funcionamento de tecnologias disruptivas, como aprendizado de máquina, visão computacional e processamento de linguagem natural.

O texto também revela, ao longo de suas páginas, formas de identificar onde e como a inteligência artificial está integrada ao nosso cotidiano, na maior parte das vezes, de maneira pouco transparente. Ao longo do capítulo "A verdadeira ameaça", o leitor também é desafiado a encarar o lado sombrio da IA, descobrindo como os algoritmos podem refletir, amplificar e perpetuar preconceitos raciais e de gênero já enraizados na sociedade, representar riscos à privacidade e aos direitos humanos, ameaçar estruturas democráticas consolidadas e, em casos extremos, escapar ao controle de seus criadores. Explorando dilemas éticos profundos, o capítulo "Para onde vamos?" propõe, com base na literatura científica, caminhos alternativos como o desenvolvimento de máquinas com senso moral e a criação de uma deontologia específica para a inteligência artificial.

Por fim, o capítulo "Medos, mitos e reais razões para temer" desconstrói os mitos que envolvem cenários apocalípticos difundidos pela ficção científica, como uma possível tomada de poder ou destruição da humanidade pelas máquinas, trazendo à tona os reais riscos que a inteligência artificial pode representar para o futuro da humanidade. Ao longo da obra, a pergunta central – "devemos ou não temer a IA?" – é cuidadosamente discutida, levando o leitor a encarar verdades incômodas e a encontrar respostas que podem surpreender.

Uma nova ameaça à vista: por que devo me preocupar? Essa questão provocativa, que intitula esta apresentação, serve como ponto de partida para refletirmos sobre os impactos crescentes da inteligência artificial no mundo atual. O que está sendo ameaçado? Nossa hegemonia intelectual, dignidade, bem-estar? Ao longo deste livro, serão exploradas as diferentes facetas desse recurso tecnológico, analisando seus benefícios, seus riscos e, principalmente, as respostas para essas perguntas e para lidar com os desafios que ela impõe. Afinal, a verdadeira ameaça pode não estar nos algoritmos, mas nas escolhas que fazemos ao projetá-los e utilizá-los.

Essa tal de inteligência artificial

A ideia de que a maioria das pessoas não entende o que é e como a inteligência artificial é aplicada no dia a dia pode parecer chocante à primeira vista. Muitas vezes, essa surpresa vem do fato de que temos uma tendência natural a superestimar nosso próprio conhecimento sobre certos assuntos.

É comum acreditar que entendemos bem aquilo que usamos frequentemente, mas a verdade é que nossa interação com sistemas de IA está tão entrelaçada com a rotina que ela tende a se tornar invisível. Quando compramos on-line e recebemos sugestões "sob medida" ou quando um assistente virtual nos avisa sobre o trânsito antes mesmo de sairmos de casa, estamos testemunhando sistemas que usam IA. No entanto, poucos reconhecem esses mecanismos como inteligência artificial e, menos ainda, compreendem seus funcionamentos, limitações ou riscos.

Isso revela uma ilusão perigosa: a de que saber usar uma ferramenta equivale a entender como ela opera. Essa confiança exagerada,

por sua vez, aliada à falta de noção sobre o que realmente compõe o campo da IA, nos leva a um paradoxo desconcertante no qual, quanto menos sabemos, mais acreditamos saber.

Esse fenômeno intrigante, que pode ser generalizado para qualquer área do conhecimento, resulta de um mecanismo cognitivo conhecido como efeito Dunning-Kruger, um conceito revelado pelos psicólogos David Dunning e Justin Kruger em 1999. Eles descobriram que a nossa autopercepção de competência pode ser perigosamente enganosa, criando uma ilusão de conhecimento que nos cega para nossas próprias limitações.[1] Segundo eles, todos temos habilidades em algumas áreas e somos completamente ignorantes em outras.

O verdadeiro desafio está em diferenciar a completa falta de conhecimento de uma competência mínima em um campo específico. Essa dificuldade faz com que muitas pessoas superestimem sua capacidade em certos assuntos, produzindo uma falsa sensação de competência que não condiz com a realidade.[2]

Dunning e Kruger chamaram esse ponto obscuro de metaignorância, ou seja, quando alguém não tem consciência do quanto desconhece sobre um determinado assunto, ignorando a própria ignorância.[3] Para ilustrar esse fenômeno, a psicóloga e pesquisadora Rebecca Lawson, da Universidade de Liverpool, realizou um experimento em que perguntou a um grupo de pessoas se elas sabiam como uma bicicleta funciona. Em seguida, pediu que desenhassem uma bicicleta funcional, incluindo todas as peças necessárias para que ela pudesse andar.

O resultado foi que a maioria das pessoas achava que conhecia a estrutura básica de uma bicicleta até ter de desenhá-la. E, mesmo quando as peças da bicicleta foram fornecidas para ajudar, mais de 50% dos participantes da pesquisa ainda não sabiam como montá-la no desenho.[4] Pesquisas posteriores evidenciaram, ainda, que quanto menos alguém sabe sobre determinado domínio, maior a sua ignorância sobre o que não sabe a respeito dele, e maiores as chances de superestimar suas competências sobre o assunto, mantendo-se presas em uma perigosa bolha de autoconfiança ilusória.

Não há qualquer problema em ignorar, desconhecer ou não dominar certas áreas do conhecimento. Todo mundo, em algum grau, é ignorante acerca de muitas coisas. Um grande especialista em neurocirurgia, por exemplo, pode não ter a mínima noção de como se monta a fiação elétrica de uma casa. O problema está em superestimar as próprias capacidades.

No campo da computação, possivelmente devido à ampla difusão e integração dos recursos de informática no cotidiano da sociedade, alguns podem ter a impressão de que possuem um entendimento mais profundo do que realmente têm. Assim como no caso da bicicleta, essa confusão entre habilidades básicas de operação de computadores e proficiências mais avançadas em informática pode ocorrer.

Sempre que pergunto aos meus alunos das primeiras fases de graduação em Computação se eles entendem como um computador funciona, a resposta é quase sempre um entusiástico "sim". No entanto, o verdadeiro teste vem quando peço que desenhem um modelo simples para ilustrar o processamento básico de dados e o papel dos componentes essenciais, como a memória principal, as memórias secundárias, o cache e o processador. É nesse momento que o experimento de Lawson se repete, revelando a lacuna que há entre a percepção e o conhecimento real dos alunos sobre o funcionamento dos computadores.

Esse fenômeno também é muito comum quando se trata de inteligência artificial. À medida que a IA se torna cada vez mais presente e integrada em diversas áreas da nossa vida, as pessoas podem facilmente se enganar sobre o quanto realmente entendem do assunto. Isso pode mantê-las distantes de uma visão crítica e esclarecida sobre os impactos desse recurso tecnológico. Embora pareçam familiarizadas, na verdade, elas não sabem identificar com precisão onde a IA está presente e como ela molda escolhas e comportamentos diariamente.

Um estudo global com 6 mil participantes conduzido em 2017 pela Pegasystems, uma empresa estadunidense especializada em soluções em software que usam IA, revelou um dado surpreendente: enquanto 77% das pessoas utilizavam regularmente tecnologias de inteligência artificial, apenas 33% estavam cientes disso.[5] Esse contraste evidencia uma lacuna significativa.

Nessa mesma linha, outra pesquisa de 2021 revela que a percepção geral sobre a IA é frequentemente uma ideia nebulosa de uma solução mágica, dotada de habilidades especiais para resolver problemas complexos. Essas descobertas ressaltam a disparidade entre o uso real da tecnologia e a compreensão que as pessoas têm sobre suas capacidades e impactos.[6]

Além disso, pesquisadores do Centro de Governança de IA da Universidade de Oxford, nos EUA, constataram que a maioria dos usuários reconhece o uso de IA por alto-falantes inteligentes, robôs sociais, carros e drones autônomos. Contudo, não têm ideia de que recursos como a marcação de fotos no Facebook, o buscador do Google, as recomendações da Netflix ou da Amazon e o Google Tradutor também a utilizam.[7]

Essa constatação também foi corroborada pelos resultados de um estudo que envolveu 3.804 pessoas, realizado em 2020 pela Northstar Research Partners, uma agência especializada em pesquisas globais. Os resultados revelaram uma diferença significativa no reconhecimento entre a IA invisível, composta de algoritmos que operam nos bastidores, e a IA visível, representada por dispositivos tangíveis como assistentes de voz, como Google Assistente, Apple Siri, Samsung Bixby e Amazon Alexa. O estudo mostrou que 90% dos entrevistados sabiam que os assistentes de voz são impulsionados por IA, enquanto quase um terço não considerava as redes sociais uma tecnologia baseada em inteligência artificial.[8]

Esses estudos revelam a dificuldade das pessoas em reconhecer a presença e a aplicação da IA em suas vidas. Parece que o termo "inteligência artificial" se popularizou muito rápido, está em toda parte, todos estão falando a respeito disso, mas poucos sabem realmente o que é e onde está a IA.

Para ajudar a desmistificar esse conceito e estabelecer uma base comum para a discussão, o próximo capítulo explora as diversas facetas da inteligência artificial. Com isso, esperamos construir um entendimento sólido sobre esse recurso disruptivo que está ajudando a moldar o futuro da humanidade e a conduzi-la a um ponto de inflexão.

DIRETO AO PONTO

Quando abordamos um problema situado na vanguarda do conhecimento científico e tecnológico, onde a linha entre o conhecido e o desconhecido é tênue, não existem respostas fáceis. Nesse território de investigação e descoberta, a dúvida se torna uma aliada mais sábia e cautelosa do que a certeza. E é nesse cenário dinâmico e desafiador que a ciência avança, impulsionada pela curiosidade e pelo questionamento incessante.

Por essa razão, qualquer definição apressada e simplista que se possa dar sobre um tema que precisa ser abordado com responsabilidade pode ser inconsequente. A inteligência artificial exemplifica bem esse tipo de desafio. Há ainda muito a ser descoberto, investigado, descrito e compreendido sobre o assunto. Portanto, as discussões sobre o que ela é, o que representa e como pode nos beneficiar sem representar riscos geram múltiplas concepções, abordagens e pontos de vista.

Além disso, falar de inteligência artificial sem primeiro definir o que entendemos por inteligência pode resultar em conceitos vagos e genéricos. Por outro lado, tentar definir inteligência também não é uma tarefa fácil. Diversos campos de pesquisa se dedicam a esse tema, cada um com suas próprias discussões, linguagens e definições. E, como frequentemente acontece no mundo científico, não há um consenso definitivo sobre como defini-la exatamente.

Ainda assim, considerando que a IA já é uma realidade palpável e que seus efeitos estão cada vez mais presentes em nosso cotidiano, é preciso admitir que precisamos conhecê-la e aprender a lidar com ela. Nesse sentido, talvez a questão mais importante seja: é correto que chamemos comportamentos executados por máquinas de "inteligentes"? Afinal, ainda não conseguimos sequer definir com clareza o que é inteligência, embora já possamos compreender alguns dos seus mecanismos, o que nos possibilita certo otimismo cauteloso. Além disso, as pesquisas em IA têm avançado ao ponto podermos ensinar computadores a executar vários desses mecanismos.[9]

Nesse contexto, embora alguns pesquisadores questionem essa abordagem, frequentemente atribuímos características humanas para explicar comportamentos que, na verdade, são o resultado da execução de algoritmos, que, neste domínio, para todos os efeitos, podem ser descritos como instruções codificadas em alguma linguagem de programação. Esse fenômeno, em que atribuímos traços humanos à concepção e à descrição das funções da inteligência artificial, é conhecido como abordagem antropomórfica.

O termo *antropomorfismo* tem sua origem na língua grega, sendo a justaposição das palavras *anthropo*, que significa "homem" no sentido de espécie humana, e *morfhe*, que significa "forma". Na prática, trata-se da atribuição de características humanas, como estados e experiências mentais, emocionais, comportamentais ou morfológicas a agentes não humanos. Atualmente, o antropomorfismo se consolida como uma forma comum de pensar e está presente em diferentes áreas do conhecimento, ajudando a compreender melhor a natureza das coisas por meio de uma perspectiva mais humanizada.

Contudo, a abordagem antropomórfica tem sido objeto de discussão no campo da IA, trazendo à tona questões éticas e epistemológicas como: faz sentido dizer que as máquinas aprendem ao falarmos em aprendizagem de máquina? É legítimo atribuir criatividade às máquinas? Podemos dizer que elas são capazes de raciocinar, fazer inferências, ter intenções ou planejar?

Sobre tais questões, os debates são intensos, e o consenso é raro. É evidente que muitos pesquisadores recorrem a termos e conceitos antropomórficos para tentar entender e manejar melhor o avanço da inteligência artificial.[10] No entanto, é fundamental lembrar que essas expressões não devem ser interpretadas literalmente, mas como referências para organizar e entender as diversas facetas desse recurso.[11]

Neste livro, não vamos abordar profundamente a natureza da inteligência em si, mas é indispensável entender alguns dos seus atributos, os quais usamos para descrever os comportamentos da IA através de uma lente antropomórfica. Isso possibilitará uma melhor compreensão do que, de fato, se trata essa tal de inteligência artificial. Para esse fim, podemos considerar como essenciais a capacidade de resolver problemas por meio do **raciocínio**, da compreensão e utilização de **símbolos**, do potencial para **aprender** coisas novas, do uso da **linguagem**, da **interpretação de sinais** do ambiente, como sons e imagens, da **autonomia para agir e seguir objetivos** e do poder de **criar** coisas novas.

Replicar artificialmente esses atributos, no entanto, não implica dotar as máquinas de consciência ou subjetividade. Em vez disso, trata-se de desenvolver sistemas que possam executar tarefas associadas à inteligência humana de maneira eficiente e, em muitos casos, com maior velocidade e precisão. Essa distinção é importante para compreender os limites e as possibilidades da IA.

Porém, antes de explorarmos mais a fundo esse complexo universo, é importante conhecer duas perspectivas fundamentais sobre a abrangência da inteligência artificial: a hipótese da IA forte e a hipótese da IA fraca. Essas perspectivas não apenas moldam e definem os limites para a aplicação dos recursos de IA disponíveis, mas também nos permitem discernir entre o que já é possível e o que ainda habita o reino das possibilidades.

A hipótese da IA forte

O campo da inteligência artificial pode ser considerado um dos mais recentes em ciências e engenharia. Seu desenvolvimento teve início logo após a Segunda Guerra Mundial, tendo seu nome cunhado em 1956, em um seminário liderado por John McCarthy em Dartmouth. Trata-se de uma área que, embora seja relevante para qualquer tarefa intelectual, é bastante complexa, difícil de caracterizar e delimitar.

A hipótese da inteligência artificial forte, também chamada de inteligência artificial geral (AGI, do inglês Artificial General Intelligence), propõe a criação de máquinas capazes de realizar qualquer tarefa cognitiva que um ser humano possa desempenhar. Diferentemente das IAs atuais, que simulam comportamentos inteligentes, a AGI visa uma inteligência real, com compreensão e raciocínio comparáveis aos humanos.

Essa definição permite diversas interpretações e especulações. Embora ainda não haja um consenso sobre o que caracteriza uma IA forte, espera-se que ela replique capacidades humanas como compreensão contextual, adaptação, autorreferência, autorreflexão e inteligência emocional.[12]

Uma AGI, por exemplo, não se limitaria a cumprir ordens, mas compreenderia os motivos por trás delas, demonstrando entendimento do mundo real. Sua capacidade de adaptação permitiria enfrentar novos desafios sem reprogramação. A autorreferência e a autorreflexão indicam poder para analisar e modificar seu próprio funcionamento, como alguém que reflete sobre seus erros e acertos. Já a inteligência emocional não pressupõe sentimentos reais, mas habilidades de reconhecer emoções humanas, simulá-las e ajustar suas respostas com base nelas, tornando a interação mais efetiva.

Diferentemente das IAs especializadas, uma IA forte apresentaria versatilidade, transferindo conhecimento entre áreas distintas para resolver problemas novos. Aprendizado contínuo e adaptação fluida são pilares dessa concepção, voltada para lidar com o imprevisível.

O desenvolvimento da IA forte, entretanto, enfrenta sérios obstáculos. A complexidade da mente humana, a representação de conceitos abstratos, a criatividade e a consciência ainda desafiam a ciência. Além disso, questões éticas e de segurança, como governança e uso responsável, são centrais no debate.

Apesar de alguns sistemas de IA atuais impressionarem por sua aparente inteligência, isso não significa que sejam AGIs. Eles apenas simulam inteligência ao processar grandes volumes de dados e imitar padrões preestabelecidos, mas não têm autorreferência, adaptação ou compreensão genuína. São ferramentas impressionantes, porém limitadas ao que foram programadas para fazer.

Segundo alguns pesquisadores, existem ainda teorias sobre a possibilidade de criação de uma superinteligência artificial. Esta deveria, em hipótese, não apenas se igualar às capacidades humanas de inteligência, mas superá-las.[13] Uma entidade desse tipo seria capaz de aprender e evoluir em velocidades inimagináveis, adquirindo conhecimentos e habilidades muito além do alcance humano. Poderia desenvolver objetivos próprios, redefinir sistemas sociais, econômicos e políticos e transformar profundamente o papel dos seres humanos no planeta. O impacto potencial dessa inteligência, caso desenvolvida sem salvaguardas apropriadas, inclui desde o avanço da humanidade até o risco de cenários incompatíveis com os interesses e a própria existência humana.

Existem diversos esforços de pesquisa voltados à construção de máquinas com as capacidades atribuídas à chamada IA forte, mas, até o momento, a existência de algo parecido com isso permanece apenas no domínio da ficção científica, já que até mesmo no longo prazo não há qualquer perspectiva concreta de alcançar algo semelhante. A principal razão para isso é que a consciência, um dos elementos fundamentais para a existência de uma inteligência geral, ainda é um mistério que sequer conseguimos explicar completamente em nós mesmos.

Por essa razão, este livro se concentra na inteligência artificial que já existe e que, mesmo em sua forma limitada, conhecida como IA fraca, já tem provocado profundas transformações. Embora restrita a tarefas específicas e desprovida de qualquer traço de consciência ou entendimento real, essa IA continua a moldar nossas vidas, trazendo inovações, ao mesmo tempo que desperta preocupações e debates sobre suas possibilidades e riscos.

A hipótese da IA fraca

A inteligência artificial fraca, também conhecida como IA estreita, segue uma abordagem mais cautelosa, assumindo que as máquinas podem ser capazes apenas de imitar certos aspectos da inteligência humana. Em geral, são projetadas para realizar tarefas específicas e limitadas, sem a capacidade de generalizar ou executar funções além de seu escopo predefinido. Ao contrário da inteligência artificial geral, que aspira a replicar a amplitude da inteligência humana, a IA fraca é especializada em desempenhar funções específicas com eficiência.

Assim, uma IA criada para jogar xadrez, por exemplo, poderia ser capaz de derrotar até o melhor jogador entre os humanos, como aconteceu em 1997 quando o DeepBlue, um supercomputador desenvolvido pela IBM, derrotou Garry Kasparov, um dos maiores enxadristas de todos os tempos. Contudo, esse mesmo computador, baseado em sua IA projetada para jogar xadrez, seria incapaz de diferenciar um gato de um pombo. Isso deixa clara a natureza superespecializada das soluções baseadas em IA fraca.

No entanto, tais soluções são de fundamental importância e especialmente úteis para os humanos em tarefas trabalhosas e repetitivas, pois as máquinas são mais eficientes e precisas, o que, por sua vez, contribui para encurtar expressivamente ciclos complexos de decisão. Atualmente, modelos de inteligência simulados por computador podem ser usados para estudar problemas específicos, como o clima, a economia, a biologia molecular, entre outros. É no campo das IAs fracas que se encontram os maiores esforços e avanços na área da inteligência artificial, destacando-se pela relevância e aplicabilidade prática em diversas áreas do conhecimento.

Este livro se concentra na apresentação, análise dos riscos e possíveis soluções para as tecnologias baseadas nesse tipo de inteligência artificial. Em vez de explorar hipóteses futurísticas, distantes e improváveis, o objetivo é conscientizar o leitor sobre o impacto real da IA no mundo contemporâneo e os desafios que ela traz. Contudo, antes de explorarmos a diversidade do universo composto pelas IAs fracas, é fundamental que o leitor compreenda como a área da inteligência artificial é organizada segundo seus paradigmas. É sobre este tema que trata a próxima seção.

Muros invisíveis: o papel dos paradigmas

Em todos os domínios do saber, como Filosofia, ciência, religião ou senso comum, nossas crenças, valores e a forma como entendemos a realidade são moldados por ideias, modelos e conceitos aceitos como verdade em um determinado momento histórico. Esse conjunto de crenças e valores que moldam e limitam nossa percepção da realidade é conhecido como paradigma.

Um exemplo bastante conhecido de paradigma é a forma como o conhecimento é segmentado nas escolas: Matemática, Química, Física e outras unidades curriculares com fronteiras bem definidas. Essa maneira de conceber o conhecimento, segmentando-o em **disciplinas**, não apenas ajuda a organizar a maneira como o passamos de geração em geração, mas também influencia profundamente como entendemos e interagimos com ele e com a sua produção.

Estamos tão acostumados com essa forma de dividir e categorizar os saberes ensinados nas escolas, cursos e universidades, que raramente questionamos o porquê de as coisas serem dessa maneira. Entretanto, se pararmos para pensar e estudar outras possibilidades, não é difícil descobrir que essa abordagem é apenas uma entre muitas possíveis para estruturar um currículo escolar ou acadêmico. O que consideramos normal hoje é na verdade uma perspectiva influenciada pelo que chamamos de paradigma disciplinar da ciência moderna, um conceito que tem suas raízes nas ideias do filósofo René Descartes. Esse paradigma, apesar de amplamente aceito e aplicado, está longe de ser a única maneira de produzir, organizar e ensinar o conhecimento para as futuras gerações.

Na verdade, este modelo tem recebido muitas críticas por resultar em superespecializações que acabam privando pesquisadores e estudantes de uma visão global e contextualizada sobre a aplicação dos saberes produzidos e aprendidos dessa forma. E, na tentativa de resolver essa questão, diferentes abordagens interdisciplinares com o intuito de reestabelecer a noção de finalidade para os saberes segmentados e descontextualizados têm sido propostas ao longo das últimas décadas.

Esse exemplo serve muito bem ao propósito de explicar como os paradigmas podem limitar a capacidade das pessoas de reconhecer e aceitar novas ideias que não se encaixam nos modelos em vigência. Isso evidencia a necessidade de questionar e revisar constantemente nossas crenças e percepções para evitar uma visão restrita da realidade.

A compreensão da essência dos paradigmas revela por que o surgimento de um novo pode abalar profundamente as crenças e os métodos estabelecidos por gerações, provocando uma verdadeira revolução no pensamento. Foi o que aconteceu com a teoria da relatividade do famoso físico e teórico alemão Albert Einstein, que desafiou e transformou radicalmente a compreensão do espaço e do tempo, redefinindo os limites do possível e expandindo os horizontes do conhecimento humano.

Mas os paradigmas também podem servir como ferramentas capazes de nos ajudar a organizar o conhecimento sobre o mundo. Na ciência, por exemplo, eles nos guiam na busca por padrões, na criação de conexões e na classificação dos saberes, permitindo formular explicações, hipóteses e teorias de forma mais organizada e delimitada.

Na área da inteligência artificial, paradigmas específicos ajudam a estruturar seu desenvolvimento e classificá-la segundo as características de cada técnica, possibilitando maneiras mais compreensíveis de explicá-la. As próximas seções apresentam uma importante introdução ao mundo da IA segundo os seus paradigmas.

PARADIGMA SIMBOLISTA

Uma das capacidades cognitivas que mais nos diferencia de outras espécies é o pensamento simbólico. Essa habilidade nos permite atribuir significados profundos a objetos e conceitos abstratos por meio de símbolos, como palavras, números e imagens. O pensamento simbólico é a base da linguagem, da cultura e da arte, ajudando a moldar a maneira como pensamos, comunicamos e compreendemos o mundo ao nosso redor.

Um exemplo claro de pensamento simbólico é a maneira como usamos palavras para representar ideias complexas. Por exemplo, a palavra "liberdade" não é apenas uma sequência de letras, mas um símbolo carregado de significados profundos e variados, dependendo do contexto cultural e pessoal de quem a interpreta. Esse símbolo permite que discutamos conceitos abstratos, como direitos humanos ou independência política, sem precisar descrever cada detalhe minuciosamente. O pensamento simbólico nos capacita a transcender o concreto e a construir modelos de civilizações em torno de ideias compartilhadas, tornando possível a comunicação e a colaboração em uma escala que vai muito além do que outras espécies conseguem realizar.

Entretanto, como usamos essa capacidade de maneira natural e inconsciente, mal percebemos como realmente a empregamos e, na maioria das vezes, sequer entendemos o que ela é de fato. É como respirar: fazemos sem pensar, mas a complexidade do processo pode surpreender. Talvez, ao explorar como o paradigma simbolista opera na inteligência artificial, possamos ganhar *insights* sobre essa habilidade tanto em seres humanos quanto em máquinas.

Sendo assim, podemos iniciar dizendo que o paradigma simbolista, que foi dominante nos primórdios da IA, logo após a Segunda Guerra Mundial,[14] propõe que o conhecimento possa ser codificado em forma de símbolos, como palavras, números e regras, e que a inteligência emerge da manipulação desses símbolos de acordo com regras ou algoritmos predefinidos. Assim, para desenvolver uma IA capaz de jogar xadrez aplicando os preceitos desse paradigma, seria necessário criar uma representação computacional do tabuleiro e de cada uma das peças, representadas como símbolos, além de modelar as regras do jogo de uma forma que pudessem ser usadas pela IA.

Em contrapartida, quando uma pessoa aprende a jogar xadrez, ela também cria em suas memórias símbolos abstraídos do tabuleiro, das peças e das regras. Após criar essa representação mental simbólica, o jogador se torna capaz de imaginar as peças se movendo em um tabuleiro, criar estratégias e planejar jogadas mentalmente. Tudo em seu próprio cérebro, sem precisar de estímulos sensoriais, como a visão de um tabuleiro real e de suas peças.

Portanto, a IA simbólica é aquela que usa representações da realidade para resolver problemas que exigem um certo grau de inteligência. Essas representações podem ser codificadas de diferentes formas, como árvores de decisão, lógica de predicados ou algoritmos, de modo que possam ser computacionalmente manipuláveis.

Com isso, tarefas consideradas inteligentes realizadas por seres humanos, como classificar objetos, responder a perguntas ou vencer um jogo, podem ser realizadas por meio de uma sequência lógica de passos. Uma das estratégias que podem ser aplicadas nesse contexto é a decomposição de um problema principal em partes menores que, ao serem resolvidas, contribuem para a resolução do problema em sua totalidade.

Por meio desses recursos, os sistemas de IA representam o mundo real ao converter objetos, eventos e conceitos em símbolos que podem ser processados por máquinas. A partir disso, esses símbolos são manipulados logicamente pelo sistema seguindo regras pré-definidas, possibilitando a realização de raciocínio e inferências. Essa habilidade é fundamental em diversas aplicações da IA, como jogos, planejamento de rotas, diagnósticos médicos, entre tantas outras.

O paradigma simbolista da inteligência artificial, portanto, visa reproduzir habilidades humanas essenciais, como a abstração da realidade, que envolve extrair apenas as características fundamentais de objetos ou eventos para um contexto específico. Além disso, procura imitar a capacidade de associar símbolos a significados concretos e generalizar conceitos para aplicá-los em diversas situações. Essas abordagens são fundamentais para os desenvolvedores de IA que buscam criar sistemas que imitam a inteligência humana.

No entanto, ao tentarem capturar e reproduzir habilidades humanas, os profissionais de IA frequentemente enfrentam limitações significativas, e, mesmo que o paradigma simbolista permita criar sistemas que imitam certos aspectos do pensamento humano, esses sistemas ainda operam dentro de parâmetros rígidos. Em outras palavras, eles podem seguir regras e padrões definidos, mas carecem da flexibilidade e profundidade de compreensão que caracterizam a inteligência humana real. Isso nos leva a refletir sobre a verdadeira extensão das capacidades da IA e a reconhecer que, apesar dos avanços, ainda estamos longe de criar máquinas que compreendam e interajam com o mundo da mesma maneira que nós.

PARADIGMA EVOLUCIONISTA

O paradigma evolucionista, por sua vez, busca inspiração na teoria da evolução proposta por Charles Darwin em 1859. Através dos conceitos de seleção natural e sobrevivência do mais apto, o cientista explicou como as espécies se transformam e se diversificam ao longo do tempo. Essa teoria teve um impacto profundo em diversas áreas do conhecimento, incluindo a Filosofia, a Biologia e, mais recentemente, a inteligência artificial, inspirando o desenvolvimento de métodos que simulam processos naturais para resolver problemas computacionais.

Os primeiros estudos abrangendo simulações de sistemas genéticos iniciaram entre as décadas de 1950 e 1960, envolvendo diferentes biólogos. Entretanto, foi em 1975 que as pesquisas realizadas pelo cientista da computação John Holland resultaram em um método automático de resolução de problemas chamado de algoritmo genético, que se baseia em algumas premissas da teoria da evolução, sendo elas:

- A diversidade é gerada por cruzamento não aleatório e mutações;
- Os indivíduos mais adaptados têm maior probabilidade de sobreviver;
- As características genéticas dos pais são herdadas pelos filhos.

Com isso, ao se inspirarem na natureza para evoluir e se adaptar na busca pela melhor solução para um dado problema, os algoritmos genéticos operam por meio de um ciclo de **variação**, **seleção** e **reprodução**.

Para compreender melhor como funciona esse ciclo, imaginemos um problema qualquer que precisa ser resolvido. A primeira etapa da resolução consiste na geração de um conjunto inicial de soluções candidatas para o problema em questão. Esse conjunto é chamado de população, e cada uma das possíveis soluções são indivíduos dessa população.

Durante a etapa de **variação**, são gerados novos indivíduos candidatos a solução usando processos como mutação e cruzamento. A mutação faz pequenas mudanças aleatórias nas características das soluções existentes, enquanto o cruzamento combina características de diferentes soluções para criar novas possibilidades.

Em seguida, na etapa de **seleção**, cada indivíduo é avaliado por meio de alguma métrica de desempenho. Nesse momento, as soluções mais efetivas na resolução do problema, assim como os indivíduos mais aptos na natureza, têm maior probabilidade de serem selecionadas para a próxima geração, enquanto os indivíduos menos aptos, ou seja, com pior desempenho, são descartados.

Na etapa final, chamada de **reprodução**, as soluções selecionadas no passo anterior são usadas para gerar novas gerações, mantendo as características mais vantajosas e impulsionando a evolução da população. Assim, através de várias gerações, os algoritmos evolucionários exploram diferentes soluções, descartando aquelas menos promissoras e refinando as mais eficazes. Esse processo contínuo de aprimoramento, inspirado na seleção natural, permite que os algoritmos evolucionários encontrem soluções robustas e adaptáveis para uma variedade de desafios em diferentes áreas.

Essa abordagem demonstra como conceitos da Biologia podem ser traduzidos em estratégias computacionais, conectando a teoria evolucionista à criação de sistemas inteligentes. Contudo, apesar dos avanços proporcionados pelo paradigma evolucionista e outras técnicas inspiradas na natureza, é importante reconhecer que esses sistemas ainda estão longe de replicar a complexidade da evolução biológica ou da inteligência humana.

Embora desempenhem um papel importante na resolução de problemas específicos e na otimização de soluções, não possuem a capacidade de generalização ou consciência que associamos à inteligência genuína. Por outro lado, é importante reconhecer que exemplificam perfeitamente o potencial criativo da IA fraca: ferramentas sofisticadas que, mesmo sem compreender o mundo, podem moldá-lo de maneiras significativas.

PARADIGMA CONEXIONISTA

Inspirado pelo funcionamento dos neurônios no cérebro humano, esse paradigma surgiu a partir de tentativas de imitar o funcionamento de redes neurais biológicas, replicando artificialmente a forma como nossos neurônios processam informações e se conectam para resolver problemas. Essa abordagem possibilitou uma verdadeira revolução no campo da inteligência artificial.

Para entender melhor esse conceito, é essencial conhecer um pouco sobre as bases do funcionamento cerebral, onde os neurônios, as unidades básicas de processamento, desempenham um papel central.

De forma simplificada, os neurônios são células do sistema nervoso que possuem um corpo celular composto de núcleo, citoplasma com organelas e membrana citoplasmática. A partir desse corpo, estendem-se os dendritos, que funcionam como antenas para receber sinais de outros neurônios, enquanto o axônio, uma extensão mais prolongada da membrana, transmite esses sinais para neurônios vizinhos.

Essas células reagem a estímulos, ajustando seu comportamento quando recebem uma carga elétrica. Esses impulsos nervosos afetam os íons – átomos com carga elétrica – na membrana do neurônio, gerando mudanças rápidas na sua polaridade, um fenômeno conhecido como potencial de ação. Esse potencial se propaga ao longo do neurônio, viabilizando a comunicação entre diferentes partes do sistema nervoso.

Assim, quando há uma mudança elétrica forte o suficiente em alguma parte da membrana, alguns canais especiais na célula se abrem, permitindo a entrada e saída de íons em uma quantidade muito maior do que o normal. Essa rápida troca de íons percorre a célula até a sinapse, onde a informação elétrica é transformada em informação química, funcionando como uma ponte entre dois neurônios.

Por meio da sinapse, substâncias químicas chamadas de neurotransmissores saem do neurônio onde ocorreu o evento elétrico e vão até o dendrito do neurônio seguinte. Dessa forma, se essa sinapse for muito forte ou bastante síncrona com outras semelhantes a ela, o neurônio seguinte pode receber a mensagem e gerar um potencial de ação, transmitindo a informação adiante.

Essa maneira como os neurônios funcionam inspirou os pesquisadores estadunidenses Warren McCulloch e Walter Pitts, em 1943, a proporem um modelo matemático que ficou conhecido como o modelo de neurônio de McCulloch-Pitts. Atualmente chamados de perceptrons, neurônios artificiais funcionam de forma similar a um neurônio humano, recebendo sinais de entrada, processando e somando esses sinais no corpo celular e gerando sinais de saída quando o resultado desse processamento atinge um valor limiar "forte o suficiente".

Ao longo dos anos, muitas mudanças foram sendo implementadas ao modelo original, levando ao desenvolvimento das redes neurais artificiais, que impulsionaram o campo da IA nas últimas décadas. Essas redes são compostas de vários neurônios artificiais, que formam arquiteturas que se diferenciam pelo número de camadas de neurônios que utilizam e pela forma como eles se conectam e processam os dados.

A ideia central desse paradigma é que, para que uma máquina possa simular o pensamento, ela deve seguir os mesmos princípios que governam o cérebro. Esse modelo não se limita a tarefas específicas, ao contrário, busca criar sistemas capazes de realizar uma ampla gama de funções cognitivas, imitando a flexibilidade e a adaptabilidade do cérebro humano.

No entanto, o caminho para alcançar a inteligência artificial verdadeiramente cognitiva é desafiador. Embora os sistemas cognitivistas possam realizar tarefas que parecem inteligentes, como resolver quebra-cabeças ou entender diferentes linguagens, eles ainda apresentam dificuldades para capturar a profundidade e a nuance da cognição humana real.

O paradigma cognitivista enfrenta o desafio de modelar não apenas o processamento lógico e simbólico, mas também os aspectos mais sutis da mente, como intuição e criatividade. Com o avanço da tecnologia, a promessa desse paradigma é a criação de máquinas que vão além da mera execução de tarefas, alcançando uma verdadeira compreensão e adaptação ao mundo de forma semelhante ao ser humano.

UM FASCINANTE QUEBRA-CABEÇA

Uma das maiores dificuldades em abordar temas relacionados à inteligência artificial é que, diferente do que pode parecer, a IA não é uma coisa só, como um monólito facilmente compreensível. Na verdade, assemelha-se mais a um grande quebra-cabeça, formado por diversas peças, cada uma buscando imitar diferentes aspectos da inteligência humana.

Por isso, este livro não tem a pretensão de cobrir todos os detalhes que envolvem a IA, muito menos de apresentar respostas definitivas sobre o assunto. Afinal, este é um campo em constante transformação, um cenário no qual o possível está sempre sendo redefinido.

Entretanto, apesar de não sabermos até onde podemos chegar com o desenvolvimento desse campo, já sabemos de onde saímos e onde estamos. A partir de agora, para compreender realmente a essência dessa tecnologia, precisamos explorar as diferentes peças do quebra-cabeça que a compõe. Estamos falando de áreas como processamento de linguagem natural (PLN); agentes inteligentes; representação de conhecimento; raciocínio automatizado; aprendizagem de máquina; visão computacional; robótica; e inteligência artificial generativa. Cada uma dessas peças representa uma dimensão única da IA, com suas próprias nuances e desafios.

Apesar de essas especializações serem classificadas como IAs fracas por seu foco em tarefas específicas e limitadas, é precisamente essa diversidade de enfoques que enriquece o panorama da inteligência artificial. Cada técnica, seja no processamento de linguagem natural ou na visão computacional, atua como uma peça única no vasto mosaico da IA.

Essas abordagens segmentadas, embora limitadas em escopo, desempenham papéis essenciais, oferecendo soluções inovadoras e ajudando a ampliar as fronteiras do conhecimento em suas respectivas áreas. É na integração e na interação dessas peças que a verdadeira complexidade da inteligência artificial é revelada, mostrando como cada componente contribui para um sistema mais amplo e dinâmico.

Ao explorar essas áreas com mais cuidado e atenção, você descobrirá um espectro impressionante de possibilidades que expandem continuamente nossa compreensão da inteligência artificial. Prepare-se para uma imersão que desvenda as múltiplas dimensões desta área e mostra como cada uma delas se encaixa no grande quebra-cabeça da inteligência humana.

Agentes inteligentes: computadores que agem sozinhos

Usar computadores para resolver problemas complexos, estudar, trabalhar, fazer amigos, pagar contas e tantas outras coisas se tornou parte essencial da vida contemporânea. Aqueles que vivem neste momento da história humana estão imersos em uma era digital, onde a interação com a tecnologia é praticamente inevitável. Exceto para aqueles que ainda sofrem privações em função da sua condição financeira, geográfica ou cultural, os computadores são uma presença constante no dia a dia, transformando a maneira como vivemos, aprendemos e nos conectamos.

Hoje, a noção de "computador" ultrapassa em muito a imagem clássica de laptops ou da tradicional configuração de monitor, gabinete, teclado e mouse. Na realidade, estamos cercados por computadores em quase todos os aspectos do cotidiano. Nossos smartphones, os assistentes de voz, os sistemas de GPS e até os computadores de bordo dos carros são exemplos disso, todos eles dependem de processos computacionais para funcionar. E a influência da computação se estende ainda mais: desde TVs inteligentes até robôs aspiradores e micro-ondas, todos esses dispositivos possuem componentes tecnológicos que os tornam mais "inteligentes". A computação, portanto, está embutida em quase tudo ao nosso redor, redefinindo a forma como interagimos com o mundo.

Além disso, estamos constantemente conectados a esses sistemas sem perceber, seja ao assistir um filme, utilizar algum serviço público ou checar a previsão do tempo. Os computadores têm se tornado quase onipresentes, assumindo papéis vitais, influenciando, controlando e facilitando praticamente tudo o que fazemos.

No entanto, ao fazer uso desses recursos tecnológicos, geralmente nos mantemos no comando, dando ordens, solicitando informações e interpretando respostas para tomar decisões. Assim, apesar de toda a utilidade e poder computacional, na maioria das vezes, as máquinas aguardam inertes por instruções sobre o que fazer. Cabe a nós, portanto, utilizar com bom senso os recursos disponíveis.

A questão é que nem sempre é humanamente possível monitorar, ler e processar todas as variáveis de um ambiente. Por exemplo, ao usar um aplicativo de navegação como o Waze enquanto dirigimos, não seria prático, nem seguro, ter de ajustar o percurso manualmente toda vez que desviamos do caminho traçado originalmente.

Em situações como essas, o próprio aplicativo percebe o desvio e toma a iniciativa de recalcular a rota e atualizar as instruções, sem que você precise fazer nada. Esse comportamento demonstra certo grau de inteligência, e só é possível porque existe um tipo especial de software capaz de agir sem a necessidade de intervenção humana: os agentes inteligentes.

Esse gênero de programas, também conhecido como agente racional ou agente artificial, compõe o objeto de estudo de uma importante área da inteligência artificial, que se dedica a estudar, projetar e construir sistemas capazes de perceber seu ambiente, tomar decisões e agir de forma relativamente autônoma, estabelecer e perseguir metas, persistir por um período prolongado e se adaptar a mudanças. Muitas vezes em ambientes dinâmicos e incertos. Em essência, um agente inteligente é aquele que age para alcançar o melhor resultado para o qual foi projetado ou, quando há incerteza, o melhor resultado esperado.[15]

Nesse contexto, agir com relativa autonomia significa que os agentes são capazes de decidir por si mesmos o que precisam fazer para satisfazer os objetivos para os quais foram projetados.[16] Entretanto, essa habilidade de tomar decisões de forma independente é questionável e determinada por vários fatores. Afinal, definir exatamente o que é autonomia também não é uma tarefa tão simples quanto parece.

De modo geral, as discussões em torno desse assunto levam a concluir que nenhum agente artificial é capaz de exercer autonomia total e irrestrita. Alguns pesquisadores dizem que um agente, para ser considerado autônomo, deveria ser capaz de gerar seus próprios objetivos, motivados por desejos ou preferências próprias.[17]

Tal comportamento dos agentes artificiais pode até ser viável, mas somente dentro de escopos e contextos bem definidos. Um agente desenvolvido para auxiliar na correção gramatical em editores de texto, por exemplo, não tem autonomia para decidir trabalhar como operador de um carro autônomo motivado por suas preferências e desejos com relação ao trabalho.

Outros pesquisadores afirmam que, para ser considerado autônomo, um agente não pode ser controlado por influências externas, devendo agir com base em seus próprios objetivos.[18] No entanto, existem limitações para essa autonomia. É possível, por exemplo, que um agente demonstre autonomia em relação a um determinado ambiente, mas não a outros, em relação a um objetivo, mas não a outros, ou até mesmo em relação a outro agente, mas não a todos.

De todo modo, para facilitar a compreensão, podemos dizer que alguns agentes artificiais gozam de autonomia por não necessitarem de intervenção humana para executar tarefas, ou seja, eles podem decidir sozinhos o que fazer para atingir seus objetivos. Para isso, devem ter a capacidade de perceber e receber informações do seu ambiente, de modo a registrar qualquer mudança que exija uma ação por parte deles.

Esse ambiente pode ser as ruas que compõem o caminho a ser percorrido por um assistente de navegação, os cômodos e o chão de uma casa a ser limpa por um robô aspirador de pó, um tabuleiro de xadrez a ser explorado durante uma partida ou qualquer outro que possa ser computacionalmente modelado.

Além disso, agentes também se caracterizam por sua capacidade de seguir objetivos e executar ações que podem modificar o seu ambiente sempre que percebem alguma alteração que necessite de sua intervenção ou ação. No caso dos assistentes de navegação, por exemplo, o **objetivo** é guiar uma pessoa por um dado caminho até chegar ao destino desejado. Nesse sentido, durante o percurso, esses assistentes são capazes de **identificar** sua localização por meio do *global position system* (GPS) e **perceber** se houve algum desvio da rota planejada. Em caso de desvio, eles **emitem alertas** e, se necessário, podem **traçar uma nova rota**. Isso tudo sem necessidade de intervenção humana. Esse comportamento será mantido até que ele i) atinja seu objetivo, que é chegar ao destino programado, ou ii) seja solicitado a encerrar a navegação.

Tais características evidenciam certa inteligência e autonomia, qualidades esperadas de um agente. Nesse ponto, apenas para ser mais didático, é possível fazer algumas analogias com seres humanos. Ambos possuem, em diferentes graus, capacidades para perceber o ambiente, processar informações e agir de forma orientada a objetivos. Assim como os humanos avaliam situações e tomam decisões baseadas em metas ou incentivos, os agentes operam a partir de instruções programadas ou critérios previamente definidos, buscando alcançar resultados específicos de maneira autônoma.

Entretanto, é bastante comum que, devido à complexidade de um ambiente, dos objetivos ou das ações a serem executadas, algumas responsabilidades sejam compartilhadas ou divididas entre dois ou mais agentes. Quando isso acontece, temos um sistema multiagentes. Esse tipo de sistema facilita a divisão de problemas complexos entre vários agentes com diferentes responsabilidades e estratégias de ação, facilitando a resolução e o gerenciamento de tais problemas.

Por fim, é importante frisar que agentes inteligentes podem ser entidades virtuais ou físicas. Entidades virtuais são baseadas em software, enquanto entidades físicas são tangíveis, baseadas em hardware como os robôs. Cada uma possui estratégias diferentes para perceber o seu ambiente por meio de sensores e de agir sobre ele usando atuadores. Mais exemplos sobre como essas tecnologias são usadas serão apresentados ao longo deste livro.

Aprendizagem de máquina: como os computadores aprendem

Sem dúvidas, a capacidade de aprender é um dos mais intrigantes e impressionantes atributos da inteligência. A busca pelo conhecimento é intrínseca à experiência humana, representando uma trajetória constante de exploração e aprimoramento. Esse fenômeno abrangente permeia todos os aspectos da vida, manifestando-se desde o nascimento nas formas mais básicas, como falar e andar, progredindo até a idade adulta, quando adquirimos habilidades especializadas e conhecimentos avançados em diferentes domínios.

À primeira vista parece simples definir o que significa aprendizagem, mas os campos de pesquisa dedicados a essa habilidade cognitiva demonstram que explicá-la pode ser bastante desafiador. Se isso causa estranheza porque o significado de aprender parece bastante óbvio, cuidado! Você pode estar testemunhando o efeito Dunning-Kruger em si mesmo.

Se recorrermos a um dicionário, por exemplo, aprender significa algo em torno de: "ficar sabendo", "reter na memória", "adquirir habilidade prática", "passar a compreender".[19] Entretanto, podemos ir além dessas definições básicas. Para o psicólogo, professor e pesquisador estadunidense Carl Rogers, criador da teoria humanista, existem três categorias gerais de aprendizagem: a afetiva, que decorre do processamento de sinais internos de um indivíduo e pode ser identificada pela observação de experiências como satisfação e descontentamento, prazer e desconforto; a psicomotora, que envolve respostas musculares e pode ser desenvolvida por meio de treino e prática; e, por fim, a cognitiva, que resulta no "armazenamento" organizado de informações na mente daquele que aprende.[20]

Por esse ponto de vista, existem várias formas de aprender. Algumas exigem estudo, outras demandam práticas e, outras, ainda, requerem experiências sensoriais e emocionais. Contudo, apesar dos avanços no campo da neurociência, ainda não é possível saber, com exatidão, como o processo de aprendizagem ocorre no cérebro para que possamos definir claramente o que é aprender. Além disso, várias outras teorias da aprendizagem, como a epistemologia genética de Jean Piaget, a teoria sociocultural de Vygostky, a teoria comportamentalista de Skinner, entre outras tantas, trazem conceitos, hipóteses e discussões muito ricas sobre o assunto. Entretanto, o fato é que ainda estamos sem respostas definitivas.

Desse modo, como ainda não existem ferramentas e métodos para observar e medir a aprendizagem no âmbito neural, uma ideia bastante aceita é a de que ela pode e deve ser percebida e estudada de maneira indireta, observando os efeitos que causam no comportamento. Sendo assim, para identificar a aprendizagem é preciso analisar as suas consequências sobre a conduta. Em sua essência, portanto, aprender é um processo que leva a mudanças no conhecimento ou no comportamento daquele que aprende.[21] Assim, a aprendizagem pode ser concebida como uma transformação comportamental originada pela experiência e influenciada por fatores emocionais, neurológicos, relacionais e ambientais decorrentes da interação entre as estruturas mentais e o ambiente em que se está inserido.[22]

Essa definição pode ser aplicada a humanos, animais e, por extensão, às máquinas. Existe uma grande discussão, conforme já falamos, sobre a antropomorfização dos computadores. Neste caso, a questão é se podemos afirmar que máquinas são capazes de aprender. Todavia, a definição de aprendizagem que apresentamos aqui nos permite fazer essa afirmação, pois o comportamento observável de diferentes tipos de agentes, robôs e modelos baseados em inteligência artificial, de fato, pode ser alterado por meio de processos de treinamento que resultam em aprendizado.

Por essa razão, chamamos a área da IA que se dedica a investigar métodos e técnicas que permitam desenvolver a capacidade das máquinas de aprender e aprimorar seu desempenho sem que precisem ser explicitamente programadas, de aprendizagem de máquinas. Em inglês, o termo é *machine learning*, e por isso frequentemente vemos essa área sendo referenciada como ML, a sigla para o nome original. A aprendizagem de máquinas é um marco significativo para a IA. Ela nos permitiu sair de um estágio inicial, onde havia necessidade de informar ao computador todas as instruções necessárias para a execução de suas tarefas, para outro, no qual os computadores podem aprender sozinhos o que deve ser feito.

Para ilustrar a diferença entre uma coisa e outra, imagine que, pela primeira vez, você está segurando em suas mãos um controle de videogame completamente diferente de tudo o que já viu. Nesse cenário, existem duas maneiras de descobrir como o controle funciona. A maneira simples seria pegar o manual e ler sobre o que cada botão faz antes de começar a usá-lo. Dessa forma, você teria todas as instruções e os comandos necessários para se sair bem no jogo. Em uma analogia de alto nível de abstração, esse é o método usado para darmos ao computador todas as instruções necessárias antes de ele executar qualquer tarefa.

Agora, imagine outra abordagem. Em vez de ler o manual, você decide começar o jogo sem nenhuma ideia de como o controle funciona. Provavelmente, você começaria pressionando um botão para ver o que acontece. Em seguida, pressionaria outro para observar o efeito. Com o tempo, você confirmaria o que aprendeu pressionando novamente os mesmos botões para ver se os resultados se repetem. Desse modo, sem nenhuma informação inicial, você aprenderia os comandos necessários para jogar, apenas observando e experimentando por tentativa e erro.

Essa é a essência de dois estilos de aprendizado: um baseado em instruções claras e outro baseado na experimentação e descoberta. Observe que o foco desse exemplo não é aprender a jogar o jogo, mas a usar o controle. O entendimento desse princípio é a base para compreender a importância que o aprendizado de máquina teve para que fosse possível trazer a IA até os patamares atuais.

Existem, atualmente, diferentes mecanismos, técnicas e metodologias para construir programas capazes de aprender. Tais recursos, por mais complexos que pareçam, podem ser divididos em quatro categorias: aprendizagem supervisionada, aprendizagem não supervisionada, aprendizagem semissupervisionada e aprendizagem por reforço. A seguir, você poderá compreender um pouco mais sobre cada uma delas.

I. Aprendizagem supervisionada

Na aprendizagem supervisionada, podemos imaginar que há uma espécie de supervisão humana na organização do material de estudo usado para ensinar um computador sobre determinado assunto. Essa supervisão se materializa no fornecimento de exemplos claros e organizados, conhecidos como dados rotulados, que ajudam a máquina a entender e aprender.

Dados rotulados, nesse contexto, são informações organizadas onde cada item é identificado com uma etiqueta que mostra a qual grupo ele pertence. Por exemplo, em um conjunto de imagens de animais, cada imagem pode ter um rótulo indicando a espécie, como "cão", "gato" ou "coelho" etc. Essas etiquetas ajudam os algoritmos de aprendizado de máquina a aprender, reconhecer e classificar novos dados de forma mais acurada.

Para facilitar a compreensão, vamos supor que um biólogo queira treinar um modelo, que nesse contexto é o programa resultante do processo de aprendizagem de máquina, para identificar espécies de serpentes a partir de fotos. Nesse caso, para treiná-lo seria necessário usar uma lista com diferentes imagens e diferentes espécies de serpentes já classificadas e rotuladas de acordo com a espécie a qual pertencem. Seria como se estivéssemos ensinando o computador dizendo a ele: "olha só, quando uma serpente se parecer com a imagem x, ela pertence à espécie y". Depois desse processo, espera-se que a IA treinada seja capaz de identificar a espécie quando uma foto de serpente inédita for mostrada a ela. Quanto mais imagens forem usadas no treinamento, mais precisas serão as respostas.

Esse processo se assemelha muito ao modo como aprendemos e representa um típico exemplo de classificação, no qual ensinamos um algoritmo a prever classes de coisas. Outro exemplo bastante ilustrativo a esse respeito é a predição com base em dados. Para entender melhor como isso funciona, imagine que um médico precisa treinar um modelo para predizer se um paciente possui ou não alguma doença cardíaca com base em dados históricos de outros pacientes.

Nesse caso, um algoritmo de classificação poderia ser treinado usando uma lista de pacientes com dados como idade, hábitos de vida e resultados de exames, como colesterol, glicemia e triglicérides. Esses dados ajudam o algoritmo a identificar padrões e fazer previsões sobre novos pacientes. Essa lista de dados poderia se parecer com a mostrada na Figura 1.

Figura 1 – Exemplo de dados para aprendizagem supervisionada (meramente ilustrativo).

Sexo	Idade	Fuma	Ingere álcool	Se exercita	LDL	HDL	Tipo sanguíneo	Triglicérides	Resultado
M	45	sim	sim	não	172	68	A	502	Doente
F	32	não	sim	sim	86	41	A	162	Não doente
F	72	sim	não	não	120	66	O	321	Doente
M	61	não	sim	sim	103	42	AB	348	Doente
M	29	não	não	sim	42	96	AB	148	Não doente
F	25	não	sim	sim	50	42	O	146	Doente

No exemplo acima, cada linha da tabela representa um paciente. Os dados das primeiras nove colunas são chamados de preditores, pois servem para predizer o resultado da análise. A última coluna, por sua vez, representa os rótulos dos dados, pois mostra as classificações possíveis para um paciente, nesse caso: doente ou não doente. Usando essa lista, que em situações reais poderia conter milhares ou milhões de registros, o algoritmo deve aprender a relação entre os dados apresentados para tornar-se capaz de fazer predições precisas para novos casos. O efeito prático desse treinamento é que, ao final, teríamos um modelo capaz de analisar os dados de novos pacientes e prever se eles correm risco de desenvolver doenças cardíacas.

Se o objetivo desse treinamento fosse predizer a probabilidade de o paciente estar doente, os dados da última coluna seriam substituídos por números que representassem essa probabilidade. Nesse caso, o modelo aprenderia a predizer, em números, as chances de esse paciente portar alguma patologia cardíaca e não estaríamos mais lidando com um problema de classificação, mas com o que chamamos de regressão. A diferença básica é que em problemas de classificação o modelo prevê classes e em problemas de regressão o modelo prevê resultados numéricos, como preços, probabilidades, temperaturas etc.

Por fim, por questões didáticas, pode-se afirmar que aprendizagem supervisionada é aquela na qual os dados usados para treinar uma IA são previamente classificados, rotulados ou determinados. Isso inclui uma espécie de supervisão sobre o que o algoritmo vai aprender. Essa lógica de aprendizagem de máquina é aplicada para diversos fins, especialmente quando há necessidade de classificação ou previsão com base em dados.

É importante esclarecer, porém, que os exemplos citados foram bastante simplificados para facilitar a compreensão, e que em situações reais seriam necessárias análises mais acuradas sobre as necessidades de cada caso para treinar os modelos pretendidos.

II. Aprendizagem não supervisionada

Este é o tipo de aprendizagem no qual os algoritmos analisam e encontram padrões em dados sem rótulos ou respostas predefinidas. Imagine agora uma grande coleção de fotos sem qualquer descrição. Um algoritmo de aprendizagem não supervisionada deve ser capaz de analisar essas imagens e agrupá-las em categorias, como animais, paisagens e pessoas, sem a necessidade de rótulos prévios.

Para ilustrar melhor como os algoritmos de aprendizagem não supervisionada funcionam, imagine que temos uma lista com características de diferentes insetos, como cor, tamanho, presença de asas e de aparelhos inoculadores de peçonha. Em seguida, fornecemos essa lista a um algoritmo e pedimos que ele separe os insetos em três categorias. Não precisaríamos especificar o que caracteriza cada categoria; o próprio modelo tentaria encontrar semelhanças e diferenças entre os dados fornecidos para organizar os insetos de uma maneira que faça sentido.

Existem várias aplicações para este tipo de aprendizagem de máquina. O exemplo dos insetos diz respeito à capacidade de modelos de IA fazerem agrupamentos – ou clusterização, que consiste em descobrir relações entre grandes grupos de registros de dados e organizá-los em subconjuntos menores. No entanto, existem também algoritmos capazes de fazer associações, buscando encontrar padrões entre um conjunto de registros de dados que possam estar relacionados entre si. Essa abordagem tem sido amplamente aplicada na análise de padrões de compras em grandes redes varejistas, onde modelos de IA são usados para identificar que tipos de mercadoria são compradas em conjunto.

Um caso emblemático que exemplifica esse tipo de aplicação é o da grande rede Walmart em 1997. Na época, por meio de uma técnica conhecida como análise de cesta de mercado, a rede descobriu que clientes que compravam fraldas frequentemente também adquiriam cerveja. Embora o motivo dessa relação não seja o foco aqui, é interessante notar a importância dessa descoberta, que ajudou o Walmart a organizar melhor suas lojas e promover ofertas direcionadas.

Por tudo isso, fica evidente que a aprendizagem não supervisionada representou um enorme avanço para a IA e para as áreas que dela se beneficiam. Por meio dessa abordagem, algoritmos exploram dados sem rótulos para encontrar padrões ocultos e conexões inesperadas, fornecendo *insights* valiosos que podem aprimorar as tomadas de decisão e o planejamento de estratégias com base em informações concretas. É como ter um investigador de dados, capaz de revelar informações importantes sem precisar de pistas predefinidas.

III. Aprendizagem semissupervisionada

Esta forma de aprendizagem utiliza recursos e técnicas da aprendizagem supervisionada e não supervisionada para viabilizar o aprendizado de máquinas a partir de um conjunto pequeno de dados já rotulados e um grande conjunto de dados não rotulados. No mundo atual, onde há um crescente interesse em explorar grandes volumes de dados disponíveis em fontes abertas, como a internet, para resolver questões como o reconhecimento de objetos, a detecção de tópicos e a recuperação de informações multimídia, a aprendizagem não supervisionada surge como uma solução importante.

A ideia é combinar dados rotulados, que geralmente são limitados em quantidade, com um grande volume de dados não rotulados, disponíveis em quantidades massivas. Isso cria conjuntos de dados mais amplos e diversificados para treinar modelos de aprendizado de máquina, otimizando assim o processo de aprendizagem e melhorando o desempenho dos modelos treinados.[23]

Entretanto, existem situações em que técnicas tradicionais de aprendizagem de máquinas não são eficazes, especialmente quando lidamos com dados complexos que não seguem uma estrutura ou padrão específico. Esses dados são chamados de naturais ou não estruturados, e incluem informações como texto, imagens ou áudios, que não estão organizados de maneira facilmente compreensível para computadores, como em uma lista ou tabela.

O problema é que na vida diária a maior parte das informações que chegam até nós e com as quais precisamos lidar, como textos, sons, imagens e vídeos, são exemplos de dados não estruturados e podem variar de incontáveis formas. É preciso um grande esforço e conhecimento altamente especializado para criar sistemas capazes de entender padrões ou aprender com esses tipos de dados. Durante décadas os desenvolvedores precisaram criar tradutores especiais, chamados de extratores de características, para transformar essas estruturas brutas em algo que computadores pudessem entender e usar para reconhecer ou classificar padrões. Essa abordagem exigia muito esforço e expertise em cada área específica de aplicação.[24]

Com isso, no início da década de 2000, a abordagem apresentada anteriormente na seção "Paradigma conexionista", que envolve o uso de redes neurais artificiais, começou a ganhar força. Desde então, pesquisas sobre técnicas que empregam mecanismos inspirados no funcionamento da estrutura neural de organismos inteligentes para resolver problemas computacionais têm apresentado resultados surpreendentes.

Avanços nesse campo possibilitaram o desenvolvimento de uma nova estratégia de aprendizagem de máquina, eficiente o bastante para produzir modelos capazes de reconhecer padrões complexos em imagens, textos, vídeos, sons, entre outros: a aprendizagem profunda. Agora, computadores já são capazes de aprender por meio desse tipo de conteúdo.

Este livro não pretende se aprofundar em detalhes excessivamente técnicos sobre os recursos tecnológicos abordados. Em vez disso, vamos simplificar a ideia de aprendizagem profunda com um exemplo familiar: o cérebro humano. Imagine o cérebro como uma vasta rede formada por bilhões de neurônios, onde cada coisa que aprendemos, processamos ou lembramos surge das interações e conexões entre essas células nervosas. A aprendizagem profunda tenta imitar essa dinâmica, permitindo que as máquinas processem informações de maneira semelhante.

Metaforicamente, pode-se dizer que o aprendizado profundo é um tipo de inteligência artificial que imita o funcionamento do cérebro. Nessa abordagem, os algoritmos aplicam estruturas de redes neurais artificiais para processar os dados que lhes são solicitados. A diferença mais significativa entre o aprendizado profundo e outras técnicas que utilizam redes neurais está na quantidade e na arquitetura de camadas de neurônios utilizadas no processamento.

Atualmente já se conta com diferentes tipos de redes neurais, cada um especializado em tarefas específicas. Existem, por exemplo, arquiteturas que podem ser usadas para processar imagens, identificando padrões como bordas e texturas. Outras são mais eficientes para o processamento de dados sequenciais, como texto e séries temporais, e conseguem reter informações ao longo do tempo. E existem ainda arquiteturas especializadas na criação de dados sintéticos ultrarrealistas, como imagens ou vídeos.

O aprendizado profundo se destaca pela sua habilidade de processar grandes volumes de dados e identificar padrões complexos que seriam difíceis de detectar com métodos tradicionais. Sua aplicação se dá tanto no âmbito da aprendizagem supervisionada quanto não supervisionada. Cada tipo de arquitetura tem suas vantagens e é adequada para tarefas específicas, tornando o aprendizado profundo uma ferramenta poderosa e flexível em várias áreas da inteligência artificial, como será mostrado ao longo deste livro.

IV. Aprendizagem por reforço

De todos os meios de que dispomos para fazer com que computadores possam aprender, o aprendizado por reforço é, sem dúvidas, um dos mais fascinantes. Trata-se de uma maneira de programar agentes por meio de recompensas e punições sem precisar especificar previamente como a tarefa deve ser realizada.[25] Na prática, um agente com tal capacidade consegue aprender novos comportamentos por meio de interações de tentativa e erro em um ambiente específico.

Mais do que isso, o aprendizado por reforço representa uma técnica fundamental que capacita as máquinas a tomarem decisões visando melhorar continuamente os seus resultados. Esse método simula o processo de aprendizado por tentativa e erro observado em seres humanos, reforçando as ações que levam a resultados positivos e descartando aquelas que são prejudiciais ou ineficazes.

Para isso, os algoritmos operam em um paradigma de punição e recompensa, assimilando os resultados de cada ação e as suas respectivas recompensas e penalizações. Com base nisso, determinam autonomamente os melhores caminhos para melhorar em tentativas futuras. Além disso, agentes treinados por meio dessas técnicas são capazes de sacrificar recompensas de curto prazo, assumindo aceitar até mesmo uma quantidade razoável de punições, esperando receber uma recompensa maior no longo prazo.

Esse tipo de aprendizagem é muito útil em ambientes complexos, em que o agente aprende como atingir seus objetivos a partir da interação com o meio. No entanto, existem algumas dificuldades a serem superadas – que é talvez a mais desafiadora: definir quais recompensas o agente deve receber e em que momento, pois pequenas mudanças em seus valores podem levar a resultados substancialmente diferentes.[26]

Esse conjunto de regras, responsáveis por guiar o aprendizado do agente, fornecendo um parecer a respeito das ações tomadas por ele, ou seja, se são boas ou ruins, é chamado de função de recompensa. Assim, durante o treinamento de um modelo de aprendizagem por reforço, estamos ensinando um programa de computador a tomar decisões para obter as melhores recompensas possíveis.

É como ensinar um animal de estimação a fazer truques para ganhar prêmios. No entanto, se dissermos ao programa de computador as recompensas de maneira confusa, ele pode não aprender direito ou até mesmo aprender coisas indesejadas. Então, é muito importante definir essas recompensas de uma maneira clara e calculada para que o treinamento seja efetivo.

Em alguns casos, a complexidade de criação de uma função de recompensa adequada, somada aos riscos envolvidos caso o treinamento do agente não seja bem-sucedido, pode inviabilizar o uso desse tipo de aprendizagem. Para lidar com esse problema, foram propostos os modelos de aprendizagem por imitação e aprendizagem por reforço inverso.

No primeiro caso, o programa aprende ao observar o comportamento de um especialista, acelerando o seu processo de aprendizagem. No segundo, usa essas observações para inferir as regras usadas e criar a sua própria função de recompensa, minimizando a ocorrência de erros.

As estratégias de aprendizagem por reforço ou imitação têm impulsionado significativamente o desenvolvimento de agentes autônomos. Sua aplicação se mostra especialmente útil em contextos complexos e dinâmicos, em que a programação manual de regras seria inviável. Como resultado, agentes treinados dessa forma têm ganhado visibilidade em áreas como robótica, jogos e veículos autônomos, nas quais a adaptação contínua e a tomada de decisões em tempo real são necessárias.

O universo da aprendizagem de máquinas é vasto, complexo e conta com diferentes soluções algorítmicas para resolver uma grande variedade de problemas. De tudo o que foi apresentado até agora, o mais importante a compreender é o porquê ser legítimo afirmar que máquinas podem aprender, sem perder de vista que elas não têm consciência daquilo que aprendem. Da mesma forma, é importante entender as diferentes estratégias de aprendizagem que podem ser empregadas e como elas possibilitaram que alcançássemos os incríveis avanços atuais no uso da IA. Graça a esses avanços, computadores agora podem aprender e aplicar esse aprendizado para beneficiar a humanidade de maneiras antes inimagináveis.

Processamento de linguagem natural (PLN): computadores capazes de conversar

Cada vez que nos comunicamos, utilizamos uma forma de linguagem, seja ela falada, escrita, visual-motora ou até mesmo anagliptográfica, como o braile. Essa diversidade nas formas de expressão humana não são apenas ferramentas de interação, mas frutos da complexidade intrínseca da nossa mente. Os estudos da linguagem, assim como os da inteligência, não surgiram por acaso, eles abriram portas para novos campos de pesquisa, desafiando os limites da nossa compreensão sobre o tema. No entanto, vamos nos desviar dos importantes – porém complexos – detalhes dessa área, para nos concentrarmos em como ela influencia e contribui para o desenvolvimento da IA.

Nesse sentido, o primeiro ponto a ser compreendido é que a linguagem que os seres humanos usam para se comunicar entre si é chamada de linguagem natural. Essa forma de comunicação humana é um fenômeno complexo e ricamente diversificado. Ela serve como a essência da interação verbal, permitindo que indivíduos expressem pensamentos, sentimentos e informações de maneira articulada e compreensível.

A riqueza da linguagem natural reside em sua capacidade de transcender barreiras, adaptando-se a contextos variados e evoluindo constantemente. Palavras, frases e expressões ganham significados peculiares, moldados pela cultura, história e nuances regionais. É um labirinto dinâmico de expressões, repleto de metáforas, trocadilhos e sutilezas que conferem à comunicação humana uma profundidade única.

Os computadores, por outro lado, fazem uso de linguagens artificiais para processar dados e se comunicam entre si por meio de protocolos perfeitamente estruturados. As linguagens de programação, que permitem a construção de programas de computador e algoritmos para as mais diferentes finalidades, por exemplo, são estruturadas para não permitir interpretações duvidosas ou ambíguas. São claras, lógicas e diretas ao comunicar para o computador o que deve ser feito.

Já o processamento de linguagem natural é uma subárea da IA que se concentra na interação entre computadores e a linguagem humana. Apesar de parecer algo trivial em um mundo repleto de assistentes de voz como a Alexa, da Amazon, a Siri, da Apple, e o Google Assistente, na verdade, essa é uma área com enormes desafios e em constante adaptação.

No cerne do processamento de linguagem natural está a capacidade de os sistemas entenderem a linguagem humana, falada ou escrita, em seus diversos contextos e nuances. Isso inclui a compreensão de palavras individuais, a análise da estrutura gramatical, o reconhecimento de entidades e a interpretação do significado nas entrelinhas. Uma das principais metas do PLN é possibilitar que os computadores processem texto de maneira inteligente para realizar tarefas como tradução automática, resumo, resposta a perguntas, análise de sentimentos e geração de escrita de qualidade.

Para isso, combina o conhecimento de diferentes áreas, como ciência da computação, linguística, estatística e aprendizagem de máquina, para permitir que os computadores compreendam, interpretem e gerem textos de maneira semelhante a um ser humano. Segundo alguns pesquisadores, para compreender as linguagens naturais é indispensável conhecer os sete níveis interdependentes que as pessoas usam para dar sentido a textos ou linguagens faladas, sendo eles:[27]

- Nível fonético ou fonológico: trata da maneira como as palavras são pronunciadas;
- Nível morfológico: envolve entender as partes menores que formam as palavras, como sufixos, prefixos e radicais, que carregam significados;
- Nível lexical: lida com o significado das palavras e análises de como elas são usadas;
- Nível sintático: relaciona-se com a gramática e a estrutura das frases e orações;
- Nível semântico: envolve-se diretamente com o significado das palavras, frases e orações sem se preocupar com o contexto;

- Nível discursivo: trata da organização de diferentes tipos de texto usando estruturas de documentos;
- Nível do pragmático: envolve o conhecimento que vem do mundo exterior, além do que está escrito ou dito. Preocupa-se em como o contexto e a situação influenciam o significado das palavras e frases.

Resumidamente, o processamento de linguagem natural envolve diversas etapas para permitir que computadores compreendam a linguagem humana. Primeiro, o texto é dividido em partes menores, como palavras ou frases, através da tokenização. Depois, técnicas como o *stemming* e a lematização são usadas para reduzir as palavras às suas formas básicas, removendo sufixos ou transformando variações em uma forma única. Além disso, palavras que aparecem com muita frequência, como "e" ou "o", chamadas de palavras de parada, são marcadas e ignoradas, já que não agregam muito ao significado no geral. Após essas etapas, a análise sintática e semântica ajuda a entender a estrutura das frases e o que elas realmente significam.

Por fim, algoritmos de aprendizado de máquina são frequentemente empregados para treinar modelos que podem extrair padrões e conhecimentos a partir de grandes volumes de dados textuais. Isso permite que os computadores façam tarefas como traduzir, responder perguntas ou até gerar textos de forma autônoma.

As recentes transformações no campo do PLN têm sido amplamente impulsionadas pelo avanço dos grandes modelos de linguagem, mais conhecidos atualmente como LLMs, sigla derivada do seu nome em inglês, *large language models*. Entre esses modelos, destacam-se os *generative pre-trained transformers*, ou GPTs, que estão na base de muitos sistemas de inteligência artificial atuais fazendo o papel de facilitar a interação entre humanos e máquinas por meio da linguagem natural.

Desenvolvida pela OpenAi, uma empresa e laboratório de pesquisa em inteligência artificial fundada em 2015 nos Estados Unidos, os modelos GPT ganharam destaque nos últimos anos por representar um avançado conjunto de ferramentas de processamento de linguagem natural, projetado para compreender entradas de texto dos usuários e gerar respostas de maneira coerente e interativa. Por essa razão, entender o seu significado é fundamental para a compreensão de como esses sistemas operam.

Para começar, *generative* se refere à capacidade do modelo de criar novos conteúdos, que podem variar desde textos até imagens e outros tipos de dados. *Pre-trained* indica que o modelo é inicialmente treinado com uma vasta quantidade de informações antes de ser ajustado para tarefas específicas, possibilitando-lhe compreender a estrutura e os padrões da linguagem natural. Finalmente, *transformer* descreve a arquitetura que sustenta o modelo.

Essa arquitetura, que permite a contextualização dos dados durante o aprendizado de máquina, foi introduzida pela primeira vez em 2017 pelo pesquisador da Google Ashish Vaswani e seus colaboradores em um artigo intitulado *"Attention is All You Need"*, que pode ser traduzido como "Atenção é tudo que você precisa" e, desde então, tem sido uma peça fundamental no avanço em vários campos da IA.[28]

Os *transformers* usam uma técnica chamada autoatenção para entender como diferentes partes de uma lista de dados se relacionam entre si, mesmo que estejam longe uma da outra. Isso ajuda o modelo a entender como cada parte da lista influencia as outras e como elas são interdependentes. Por exemplo, ao ler a frase "o pássaro está cantando no ninho", um humano compreende naturalmente o contexto e entende o que está acontecendo. Entretanto, computadores não processam a informação da mesma forma. Para eles, cada palavra da frase é um amontoado de dados em sequência que formam outro amontoado de dados que é a frase. Por isso ensinar computadores a traduzir textos e considerar contextos é tão difícil.

Daí a importância do surgimento dos *transformers*. Eles permitem que, ao processar a frase dada como exemplo, cada palavra seja analisada separadamente, levando em conta sua relação com as demais, permitindo um entendimento mais preciso sobre a importância de cada uma.

Isso significa que, ao olhar para a palavra "pássaro", o modelo é capaz de avaliar como ela se relaciona com as palavras: "está", "cantando", "no" e "ninho". Como resultado, ele pode concluir que a conexão entre "pássaro" e "cantando" indica que a ave está realizando uma ação, enquanto "ninho" especifica o local onde essa ação ocorre. Essas associações entre as palavras permitem ao modelo entender o contexto completo da frase, proporcionando uma interpretação mais coesa.

Porém, é importante esclarecer que isso não significa que o computador tenha consciência do significado do que está lendo. Os transformadores apenas permitem relacionar matematicamente os dados de entrada, transformando-os em sequências numéricas que guardam relações com outros segmentos de dados em processamento. Isso faz com que não percam o controle das relações entre as palavras, simulando a compreensão do contexto.

No contexto dos grandes modelos de linguagem, é importante destacar também o papel de outra arquitetura de redes neurais conhecida como Mixture of Experts (MoE) ou "Mistura de Especialistas". Proposta inicialmente em 1991 no artigo *Adaptive Mixture of Local Experts*[29] ("Mistura Adaptativa de Especialistas Locais"), essa abordagem contrasta com os modelos densos tradicionais baseados em Transformers: enquanto estes operam como uma rede neural monolítica, ativando todos os parâmetros para qualquer tarefa, os modelos MoE são compostos de múltiplas sub-redes especializadas chamadas de "especialistas". Dependendo da tarefa, apenas os especialistas mais relevantes são ativados seletivamente, evitando o uso desnecessário de recursos computacionais. Essa divisão permite maior eficiência, já que uma fração reduzida dos parâmetros é utilizada em cada processamento e resposta, mantendo ou até melhorando o desempenho em tarefas específicas.

Essas características possibilitaram um salto no campo do processamento de linguagem natural, tornando possível a criação de modelos de IA capazes de compreender e gerar textos coesos de forma semelhante ao que um humano faria. Atualmente, existem diversos LLMs disponíveis, que podem ser proprietários ou de código aberto. Modelos proprietários são desenvolvidos e controlados por organizações privadas, com acesso restrito e uso geralmente sujeito a licenciamento. Já os de código aberto possuem seu código-fonte disponibilizado publicamente, permitindo que qualquer pessoa os utilize, modifique e adapte conforme suas necessidades. Cada modelo é projetado e pode ser aplicado de forma especializada para diferentes tarefas como geração de texto, raciocínio, compreensão profunda de contexto e até reconhecimento de emoções. Entretanto, apesar dos significativos avanços, o PLN ainda encontra alguns obstáculos, como lidar com a ambiguidade da linguagem, compreender contextos complexos e superar barreiras linguísticas e culturais. As pesquisas nesse campo buscam aprimorar a capacidade dos recursos de lidar com esses desafios, tornando a interação entre humanos e computadores mais natural e efetiva.

Em suma, o PLN é uma área da IA que permite a comunicação entre humanos e máquinas por meio de linguagem natural, seja falada ou escrita. Ela permite que os computadores possam interpretar essa linguagem e gerar respostas compreensíveis, seja por voz ou texto. Na seção "Onde está a inteligência artificial?" conheceremos melhor onde essa tecnologia pode ser aplicada e como tem ajudado a transformar o mundo que conhecemos.

Raciocínio automatizado: máquinas que pensam

A capacidade de comunicação por meio da fala e da escrita está, certamente, entre os pilares fundamentais sobre os quais a humanidade construiu o seu progresso. Registrar e transmitir conhecimentos de geração em geração evitou que ficássemos presos em ciclos infinitos de tentativa e erro, permitindo avanços contínuos em tecnologia, ciência, artes e muito mais.

Outro fator essencial para o sucesso da nossa jornada rumo à construção da civilização foi a rara habilidade, da qual dispomos, de resolver problemas por meio do raciocínio. Isso significa que criar soluções usando essa habilidade e compartilhá-las por meio da fala ou da escrita aumentou significativamente nossas chances de prosperar em tempos primitivos. Embora não sejam os únicos elementos que determinaram o sucesso da nossa espécie, esses são os mais relevantes para a discussão que vamos explorar nesta seção.

No entanto, primeiramente é importante reconhecer que o cérebro humano não é uma máquina infalível. Ao tomar decisões, estamos sujeitos a influência de emoções, interpretações, crenças, preconceitos e heurísticas – mecanismos que possibilitam extrair conclusões rápidas por meio de experiências passadas e outros recursos simples. Tais influências podem nos levar a construir raciocínios sem sentido e expressá-los como se fossem consistentes, graças às habilidades retóricas que podemos desenvolver.

Não faltam exemplos atuais sobre como a combinação de erros, vieses de raciocínio e boa comunicação pode ser perigosa. A crença no terraplanismo, que conta com substanciais e irrefutáveis argumentos bem fundamentados contra si, e, ainda assim, vem ganhando adeptos, é um caso clássico. Outro exemplo bastante emblemático é o movimento antivacina. Durante décadas o mundo viu doenças sendo erradicadas ou controladas graças a elas. No entanto, existe um número expressivo de pessoas que se manifestam contra as vacinas por questões de opinião política ou pura paixão ideológica. Coisas que sequer têm relação direta com o tema.

Discussões recentes mostram que alguns fenômenos intrínsecos à natureza humana podem nos levar a raciocínios imprecisos e nem sempre tão fundamentados em dados como supomos que sejam ou gostaríamos que fossem. Dois desses fenômenos são o viés de confirmação e o raciocínio motivado. Existem outras formas pelas quais o nosso cérebro pode nos induzir a erros, mas, para mostrar como não somos livres de falha, esses dois são suficientes.

Comecemos pelo viés de confirmação, que pode ser compreendido como o fenômeno que leva nosso cérebro a buscar, muitas vezes de forma inconsciente, por informações que reforcem e confirmem crenças que trazemos sobre um dado assunto. Isso acontece por meio de mecanismos de memória e atenção, que tendem a destacar e preservar dados que corroboram o que já acreditamos ser verdadeiro.[30]

Um exemplo desse viés pode acontecer com as pessoas que não gostam de uma área específica do conhecimento, como a Matemática, por exemplo. Quando alguém tem uma crença negativa sobre a Matemática, seu cérebro tende a procurar e lembrar muito mais das experiências que reforçam essa visão, como dificuldades passadas, maus professores ou críticas sobre a matéria. Com isso, uma pessoa que acredita que Matemática é difícil pode se concentrar mais em momentos nos quais teve dificuldades ou em opiniões negativas de outras pessoas sobre essa área. Esse viés faz com que a pessoa ignore ou desvalorize as experiências positivas e os sucessos que obteve, criando um ciclo de confirmação que perpetua a sua aversão à área.

Esse tipo de viés mostra como as crenças iniciais podem influenciar nossa percepção, foco e memória, levando-nos a ver a realidade de maneira distorcida. E, embora o exemplo da aversão à Matemática atinja principalmente o indivíduo afetado, restringindo suas oportunidades e seu desenvolvimento pessoal, essa perspectiva pode gerar implicações sociais mais amplas em contextos específicos.

A crença de que a imigração é negativa, por exemplo, pode levar as pessoas a focarem apenas em episódios isolados de violência ou problemas de empregabilidade que confirmem essa visão. No entanto, a realidade é que a imigração tem ajudado a resolver questões mais sérias, como o envelhecimento da população e a baixa taxa de natalidade em vários países, especialmente na Europa.[31] Apesar dos benefícios evidentes, alguns lugares ainda enfrentam uma resistência substancial à presença de imigrantes, resultando em tensões sociais e políticas que podem exacerbar desigualdades e afetar negativamente a coesão social.

O viés de confirmação, como se pode notar, pode se manifestar em qualquer contexto. Na ciência, por exemplo, ele pode comprometer a objetividade de pesquisas acadêmicas. Mesmo em trabalhos rigorosos, os pesquisadores podem, inconscientemente, selecionar dados ou interpretar resultados de forma a corroborar suas crenças ou hipóteses iniciais. Isso pode dificultar a aceitação de novas descobertas ou retardar a evolução do conhecimento científico, criando uma barreira para o avanço em áreas inovadoras.

O raciocínio motivado, por sua vez, em termos simples, é o fenômeno em que um indivíduo orienta seu raciocínio de acordo com suas motivações pessoais.[32] Isso o leva a processar informações de maneira a favorecer suas crenças, desejos ou interesses preexistentes. Em vez de avaliar os fatos de maneira objetiva, o raciocínio motivado faz com que as pessoas busquem, selecionem e interpretem dados de forma tendenciosa, atribuindo maior relevância às evidências que confirmam suas convicções, enquanto ignoram ou racionalizam aquelas que as contradizem. Isso resulta em uma visão distorcida da realidade, onde a lógica e a razão são subjugadas por motivações pessoais e emocionais, comprometendo a objetividade e o julgamento crítico.

Em casos extremos, o raciocínio motivado pode levar pessoas a ignorarem evidências científicas para se apoiarem em factoides veiculados em grupos que se autoapoiam, como acontece com aqueles que não acreditam no aquecimento global. Apesar do consenso científico sobre o tema, há quem prefira usar argumentos conspiracionistas ou baseados em evidências fracas e questionáveis para sustentar sua tese.

Mas, apesar de parecerem com falhas que só os outros possuem, é fundamental reconhecer que esses fenômenos são parte intrínseca da natureza humana, o que significa que todos estamos sujeitos a eles em determinados contextos. Isso implica que a construção e disseminação de raciocínios equivocados, imprecisos, tendenciosos ou mal fundamentados poderia ter consequências prejudiciais para o progresso da civilização se não existissem tentativas de estabelecer critérios claros para distinguir o verdadeiro do falso. Porém, não vamos abordar neste momento discussões epistemológicas ou questões éticas. Isso ficará para outro capítulo. O que nos interessa agora é uma outra solução desenvolvida para lidar com esses desafios: a lógica.

Sobre esse aspecto, apesar de fenômenos como o raciocínio motivado e o viés de confirmação terem sido descritos formalmente apenas recentemente, desde o século IV antes da era comum, alguns filósofos já buscavam maneiras de avaliar proposições e validar argumentos de forma rigorosa. Foi nessa época que o filósofo grego Aristóteles, cujas ideias até hoje influenciam o pensamento ocidental, desenvolveu, entre tantas outras obras, os fundamentos da lógica como a conhecemos hoje.

Existem muitas discussões, revisões e definições sobre o que pode ser abrangido pela lógica. Entretanto, para os fins deste livro, vamos defini-la como um campo de estudo que se dedica a compreender a construção de proposições válidas ou inválidas em um argumento. Nesse sentido, o objetivo da lógica seria analisar e desenvolver formas corretas e válidas de raciocínio.

Não se trata de criar sentenças que carregam uma verdade objetiva, mas de criar modelos de raciocínio que possam servir como base para a validação de argumentos. Portanto, fica claro que a lógica não tem a capacidade de resolver os fenômenos do viés de confirmação e do raciocínio motivado, mas ela ajuda a reduzir seus efeitos por meio de métodos mais objetivos de análise, que reduzem a influência de emoções e preferências pessoais. E quando isso não é possível, permite deixar claro quando e como esses critérios são aplicados para conduzir determinado discurso.

Para isso, faz uso de silogismos e métodos desenvolvidos mais recentemente, que utilizam linguagens e procedimentos matemáticos com o objetivo de raciocinar com proposições lógicas. Uma proposição lógica é uma declaração que pode ser claramente identificada como verdadeira ou falsa dentro de um dado contexto. Ela é usada para formar argumentos e raciocínios, sendo a base para deduções e inferências.

Não faz parte do objetivo deste livro mostrar em detalhes como a lógica funciona, mas, para exemplificar, pode-se dizer que silogismo é um tipo de argumento lógico que consiste em duas proposições que levam a uma conclusão. Para tanto, utiliza-se uma estrutura formal composta de três proposições: a primeira é chamada de premissa maior, a segunda de premissa menor e a terceira expressa a conclusão a que se pode chegar. Essas proposições são construídas a partir de afirmações sobre categorias e relações entre elas.

O silogismo é uma ferramenta útil para a análise de argumentos e a avaliação da validade lógica das conclusões, sendo amplamente utilizado na retórica e na argumentação para construir raciocínios coerentes e convincentes. Um exemplo para ilustrar como eles funcionam pode ser:

I. **Premissa maior:** Todos os cães são mamíferos;
II. **Premissa menor:** Bidu é um cão;
III. **Conclusão:** Se todos os cães são mamíferos e Bidu é um cão, então Bidu é um mamífero.

A conclusão é lógica e independe de crenças e preferências. Além disso, existem ainda formas mais ricas de usar raciocínio lógico para avaliar se proposições são verdadeiras ou falsas. A lógica proposicional e a lógica de predicados são exemplos clássicos. Elas usam formalismos matemáticos organizados em linguagens estruturadas o suficiente para serem compreendidas por computadores. Por exemplo, para escrever as mesmas proposições descritas acima em lógica de segunda ordem ou lógica de predicados, teríamos o seguinte:

1. **Premissa maior:** para todo x, se x é um cão, então x é um mamífero.
   $\forall x \, (Cão(x) \rightarrow Mamífero(x))$
   Vamos compreender como se lê esta linguagem:
   ∀x: é um símbolo de quantificador universal e significa "para todo x" ou "para qualquer x". Em outras palavras, a afirmação que vem a seguir é verdadeira para todos os elementos do conjunto considerado.
   Cão(x): este é um predicado que pode ser lido como "x é um cão". Aqui, "Cão" o elemento da esquerda, é uma propriedade ou característica que pode ser verdadeira ou falsa para qualquer elemento x, ou seja, tudo que estiver entre parênteses é um cão. Significa que todo x é um Cão, sendo x uma variável.
   →: este é o símbolo de implicação lógica. Ele pode ser lido como "implica" ou "se... então...". A implicação **A → B** é verdadeira em todos os casos, exceto quando A é verdadeiro e B é falso. Significa "se A, então B".
   Mamífero(x): Este é outro predicado que pode ser lido como "x é um mamífero". Assim como "Cão(x)", "Mamífero(x)" é

uma propriedade que pode ser verdadeira ou falsa para qualquer elemento x. Neste caso, porém, significa que todo elemento x, dentro dos parênteses é um Mamífero.

Portanto, a fórmula **∀x (Cão(x) → Mamífero(x))** pode ser lida como: "Para todo x, se x é um cão, então x é um mamífero". Em termos mais simples, isso significa que todos os cães são mamíferos.

2. **Premissa menor:** Bidu é um cão.
   Cão(Bidu)
   Este predicado pode ser lido como "Bidu é um cão", onde "Cão" o elemento da esquerda, representa a mesma propriedade ou característica da premissa maior, significando, neste caso, que o que se encontrar dentro dos parênteses é um "Cão".
3. **Conclusão:** a conclusão se daria aplicando a premissa menor à premissa maior, substituindo a variável *x* por Bidu. Ao fazer isso temos que:
   A partir de: *∀x (Cão(x) → Mamífero(x))*, que significa que para todo x, se x for um cão, x é mamífero.
   E de: *Cão(Bidu), que significa que Bidu é um cão.*
   Podemos inferir que: *Cão(Bidu) → Mamífero(Bidu)* se Bidu é um cão, então Bidu é um mamífero.

Esse é um exemplo bastante simples, mas que serve para ilustrar uma das formas pelas quais regras, ideias, crenças e representações do mundo real podem ser compreendidas por computadores por meio de uma linguagem que não permite ambiguidades. No entanto, a realidade é que as linguagens para realizar operações lógicas são bem mais complexas e permitem fazer deduções, provar teoremas e muito mais.

O objetivo deste capítulo, contudo, está longe de mergulhar nos detalhes do universo da lógica. Não é necessário conhecer suas especificidades para compreender como ela viabiliza o raciocínio automatizado. Por ora, basta apenas saber o que é a lógica formal e para que ela serve.

Agora temos definida uma maneira de elaborar raciocínios livres de ambiguidades, interferências de vieses, emoções e preferências individuais. Podemos utilizar esse método para resolver problemas que exigem raciocínio baseado em regras claras. Mais do que isso, ao empregarmos linguagens formais e estruturadas, podemos dotar os computadores de uma certa capacidade de raciocínio lógico, delegando a eles parte das decisões que antes cabiam somente a nós.

Assim, o raciocínio automatizado é uma subárea da inteligência artificial que utiliza o raciocínio lógico para resolver problemas. Na prática, essa técnica pode ser aplicada para buscar uma prova para um determinado resultado. Imagine que você tenha um conjunto de premissas, regras gerais e suposições, como "peixes vivem na água, peixes são vertebrados e tubarões são peixes". A partir dessas informações, podemos fazer perguntas como: tubarões vivem na água?

Usando o raciocínio automatizado, podemos estruturar essas informações de uma forma que o computador seja capaz de processá-las e fornecer respostas lógicas. Isso não só facilita a solução de problemas complexos, mas também possibilita automatizar decisões baseadas em conhecimento estruturado.

Com isso e, por meio de regras de inferência, dedução, entre outras, o computador resolve a questão por meio de raciocínio lógico. As principais limitações desse processo estão na dependência de premissas bem elaboradas. Se tais premissas forem capazes de expressar conhecimento científico, os resultados serão ainda melhores. Além disso, o raciocínio automatizado não faz previsões, nem generalizações. Desse modo, questões como a apresentada acima são completamente viáveis, pois são o resultado de um processo dedutivo, ou seja, um modo de raciocínio que aplica regras gerais a casos específicos.

Entretanto, raciocínios indutivos, que partem de casos específicos para elaborar regras gerais, não são tão viáveis. Por exemplo, com as premissas: "tartarugas são répteis e "tartarugas vivem na água", não seria lógico inferir que todos os répteis vivem na água. Ainda assim, existem muitas aplicações para o raciocínio automatizado. Tais aplicações serão mais bem exploradas mais adiante.

Visão computacional: computadores que veem

Os olhos humanos desempenham um papel fundamental ao capturar as imagens que formam o mundo ao nosso redor. Funcionam como mecanismos sofisticados de percepção, que, em conjunto com as incríveis capacidades de processamento do cérebro, nos permitem compreender e interagir com o ambiente em três dimensões. Essa integração entre visão e cognição possibilita a percepção detalhada e a adaptação ao espaço ao nosso redor, essencial para a navegação e interação com o mundo.

A capacidade de ver é bastante limitada logo que nascemos. Nesse período, mal enxergamos a 40 cm ou 60 cm de distância e, tampouco, dispomos de visão periférica. Entretanto, com o passar de alguns meses, a nossa visão vai se desenvolvendo e logo já nos possibilita seguir objetos e reconhecer formas, embora ainda não saibamos como classificá-las. Quando o cérebro já está maduro o suficiente, vamos gradualmente, passo a passo, associando nomes a objetos e pessoas até que sejamos capazes de reconhecê-los e classificá-los. E o mais fascinante é que esse processo perdura por toda a nossa vida, a menos que tenhamos a pretensiosa ilusão de já ter visto tudo e conhecido todas as pessoas do mundo.

Considerando a complexidade de todo esse processo, o que surpreende é que essa capacidade incrível de ver, detectar, reconhecer, seguir e classificar objetos não é mais exclusiva dos seres vivos. Com a visão computacional, podemos ensinar essas habilidades aos computadores. Essa área da inteligência artificial permite que as máquinas interpretem e compreendam o mundo visual de forma semelhante à nossa percepção.

No entanto, ensinar as máquinas a interpretarem o ambiente por meio de imagens é uma tarefa desafiadora. Enquanto os humanos fazem isso naturalmente e com facilidade, as máquinas precisam aplicar algoritmos e técnicas avançadas para processar e extrair informações úteis.

As técnicas de aprendizado de máquina são fundamentais nesse processo por possibilitar o treinamento de modelos usando grandes conjuntos de dados, compostos de imagens rotuladas, cuja quantidade pode variar de centenas a milhões. Durante o processo, os algoritmos identificam padrões, como formas, cores e texturas, que diferenciam as categorias, ajustando seus parâmetros para melhorar a sua capacidade de reconhecimento visual. Ao final, o modelo resultante é capaz de generalizar esse conhecimento para classificar imagens completamente novas.

Por exemplo, ao mostrar muitas fotos de gatos para o modelo em treinamento, ele aprende a reconhecer gatos em imagens que nunca viu antes. Essa capacidade de aprendizado é essencial para diversas aplicações, como reconhecimento facial, diagnósticos médicos assistidos por computador e muito mais.

Contudo, para que isso seja possível, são utilizadas várias técnicas de processamento de imagens, cada uma com diferentes finalidades. Algumas delas são apresentadas a seguir:

I. Segmentação de imagens

Trata-se de um conjunto de técnicas de visão computacional utilizadas para separar uma imagem em diferentes partes ou regiões com base nos pixels que a compõem. Podemos entender pixels como minúsculos pontos que formam as imagens em telas de computadores, smartphones, TVs etc. São como tijolinhos que constroem figuras, paisagens e cenas em telas digitais, sendo a menor parte que as constituem. Quanto mais pixels, mais detalhes poderão ser mostrados.

O principal objetivo da segmentação é simplificar a representação da imagem e destacar áreas de interesse específicas, tornando mais fácil sua análise por computadores ou por usuários humanos. Quando uma imagem é segmentada, cada segmento resultante pode representar um objeto distinto, uma área com características visuais semelhantes ou até mesmo uma parte específica de um objeto. Isso permite que computadores compreendam melhor a composição da imagem e identifiquem elementos ou padrões de interesse com maior precisão.

Para exemplificar, tomemos o exemplo de um carro autônomo. Um requisito indispensável para que um veículo assim possa se deslocar com segurança é a capacidade de detectar a presença de elementos de trânsito e obstáculos presentes em sua trajetória, bem como alternativas de rota e desvios. Desse modo, uma primeira etapa a ser realizada pelo sistema responsável por essa detecção pode ser a segmentação das imagens que o veículo captura em seu percurso, separando as partes por similaridade de cores e textura.

Nesse processo, as imagens podem ser divididas em regiões de interesse, como céu, estrada, pedestres, placas de trânsito e potenciais obstáculos. Essa etapa inicial consiste apenas na segmentação das diferentes partes da imagem, sem atribuir classificações específicas a cada elemento. Essa divisão preliminar é fundamental para simplificar e agilizar as etapas posteriores de detecção e classificação, permitindo que o veículo compreenda melhor o ambiente e tome decisões seguras.

II. Detecção de objetos

Do ponto de vista humano, a detecção de objetos vai um pouco além da segmentação de imagens, permitindo que sistemas identifiquem e localizem elementos importantes em fotografias, vídeos ou no ambiente em tempo real. Técnicas de detecção não apenas reconhecem objetos, mas também indicam a sua posição, frequentemente usando "caixas delimitadoras" ou contornos para marcá-los.

Para isso, são aplicadas técnicas avançadas que analisam as imagens de forma rápida e precisa, conseguindo diferenciar o que está sendo detectado, mesmo em situações que envolvem múltiplas variáveis, onde vários eventos ocorrem ao mesmo tempo. Isso pode ser observado em câmeras fotográficas digitais capazes de detectar rostos humanos. No momento da detecção, a câmera não identifica quem são as pessoas detectadas, mas indica a presença e a localização dos rostos capturados pelas lentes.

Seguindo com o exemplo dos carros autônomos, esse recurso pode ser usado para detectar, identificar e apontar a localização de elementos importantes presentes no ambiente, como pedestres, semáforos e placas de trânsito. Essas informações são muitas vezes acompanhadas de rótulos que ajudam o veículo a tomar decisões, como parar, desviar ou continuar em segurança.

III. Classificação de imagens

É o processo de atribuir uma categoria ou rótulo a uma imagem inteira. Essa técnica busca responder à pergunta: "O que há nesta imagem?". Por exemplo, um sistema treinado para diferenciar entre aviões e barcos aprenderá as características de cada um e, após o treinamento, será capaz de classificar novas imagens com alta precisão.

Mecanismos de classificação já foram discutidos na seção "Aprendizagem de máquinas: como os computadores aprendem". Eles são especialmente úteis em situações em que o objetivo é simplesmente classificar um único objeto presente em cada imagem.

No exemplo do carro autônomo, é por meio de modelos de classificação que os objetos segmentados e detectados nas etapas anteriores podem ser rotulados com mais detalhes. Nesse caso, mais do que identificar um objeto como placa de trânsito, um classificador poderia retornar que tipo de placa se trata: se de "parada obrigatória", "proibido estacionar" ou "proibida conversão à direita". Isso é muito importante para que o veículo possa se locomover com segurança e sem realizar manobras potencialmente perigosas.

IV. Rastreamento de objetos

É uma técnica avançada que permite a sistemas inteligentes identificar e seguir elementos em movimento em vídeos ou sequências de imagens. Para isso, o processo de rastreamento envolve o uso de algoritmos de aprendizado profundo para detectar e identificar itens de interesse em cada quadro de um vídeo.

Uma vez identificado, o elemento é marcado com uma identificação única, e seu movimento é monitorado ao longo do tempo. Isso permite que os sistemas acompanhem continuamente a posição e o comportamento dos itens marcados, fornecendo informações valiosas para tomada de decisão em tempo real. O rastreamento na visão computacional tem uma grande variedade de aplicações em diversas indústrias e continua a ser uma área de pesquisa ativa e em constante evolução.

Para concluir com o exemplo do carro autônomo, o rastreamento de objetos pode ser aplicado para a detecção, identificação e acompanhamento de outros veículos, pedestres, ciclistas e demais elementos em movimento ao redor do veículo. Por exemplo, ao atravessar uma interseção movimentada, o sistema de visão computacional do carro pode utilizar algoritmos avançados para monitorar e prever o movimento de outros veículos e pedestres.

Essa capacidade permite que decisões mais seguras e eficazes possam ser tomadas, como reduzir a velocidade, desviar de obstáculos ou parar completamente quando necessário para evitar colisões ou acidentes. Esse tipo de recurso também é essencial em situações de tráfego intenso, onde é necessário que o carro trafegue entre diferentes veículos e usuários da estrada.

É claro que os exemplos usando carro autônomo foram simplificados para possibilitar a compreensão dos diferentes processos de visão computacional. Ademais, em situações reais, muitos outros sensores são usados para complementar as informações visuais capturadas e processadas. O objetivo aqui não foi explicar como funcionam os carros autônomos, mas sim esclarecer como recursos de visão computacional podem ser aplicados para solucionar problemas reais.

Desse modo, para elucidar com mais clareza a relação entre as técnicas de processamento descritas, pode-se dizer que a classificação de imagens é a base da visão computacional, permitindo que um sistema atribua rótulos a imagens inteiras, identificando apenas uma categoria por vez, como "carro" ou "caminhão". No entanto, essa abordagem é limitada, pois não distingue detalhes específicos dentro de uma mesma imagem. Isso impede que em uma fotografia de uma rua movimentada com carros, bicicletas e pedestres, por exemplo, todos os elementos sejam identificados.

A detecção de objetos, por sua vez, é um refinamento dessa técnica, pois combina classificação e localização, identificando múltiplos objetos em uma mesma imagem e marcando suas posições com caixas delimitadoras. Apesar disso, a detecção ainda não consegue delinear os contornos exatos dos objetos.

É aí que entram as técnicas de segmentação de imagens, que vão além da detecção, refinando ainda mais o processo ao trabalhar no nível de pixels. Ela permite identificar os limites e formas precisas de cada objeto ou região, fornecendo informações detalhadas sobre a composição da imagem.

Para completar, sempre que seja necessário lidar com objetos que se movimentam em vídeos ou sequências de imagens, são aplicadas técnicas de rastreamento de objetos. Independentemente do problema a ser resolvido ou das técnicas aplicadas, é preciso considerar a limitação imposta pelo tipo de treinamento ao qual os modelos foram submetidos. Um programa treinado para identificar elementos em um ambiente de trânsito, por exemplo, não será capaz de reconhecer peixes em um aquário. Essa limitação também se aplica aos processos de classificação. Isso mostra a importância da qualidade e diversidade dos dados usados na etapa de treinamento.

Por fim, a visão computacional representa uma área da IA em constante evolução. Por meio dos avanços neste campo, tem sido possível permitir que computadores entendam e, de certo modo, interpretem o mundo visual à sua volta. Com o desenvolvimento da tecnologia e a constante evolução de algoritmos mais sofisticados, podemos esperar que a visão computacional desempenhe um papel cada vez mais relevante em nossa sociedade, oferecendo soluções criativas e impactantes para desafios cada vez mais complexos.

Representação de conhecimento

Até agora temos falado bastante sobre como a produção, o armazenamento e a capacidade de transferir conhecimento de uma geração para a outra têm sido grandes diferenciais no nosso processo civilizatório. Para organizar essas atividades, a humanidade utilizou diferentes sistemas, processos e artefatos ao longo dos séculos.

A escrita, por exemplo, revolucionou a humanidade ao permitir o registro e a transmissão de vastos volumes de conhecimento ao longo dos séculos. Esse avanço ganhou um novo impulso em 1448, com a invenção da imprensa, um marco que transformou radicalmente o acesso e a disseminação de ideias.[33] Reconhecendo a importância central do conhecimento para o desenvolvimento humano, diversas áreas da ciência e da filosofia se dedicaram a estudá-lo profundamente, como a gestão do conhecimento, a história do conhecimento e a epistemologia, cada uma explorando diferentes dimensões desse poderoso recurso.

Mas o que é conhecimento, afinal? Apesar do sentido intuitivo da palavra, delimitar onde começa e onde termina um fragmento do que pode ser considerado conhecimento pode ser bem difícil. Existem muitas discussões filosóficas sobre este assunto e foi a partir delas que surgiram os principais conceitos contemporâneos que podem nos ajudar a defini-lo e compreendê-lo.

Para o renomado filósofo grego Platão, o conhecimento é definido como uma crença verdadeira e justificada. Isso implica que conhecer vai além de simplesmente acreditar em certas verdades. Segundo essa visão, para ser considerada conhecimento, uma crença deve estar solidamente ancorada na realidade e sustentada por evidências. Esse critério é essencial para distinguir o conhecimento verdadeiro de opiniões rasas. Tal conceito continua amplamente aceito até hoje, pois oferece uma base clara para validar o que consideramos saber. Essa definição abrange não apenas o que aprendemos na escola ou nas relações diárias com outras pessoas, mas também valores que absorvemos ao longo da vida.

Por sua vez, os pesquisadores japoneses Ikujiro Nonaka e Hirotaka Takeuchi afirmam que o conhecimento é "formado por dois componentes dicotômicos e aparentemente opostos: o conhecimento explícito e o conhecimento tácito".[34] Nesse contexto, o conhecimento explícito é aquele que pode ser claramente expresso e compartilhado por meio de palavras, números, sons ou outros meios, como manuais e fórmulas. Ele pode ser transmitido de maneira rápida e formal. Já o conhecimento tácito é pessoal e difícil de formalizar, não podendo ser facilmente explicado ou compartilhado. Inclui intuições, palpites e experiências pessoais, estando profundamente ligado às ações, valores e emoções individuais.[35]

Além disso, Nonaka e Takeuchi destacam que nossas crenças não são estáticas. Elas podem mudar à medida que aprendemos algo novo e interagimos com outras pessoas. Esse processo de troca de informações e experiências evidencia o caráter dinâmico do conhecimento, que se transforma continuamente por meio das relações humanas e da evolução do entendimento.

E, para enriquecer ainda mais a definição de conhecimento que pretendo considerar, é importante citar também o conceito desenvolvido pela pesquisadora brasileira Teresinha Fróes Burnham. Para ela, conhecimento é uma mistura dinâmica de experiências, valores, informações contextuais e reflexões pessoais que fornecem condições para avaliar e integrar novas experiências e informações.[36] Essa abordagem também traz a ideia de que o conhecimento é algo fluido e em constante melhoramento, mas acrescenta de forma explícita que ele é contextual.

Isso é importante porque discussões sobre a natureza do conhecimento em sentido amplo podem ser bem extensas e gerar intermináveis debates epistemológicos. Assim, vamos considerar, para fins didáticos, que conhecimento é dependente de contexto e pode ou não estar fundamentado por métodos científicos. Esse critério merece atenção, pois nos permite considerar qualquer tipo de conhecimento, seja ele científico, empírico, filosófico ou religioso.

Também é válido observar que conhecimento não deve ser confundido com dados ou com informação. Essas formas de abstração da realidade já têm seus próprios meios de representação computacional. Dados, por exemplo, podem ser definidos como representações básicas e objetivas de eventos ou fatos, sem significado por si só. Por exemplo, o número 25, isoladamente, é apenas um número e não tem qualquer valor semântico específico sem uma explicação adicional.

A informação, por sua vez, é constituída por dados organizados e contextualizados que assumem significado para quem os compreende. Por exemplo, o número "25", que isoladamente não carregava nenhum significado, pode passar a ter um sentido claro ao ser contextualizado, como quando representa a idade de alguém que se chama Melissa. Assim, o contexto e a relação entre os dados podem dar sentido a eles, transformando-os em informação compreensível. Nesse exemplo, agora podemos saber que Melissa tem 25 anos.

Conhecimento, por fim, conforme as definições já estabelecidas, vão ainda além da informação isolada, envolvendo a interpretação e o entendimento que podem ser atribuídos a ele. Inclui, portanto, aspectos subjetivos de quem o recebe, como experiências, valores, crenças e reflexões.

Seguindo o mesmo exemplo, o conhecimento surge quando alguém, ao saber que Melissa tem 25 anos, é capaz de fazer conexões com outras informações, inferindo, por exemplo, o ano de seu nascimento, que Melissa é uma mulher adulta, possivelmente já graduada ou exercendo uma profissão, que por ter 25 anos já atingiu a maturidade sexual, entre tantos outros *insights* possíveis. O conhecimento, portanto, vai além dos dados e informações; ele nasce da capacidade de criar relações, formular hipóteses, refletir e integrar experiências, podendo, algumas vezes, requerer investigação e pesquisa para gerar entendimentos mais profundos e complexos.

Com isso, já é possível perceber a complexidade de criar modelos computacionais capazes de representar o conhecimento de forma efetiva. O desafio está não apenas em abstrair conhecimento efetivo da realidade concreta, mas também em definir meios e estruturas capazes de representá-lo de modo que possa ser utilizado por computadores. Dessa forma, a representação de conhecimento envolve a organização e o armazenamento de informações em sistemas computacionais, permitindo que as máquinas possam compreender e aplicar esse conhecimento para tomar decisões ou resolver problemas.

Existem duas principais abordagens na pesquisa sobre representação de conhecimento em IA: a abordagem declarativa e a abordagem procedimental. A primeira, sugerida por John McCarthy, cientista da computação estadunidense e um dos pioneiros no estudo da inteligência artificial, busca adaptar o conhecimento a representações estruturadas e sistematizadas usando a lógica simbólica,[37] como aquela apresentada na seção "Raciocínio automatizado: máquinas que pensam".

Como essa abordagem trata o conhecimento em termos de declarações proposicionais do tipo "baleias vivem no mar", dispõe de recursos capazes de representá-lo por meio de lógica simbólica, de redes semânticas ou de estruturas conhecidas como quadros. Veja uma breve explicação sobre cada uma destas formas de representação:

I. Lógica simbólica

A lógica simbólica é uma forma de programação que utiliza símbolos e códigos legíveis por humanos para representar instruções e operações que o computador deve executar. Diferente da linguagem de máquina, que é composta de códigos binários difíceis de interpretar, a linguagem simbólica permite que programadores escrevam códigos usando abreviações e símbolos que representam operações específicas, como somar, subtrair, tomar decisões ou mover dados. Isso torna a escrita, leitura e manutenção dos algoritmos mais acessível e compreensível, facilitando o desenvolvimento e a depuração de programas de computador.

Para a representação de conhecimento, é bastante comum utilizar a lógica de predicados, que aplica símbolos que permitem representar proposições e conectivos lógicos, como "e", "ou", "negação" e condicionais como "se x, então y". Esses símbolos possibilitam a construção de fórmulas lógicas que expressam relações entre entidades – pessoas, lugares e coisas – de maneira clara e precisa. Por exemplo, para representar um conhecimento superficial sobre as baleias, poderíamos dizer o seguinte:

a. A baleia-azul é uma espécie de baleia;
b. A jubarte é uma espécie de baleia;

Ao representar essas declarações usando lógica de predicados, teríamos o seguinte:

a. Baleia(baleia-azul);
b. Baleia(jubarte).

Para compreender essa linguagem podemos recorrer às explicações apresentadas na seção "Raciocínio automatizado: máquinas que pensam", que aborda com mais detalhes o assunto. Entretanto, para ajudar na compreensão de como a lógica de predicados pode ajudar na representação de conhecimento, segue um breve esclarecimento.

Primeiramente, é necessário ter clara a noção de que "baleia", à esquerda dos parênteses, representa um predicado, que pode descrever propriedades, características ou ações de uma entidade. No exemplo descrito, o termo "baleia" indica que estamos falando de uma característica, no caso, que algo é uma baleia. O que está entre parênteses, "baleia-azul" e "jubarte", são argumentos e representam os objetos específicos do qual estamos falando. Dessa maneira, o código apresentado declara que baleia-azul e jubarte são baleias.

Agora, para expressar a relação entre dois objetos, como "a baleia-azul come krill", precisamos usar uma estrutura de predicados distinta. Primeiro, é necessário declarar a existência dos elementos e, em seguida, estabelecer a relação entre eles:

a) A baleia-azul é uma espécie de baleia;
b) O krill é uma espécie de crustáceo;
} Declarando a existência dos elementos.

c) A baleia-azul come krill.
} Declarando a relação entre eles.

Essa mesma construção em lógica de predicado teria a seguinte estrutura:

a) Baleia(baleia-azul).
b) Crustáceo(krill).
} Declarando a existência dos elementos.

c) Come(baleia-azul, krill).
} Declarando a relação entre eles.

Como é possível observar, o que muda é que declaramos os tipos "baleia-azul" como "baleia" e "krill" como "crustáceo", para em seguida usar o predicado "come" para indicar a ação que relaciona as duas entidades. Nesse caso, indicando que baleia-azul come krill. Para representar isso em lógica de predicados, incluímos mais um item depois da vírgula entre parênteses no item c). Quando isso é feito, entende-se que o primeiro elemento exerce uma ação sobre o segundo, e esta ação é representada pelo predicado.

Esse é mais um exemplo simples que mostra como o conhecimento pode ser representado utilizando lógica de predicados. A verdade é que essa linguagem possui muitos outros elementos que ajudam a lidar com quantificadores e operações lógicas. É possível representar declarações bem mais complexas por meio dela.

Com isso, a lógica de predicados, com sua capacidade de codificar conceitos, relações e regras, e possibilitar a realização de inferências sobre o que foi codificado por meio de raciocínio lógico, permite uma modelagem mais rica e sofisticada do conhecimento. Ao explorar suas diversas funcionalidades, podemos não apenas capturar a complexidade das relações entre conceitos, mas também construir sistemas mais robustos para a representação e o raciocínio sobre o conhecimento codificado.

II. Redes semânticas

As redes semânticas são uma maneira útil de representar informações, especialmente em áreas cujos problemas podem ser descritos usando classificações taxonômicas, como diferentes tipos de animais ou objetos em um determinado assunto. Em uma rede semântica, as informações são organizadas como um conjunto de nós ou pontos, conectados por arcos ou setas. Cada nó representa um objeto ou entidade e cada seta mostra a relação entre eles. Considerando os exemplos mostrados anteriormente usando baleias, poderíamos ter o seguinte resultado aplicando redes semânticas:

Figura 2: Exemplo de rede semântica

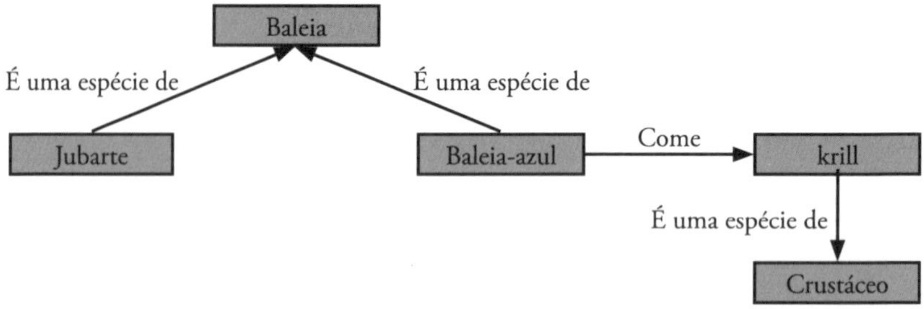

```
                    Baleia
       É uma espécie de    É uma espécie de
                                          Come
     Jubarte              Baleia-azul ────────→ krill
                                                 │
                                          É uma espécie de
                                                 ↓
                                             Crustáceo
```

Como é possível observar na Figura 2, os objetos são demonstrados usando retângulos, e as relações entre eles são expressas nas setas que os ligam. A interpretação do exemplo mostrado é exatamente a mesma daquele que construímos usando lógica de predicados, ou seja, a jubarte e a baleia-azul são espécies de baleias, o krill é uma espécie de crustáceo e a baleia-azul se alimenta de krill.

III. Quadros

Os quadros são parecidos com as redes semânticas, com a diferença de que cada nó representa um conjunto de atributos que descrevem diferentes características que se pretende atribuir ao objeto representado. Isso confere aos quadros maior flexibilidade e poder de representação. Em geral, podem ser usados quando conceitos mais complexos fizerem parte do domínio a ser representado.

IV. Grafos de conhecimento

Também semelhantes às redes semânticas, os grafos de conhecimento são estruturas utilizadas para organizar e representar informações de forma interconectada, utilizando nós para representar entidades ou conceitos e setas para indicar os relacionamentos entre eles. São amplamente empregados em sistemas computacionais para facilitar a busca, organização e recuperação de informações.

Um exemplo conhecido é o Google Knowledge Graph, composto de uma vasta rede de informações interconectadas que o motor de busca da Google utiliza para entender melhor o mundo e fornecer resultados de pesquisa mais precisos e relevantes. Ele funciona como um grande mapa conceitual, conectando entidades e as relações entre elas. Graças a esse recurso, a ferramenta de busca consegue entender o significado por trás das suas palavras, apresentar resultados mais ricos e informativos, como painéis de conhecimento e respostas diretas, e melhorar a experiência geral de pesquisa. Trata-se, nesse caso, da base para a compreensão semântica da web pela Google.

Uma diferença importante entre grafos de conhecimento e redes semânticas está na formalização das relações. As redes semânticas muitas vezes incluem conexões mais informais e flexíveis, como associações intuitivas entre conceitos. Já os grafos de conhecimento tendem a ser mais estruturados, frequentemente baseados em ontologias que definem um conjunto claro de regras e categorias para organizar os dados. Essa estruturação permite que sistemas computacionais processem as informações de maneira consistente e escalável.

Os grafos de conhecimento podem ser vistos como uma evolução prática das redes semânticas. Ambos buscam capturar e modelar relações entre conceitos, mas os grafos de conhecimento foram projetados com um foco maior em aplicações computacionais e integração de grandes volumes de dados. Essa relação torna os grafos de conhecimento uma ferramenta valiosa para diversas áreas, incluindo motores de busca, assistentes virtuais e organização de informações na web. Atualmente também são muito usados com grandes modelos de linguagem para fornecer camadas de conhecimento adicionais que podem ser usadas para gerar respostas mais precisas e especializadas.

A segunda abordagem sobre representação de conhecimento, conhecida como procedimental, foi proposta por Marvin Minsky, matemático e cientista cognitivo estadunidense, e também um dos pioneiros da inteligência artificial. Minsky argumenta que o comportamento do cérebro humano é muito complexo para ser expresso apenas por lógica simbólica.[38] Além disso, para utilizar uma representação declarativa, é necessário recorrer a programas que instruam o computador sobre como aplicar o conhecimento representado dessa forma. Por outro lado, a representação procedimental do conhecimento dispensa essa necessidade, pois inclui na própria representação as instruções que explicam como esse conhecimento deve ser aplicado.

Em geral, o conhecimento procedimental é representado por algoritmos que contêm conhecimento específico sobre como realizar alguma tarefa. Entretanto, também podem fazer uso de quadros como aqueles descritos entre as formas de representação de conhecimento declarativo. Para isso, é possível incluir instruções e procedimentos nos nós que formam a estrutura de quadros.

Embora haja debate sobre qual abordagem é melhor, a maioria dos pesquisadores concorda que a combinação das duas é mais eficaz e, por isso, desenvolvedores de IA frequentemente utilizam essa estratégia para resolver problemas complexos. Além disso, existem ainda outras formas de representação de conhecimento para uso em IA, mas não precisamos nos estender tanto sobre esse tema. Com o que foi exposto até aqui já é possível ter uma boa noção do que trata essa área.

Robótica inteligente

O uso de ferramentas para executar tarefas, sejam elas simples ou complexas, é um raro, porém claro, demonstrativo de inteligência.[39] Trata-se de uma habilidade observada em poucas espécies além da humana, e as raras exceções por meio das quais é possível evidenciá-la mal se aproximam da nossa engenhosidade. Quando pensamos nas ferramentas que desenvolvemos, desde os utensílios de pedra dos nossos ancestrais até as tecnologias avançadas da atualidade, fica evidente o potencial transformador da nossa inventividade.

É incrível pensar que a humanidade tenha desenvolvido o arado com tração animal entre 4 e 6 mil anos antes da era comum e hoje possa contar com máquinas autônomas para a realização do trabalho duro na agricultura. Também é fascinante que tenhamos começado com utilização de cavalos para o nosso transporte e hoje possamos contar com aviões que atravessam o mundo de um lado a outro em poucas horas. Mas, talvez, mais extraordinário ainda seja o fato de termos dominado recursos energéticos como a eletricidade e, em vez de ter de esperar meses por notícias de um outro continente, possamos nos comunicar e até mesmo observar quase em tempo real o que acontece do outro lado do planeta.

É claro que toda essa transformação não aconteceu da noite para o dia, mas precisamos registrar que a velocidade com a qual elas ocorrem vem aumentando significativamente nos últimos 200 anos. Isso demonstra a tendência humana em criar ferramentas capazes de tornar mais eficiente a sua produtividade, seja no campo que for.

O fato é que no período da história no qual nos situamos, podemos contar com recursos tecnológicos jamais vistos. Tais recursos são capazes, como mostrado até agora, de dotar máquinas de comportamentos que podem ser considerados inteligentes. Das máquinas a vapor do século XVIII até as linhas de produção automatizadas com braços robóticos, dos primeiros carros produzidos no século XIX até os veículos relativamente autônomos observáveis atualmente, é possível evidenciar o uso desses recursos para transformar máquinas que dependiam totalmente da intervenção humana em agentes capazes de agir sozinhos.

São muitos os exemplos que podem ser citados a esse respeito. A utilização de robôs como ferramentas eleva a outro nível a habilidade de construir e usar ferramentas. Em alguns casos, é possível delegar tarefas de forma integral a eles, fazendo com que deixem de ser meras ferramentas de apoio e passem a ocupar lugares antes pertencentes a seres humanos nas estruturas de produção. Esse fenômeno é inédito, pois, antes disso, ferramentas não poderiam existir nem executar qualquer atividade sem alguém que as operasse. Dessa forma, a robótica inteligente traz um novo paradigma sobre o papel dos robôs na sociedade.

Contudo, estamos agora em um ponto de inflexão. As mudanças vão ocorrer e, nesse cenário, compreender os avanços da robótica inteligente se torna imperativo. Como o nome sugere, a inteligência artificial tem sido um dos principais motores desse progresso, capacitando os robôs a processar informações complexas, aprender com experiências passadas e tomar decisões adaptativas em tempo real. Essa capacidade tem transformado diversos setores, desde a indústria automobilística e a medicina, até a exploração espacial e a agricultura.

Os robôs inteligentes são agentes racionais capazes de interagir e modificar seu ambiente físico. Equipados com uma variedade de recursos de IA, eles podem manifestar diferentes formas e níveis de inteligência, adaptando-se às necessidades específicas para as quais foram projetados. Esses robôs são dotados de sensores que percebem mudanças no ambiente e recursos que lhes permitem interagir e realizar intervenções para alcançar seus objetivos.

Nesse sentido, existem robôs capazes de aprender, de se comunicar em linguagem natural, de demonstrar capacidade de raciocínio, de ver e interpretar o que viram e especializados em domínios específicos. Com o avanço das técnicas de aprendizagem de máquina, robôs agora são capazes de realizar tarefas que anteriormente exigiam intervenção humana. Desde a condução autônoma de veículos até a manipulação delicada de objetos em ambientes desconhecidos, os robôs estão se tornando mais versáteis e autônomos do que nunca.

No entanto, é importante frisar que, embora para uma parte das pessoas pensar em robôs implique pensar naqueles humanoides de ficção científica, a realidade é que a maioria dos robôs não se parece em nada com seres humanos. Carros autônomos, por exemplo, são robôs inteligentes. Além disso, alguns pesquisadores desse campo têm buscado inspiração na biologia dos animais, dando origem à robótica bioinspirada. Essa abordagem acabou resultando no desenvolvimento de robôs que imitam características e comportamentos de organismos vivos, como insetos, pássaros e mamíferos. Tais robôs bioinspirados demonstram eficiência e agilidade impressionantes em uma variedade de ambientes e tarefas.

Por fim, a robótica inteligente representa uma fronteira animadora e promissora no avanço da tecnologia. Com o rápido desenvolvimento de algoritmos de inteligência artificial, sensores avançados e sistemas de controle sofisticados, os robôs estão se tornando cada vez mais capazes de realizar uma ampla gama de tarefas de forma autônoma e adaptativa.

Sensibilidade, emoções e sentidos

Por mais que a inteligência artificial impressione por imitar com bastante efetividade comportamento humanos considerados inteligentes, é difícil atribuir qualquer traço de humanidade a entidades que, no final das contas, são máquinas guiadas por algoritmos escritos em linguagens de programação. No entanto, pesquisas mais recentes buscam simular traços humanos mais sutis e complexos, desafiando nossa percepção e, às vezes, nos levando a confundir respostas computacionais com manifestações de empatia.

Esses traços, capazes de aproximar muito a IA real daquelas observadas na ficção científica, materializada em robôs humanoides, vem alcançando significativo progresso ao possibilitar que máquinas reais possam demonstrar sensibilidade emocional, empatia e capacidade de sentir o ambiente, aproximando-se cada vez mais da experiência humana. Já existem inclusive sistemas de IA que conseguem replicar sentidos humanos, como audição, tato e olfato.

Conforme já apresentado, a visão computacional permite que a IA reconheça objetos e rostos em imagens, enquanto a audição artificial possibilita o reconhecimento de vozes e sons. Imagine um assistente virtual que, ao ouvir sua voz triste, oferece palavras de conforto e sugestões de músicas animadoras. Esses exemplos mostram como a IA está se tornando mais sensível às nossas necessidades emocionais.

A empatia e o entendimento das emoções humanas pela IA também estão avançando rapidamente. Modelos avançados de processamento de linguagem natural, como os usados em assistentes virtuais e *chatbots*, estão sendo treinados para reconhecer e responder a emoções. Pense em um *chatbot* de atendimento ao cliente que detecta frustração em suas mensagens e ajusta suas respostas para ser mais compreensivo e útil. Isso não só melhora sua experiência como usuário, mas também cria uma conexão mais profunda com a tecnologia.

A sensibilidade em IA é uma área cercada por incertezas, questionamentos e debates em aberto. De um lado, a senciência, isto é, a capacidade de experienciar sensações físicas e sentimentos em diferentes graus de consciência, ainda é um conceito hipotético, sugerindo que a inteligência artificial poderia, de alguma forma, vivenciar experiências subjetivas como sofrimento ou bem-estar. De outro, já temos visto avanços notáveis na capacidade da IA de se adaptar ao contexto emocional e às necessidades dos usuários. No setor de saúde, por exemplo, um sistema de IA com sensibilidade pode oferecer suporte emocional a pacientes, reconhecendo sinais de ansiedade ou estresse e respondendo de maneira mais apropriada. Essas habilidades podem ser aplicadas em um robô hospitalar que, ao perceber que um paciente está nervoso antes de uma cirurgia, interage de forma calma e reconfortante.

Essas capacidades têm aplicações práticas em diversas áreas. No atendimento ao cliente, a IA empática poderia transformar a experiência do consumidor, fornecendo respostas mais humanas e compreensivas. Na educação, tutores virtuais empáticos conseguiriam adaptar seu estilo de ensino ao humor e às necessidades dos alunos, melhorando o aprendizado. E, na área da saúde mental, *chatbots* que entendem emoções seriam capazes de oferecer suporte imediato a pessoas em crise, ajudando-as a encontrar recursos e conforto.

Atualmente, não atingimos ainda esse grau de avanço tecnológico, mas importantes conquistas já podem ser observadas. Um exemplo emblemático, nesse sentido, é a Sophie, um robô com feições femininas criado pelo estadunidense David Hanson em 2016. Ela tem atraído atenções, principalmente pela sua capacidade de reproduzir expressões faciais, contar piadas e aprender com as interações de que participa, além de ser capaz de desenvolver conversas diretas com as pessoas e manter debates sobre assuntos complexos, como temas existenciais.

Para realizar tais interações, é evidente que Sophie é capaz de processar dados visuais e auditivos, com uso de processamento de linguagem natural, tendo também habilidades de aprendizagem para melhorar suas conversas com o tempo. Os feitos desse experimento são tão impressionantes que em 2017 a Arábia Saudita concedeu cidadania a Sophie, levantando questões éticas sobre se robôs podem ser considerados cidadãos.[40]

No entanto, por mais impressionantes que sejam os seus feitos, Sophie ainda pode dar respostas sem sentido e suas conversas sobre temas específicos são baseadas em interações pré-programadas. Ademais, Sophie não é capaz de generalizar sua inteligência para realizar tarefas como tocar um instrumento, por exemplo.

Esse tipo de atividade exige outros sentidos, como o tato e a capacidade de medir a quantidade de força a ser aplicada, seja no sopro, no toque ou na batida do instrumento. Entretanto, também já existem pesquisas que buscam possibilitar que computadores possam ter percepções como de temperatura e pressão de materiais físicos.

Para isso, estão sendo desenvolvidas alternativas que envolvem um tipo de pele eletrônica, mais conhecida como *e-skin*, que no inglês é um tipo de abreviação de *electronic skin*. Essa pele artificial funciona detectando mudanças no campo magnético da superfície causadas por pequenas deformações por meio de sensores, que usam aprendizado profundo para interpretar essas mudanças e fornecer uma percepção tátil precisa. Ao mesmo tempo, a pele eletrônica possui uma matriz de atuadores que gera vibrações mecânicas, criando um *feedback* tátil que podemos sentir como toques ou pressões.[41]

Isso significa que a pele eletrônica não só sente o toque, mas também pode responder a ele, criando uma comunicação bidirecional. Por exemplo, se um robô com essa pele eletrônica tocar em um objeto, ele pode sentir a textura e a forma do objeto e, ao mesmo tempo, emitir vibrações que simulam a sensação do toque para o usuário humano. Essa capacidade de transmitir informações táteis em ambas as direções permite que o robô reconheça objetos e realize tarefas delicadas, como pesar pequenos itens com precisão. Ao melhorar a sensação de toque e a resposta a ele, essa tecnologia ajuda também a aumentar a naturalidade e a eficiência das interações entre humanos e robôs, tornando a experiência mais imersiva e eficaz.

À medida que a IA continua a evoluir, sua capacidade de simular sensibilidade, empatia e emoções pode se tornar ainda mais sofisticada. No futuro, talvez seja possível desenvolver robôs capazes de atuar como verdadeiros companheiros, compreendendo e respondendo às nossas necessidades emocionais de maneira quase indistinguível dos seres humanos. Imagine ter um assistente virtual que não só gerencia suas tarefas, mas também entende seus sentimentos e oferece suporte emocional, tornando suas interações diárias mais agradáveis e significativas.

É essencial, entretanto, abordar questões como a privacidade, o consentimento e o impacto psicológico dessas interações. Garantir que a tecnologia seja usada de maneira ética e benéfica será um desafio contínuo, mas também uma oportunidade para redefinir as fronteiras da interação humana com a tecnologia. Com isso, será possível promover um futuro no qual as máquinas não só assistam, como também compreendam e apoiem suas contrapartes humanas de maneira empática e sensível.

Inteligência artificial generativa

Como já foi mencionado, a capacidade de criar ferramentas é uma das singulares características que distinguem a espécie humana das demais no planeta. Mas não se trata apenas de utilizar ferramentas, comportamento que pode ser observado também em outras espécies;[42] o diferencial está na habilidade de criá-las. É essa engenhosidade que nos permite desenvolver desde artefatos simples até tecnologias avançadas. Pense no complexo processo de pesquisa, engenharia e inovação por trás de criações que nos levam ao espaço, ao fundo dos oceanos ou que inauguram novas eras, como os computadores, capazes de transformar completamente a forma como vivemos e interagimos com o mundo.

Essa capacidade de criar, entretanto, não se limita a ferramentas e recursos tecnológicos. No campo das artes, é possível encontrar inúmeros exemplos de pinturas, esculturas e músicas que podem representar as nuances de um período histórico, transmitindo conceitos estéticos, emoções, sentimentos e provocando reflexões e debates por carregarem mensagens sociais políticas ou filosóficas.

E o que falar dos meios criados para entretenimento que, além de fortalecer nossas conexões sociais, alivia o estresse e ainda favorece a educação e a economia, já que movimenta um mercado bilionário na indústria do cinema, dos jogos, entre outros? Para ter uma ideia do tamanho do universo das criações humanas, basta refletir sobre o fato de que, provavelmente, uma vida inteira não seria suficiente para conhecer todas as músicas, ler todos os livros, assistir a todos os filmes e jogar todos os jogos existentes. E só estamos considerando uma pequena parte deste universo criativo.

A questão é que agora esse potencial virtualmente infinito de possibilidades criativas já não é mais exclusividade do *Homo sapiens*. Após anos de pesquisa, atualmente podemos contar com uma invenção humana, o que soa um pouco irônico, que revela uma capacidade surpreendente de criar: a inteligência artificial generativa. Isso tem provocado reflexões e desafiado estruturas de produção estabelecidas em diferentes setores, como arte, entretenimento e até mesmo ciência.

Apesar de fazer parte do processo de antropomorfização que fazemos da IA atribuir criatividade às suas produções, essa é uma discussão bastante importante e sempre presente entre os pesquisadores da área, e envolve definir o que é criatividade e determinar se o que os algoritmos produzem pode ser considerado um processo criativo. No entanto, antes de julgar essa questão com mais consciência, é fundamental entender melhor como a IA funciona e quais são os possíveis resultados desse processo.

Para começar, podemos dizer que a modelagem generativa é uma técnica avançada de inteligência artificial. Seu objetivo é criar conteúdo sintético, ou seja, conteúdo criado artificialmente, mas que parece real. Para isso, são utilizadas técnicas que, a partir de exemplos de treinamento, aprendem a produzir o conteúdo desejado. Dessa forma, um modelo de IA generativa pode aprender a criar imagens de pessoas, animais ou paisagens, estudando e analisando fotografias reais. A inteligência artificial generativa usa esses modelos, que, ao aplicar técnicas avançadas de aprendizado profundo, desenvolvem a capacidade de criar, em larga escala, uma variedade impressionante de conteúdo como textos, imagens, sons e vídeos.

Existem diferentes arquiteturas de redes neurais que podem ser aplicadas para a criação sintética de conteúdo. As redes generativas adversativas, também chamadas de adversárias ou antagonistas, estão entre as mais usadas atualmente. Elas funcionam com base em um par de redes neurais: uma chamada de geradora e a outra de discriminadora. A rede neural geradora é responsável por criar o conteúdo desejado, como, por exemplo, uma voz humana, enquanto a rede discriminadora avalia se o resultado é verossímil, ou seja, se parece real ou falso.

As redes envolvidas nesse processo continuam executando esse fluxo de criar e avaliar repetidamente o resultado, até que o gerador faça algo tão bom que o discriminador não consiga mais dizer se é real ou feito pelo computador. Essa disputa entre o gerador, que tenta enganar criando conteúdo falso, e o discriminador, que tenta identificá-lo, é a inspiração para o nome das redes adversárias.

Já os modelos de difusão, mais conhecidos por seu nome em inglês, *stable difusion*, são modelos de inteligência artificial generativa que geram imagens fotorrealistas a partir de descrições em texto ou imagens fornecidas como exemplo. Esse modelo não se limita apenas à criação de imagens, mas também pode ser utilizado para criar vídeos e animações.

Em termos simples, modelos de difusão funcionam adicionando gradualmente um pouco de ruído aos dados de treinamento e, em seguida, aprendendo a removê-lo para recuperar os dados originais. Essa abordagem permite que sejam gerados novos exemplos que se assemelham aos dados de treinamento, mas com variações sutis introduzidas pelo ruído.

Vamos imaginar, por exemplo, que temos um conjunto de dados de imagens de pombos sendo usado para treinar nosso modelo de difusão generativa. Primeiramente, o modelo adiciona um pouco de ruído a uma das imagens do conjunto de dados, que pode ser pequenas variações nos pixels da imagem. Em seguida, tenta removê-lo para recuperar a imagem original do pombo. Durante o treinamento, a partir desses ruídos o algoritmo aprende a criar imagens de pombos cada vez mais parecidas com as originais.

Por fim, mas com igual importância, é necessário destacar novamente os grandes modelos de linguagem, pela sua impressionante capacidade generativa para a produção de textos em diversos gêneros e para uma ampla variedade de finalidades. Sua habilidade de manter o contexto das conversas facilita a criação de assistentes virtuais ou a elaboração de roteiros, que podem posteriormente ser transformados em áudio ou vídeo com o auxílio de diferentes recursos generativos de IA. Isso tudo possibilita a criação de soluções inovadoras em diferentes áreas.

Toda essa versatilidade explica, em partes, a sua rápida e facilitada disseminação e aceitação. Quando as pessoas conseguem facilmente se comunicar com as máquinas, usando linguagem natural, como é o caso aqui ilustrado, tendem a aceitá-las melhor.

Um exemplo claro disso é a integração de agentes e sistemas multiagentes a LLMs, onde a habilidade de lidar com o contexto e a facilidade de interação entre humanos e máquinas é essencial para criação de soluções para automação de tarefas. Nesse âmbito, agentes não apenas entendem o texto em termos de sua estrutura, mas também executam ações coordenadas com base nas instruções recebidas. Atuando como sistemas integrados, eles são capazes de interpretar comandos em linguagem natural, identificar o objetivo e realizar ações concretas.

Por meio desses recursos, um agente poderia acessar um banco de dados, recuperar informações e apresentá-las de forma organizada em resposta a perguntas simples como "Quais foram as vendas do último mês?". Para alcançar esse nível de automação, é comum usar técnicas que permitem que os agentes realizem ações além da geração de texto, como acessar arquivos do computador, internet, interagir com outros serviços externos e até controlar dispositivos físicos.

Outro exemplo prático, nesse sentido, seria um sistema multiagentes capaz de automatizar um fluxo de trabalho em uma empresa, onde: ao receber uma solicitação como "crie um relatório mensal de desempenho e envie para os gerentes", o sistema poderia buscar e analisar dados relevantes, gerar o relatório em um formato adequado (como PDF ou Excel) e enviá-lo por e-mail, tudo isso sem intervenção humana. Esse tipo de automação é cada vez mais utilizado para reduzir o trabalho manual, aumentar a eficiência e liberar tempo para tarefas mais criativas e estratégicas.

No entanto, essa descrição simplificada sobre o que são e como funcionam alguns dos recursos de IA generativa em suas respectivas áreas, serve apenas para mostrar o quão fascinante pode ser esse campo.

Por outro lado, também revela que, por trás de comportamentos que nos surpreendem por sua aparente inteligência, estão algoritmos e implementações de conceitos matemáticos. Isso não é nenhum demérito, pelo contrário, torna mais admirável ainda toda a obra, mostrando a capacidade inventiva e a genialidade do ser humano.

Isso também nos leva de volta a questionamentos acerca da antropomorfização da IA. Será que é legítimo chamar de criativos algoritmos que simulam comportamentos humanos por meio da implementação de fórmulas matemáticas? Bem, se o aprendizado é um dos fatores que podem levar ao desenvolvimento da criatividade, por que não?

É fato que um modelo treinado apenas com imagens de peixes jamais poderia criar uma imagem de pássaro. Contudo, guardadas as proporções da sua capacidade cognitiva, um ser humano seria capaz de imaginar uma cor que nunca tenha visto? De qualquer modo, sigamos reflexivos e aguardando o que ainda há de vir. Até lá, não há problema em utilizar termos antropomórficos. Eles nos ajudam a compreender melhor o comportamento da IA. Discussões mais importantes e de maior impacto ainda serão levantadas adiante.

ONDE ESTÁ A INTELIGÊNCIA ARTIFICIAL?

Ainda que nos últimos anos tenhamos testemunhado uma rápida proliferação da inteligência artificial em praticamente todas as dimensões da nossa vida social e privada, essa disseminação vem se dando com tal sutileza que, no final das contas, mal percebemos a mudança. A presença da IA parece estar tão naturalizada em nosso meio que sequer falamos sobre ela. Chegamos a tal ponto que a maioria das pessoas interage, faz uso ou sofre as influências desse recurso tecnológico sem ter qualquer consciência disso.

Uma das causas desse fenômeno é que os diferentes aplicativos, sistemas de softwares ou serviços que usam IA em seus processos não deixam isso claro para as pessoas que os utilizam. O resultado é a criação de um véu de obscuridade sobre a presença da inteligência artificial em nossas vidas.

A complexidade dos sistemas de IA é uma das principais razões para essa falta de transparência. Os algoritmos e as tecnologias que impulsionam esses sistemas são frequentemente tão intrincados que se tornam incompreensíveis para o público em geral. Além disso, as empresas e organizações que desenvolvem e implementam tais sistemas muitas vezes optam por manter suas técnicas e tecnologias em segredo, seja por razões comerciais ou de segurança. No entanto, essa falta de transparência levanta preocupações éticas substanciais. A curadoria de conteúdo com finalidade persuasiva e ameaças à privacidade dos dados são apenas dois dos muitos problemas que surgem quando a IA opera em um estado de parcial ou total invisibilidade.

Sem entender plenamente como esses sistemas funcionam e como estão sendo utilizados, torna-se difícil garantir que sua aplicação seja ética e responsável. Discutiremos com mais profundidade essas questões mais adiante. Por ora, nossa maior preocupação é ajudar a remover esse véu escuro que dificulta a identificação da IA que nos cerca e a compreensão de como ela trabalha para nos entregar o que temos disponível atualmente.

Para isso, diferentes técnicas que utilizam recursos de inteligência artificial e que fazem parte do nosso dia a dia ou que têm sido noticiadas serão apresentadas e explicadas em uma linguagem simples e sem jargões técnicos. Aliás, quando for inevitável usar termos técnicos, eles serão devidamente explicados para que, mesmo aqueles sem qualquer conhecimento em computação, consigam identificar onde está a inteligência artificial.

A IA escolhe o que é melhor para você

A ambivalência da interpretação que se pode dar ao subtítulo desta seção é proposital. A partir dela é possível ter acesso múltiplas perspectivas moldadas pelo olhar com o qual se observa e compreende a inteligência artificial. Ao longo deste livro, você terá a oportunidade de experimentar diferentes lentes, cada uma revelando um ponto de vista sobre as capacidades e as consequências resultantes do uso da IA.

Por enquanto, vamos usar as lentes do encanto e da fascinação por estarmos diante de uma tecnologia capaz de demonstrar tão impressionantes e diversificadas formas de inteligência. Capacidades que, até muito pouco tempo, não passavam de rascunhos, protótipos de laboratório, especulações e sonhos. Depois de aprender a olhar a IA através das demais lentes, apresentadas nas seções seguintes, você poderá decidir qual interpretação prefere dar ao referido título.

Pois bem, em um mundo dominado por fluxos de informações, cuja complexidade e quantidade aumentam a cada dia, seria bastante difícil encontrar o que precisamos para nos manter informados se não fossem as tecnologias que dão suporte para isso. A título de exemplo, imaginemos uma biblioteca gigantesca, onde a cada dia mais e mais livros chegam às estantes.

Tal biblioteca se situa em um mundo em que não existem editoras de livros, mas cada pessoa tem a tecnologia necessária para produzir suas próprias obras bibliográficas em casa e enviá-las para serem armazenadas nessa biblioteca, que conta com tecnologias para indexar e armazenar uma quantidade infinita de volumes.

Neste ponto, é justo afirmar que a capacidade de produzir livros com bons conteúdos depende, entre outros fatores, da capacidade intelectual, da competência em pesquisa, da criatividade e das habilidades de escrita de quem os escreve. Com isso, a qualidade e os conteúdos das produções bibliográficas constantes nessa hipotética biblioteca poderiam variar mais que do que a quantidade de pessoas existentes nesse mundo fictício, pois cada uma delas poderia escrever quantos livros desejasse.

Portanto, na biblioteca se encontrariam livros de romance, científicos, filosóficos, de opinião e com conteúdo duvidoso. Em suma, poderiam ser encontrados livros sobre todos os assuntos e tipos de conhecimentos que a criatividade humana pode gerar. Todos estariam disponíveis para todo mundo, mas sem uma forma de organização ou classificação por conteúdo. Nesse cenário, se quiséssemos ler sobre qualquer assunto, teríamos de conhecer os livros que o abordam antecipadamente, contar com indicações de amigos ou arriscar lendo qualquer exemplar sobre o assunto desejado, na esperança de que o conteúdo fosse relevante e confiável.

Perderíamos mais tempo procurando por livros com bom conteúdo do que os estudando de fato. E, por mais difícil que seja de imaginar, assim seria a internet se não existissem os motores de busca e se as mídias sociais, como Instagram, Facebook e YouTube, não contassem com sistemas de recomendação de conteúdo.

Com a chegada da Web 2.0, como é chamada a era das tecnologias de páginas da internet que possibilitam que, mais do que consumidores de conteúdos, sejamos também seus produtores, a quantidade de informações disponíveis na internet tem crescido significativamente. Ao mesmo tempo, graças aos avanços tecnológicos que possibilitaram a redução dos custos para a implantação de tecnologias digitais, o número de pessoas com acesso à internet também tem aumentado de forma surpreendente.

Segundo um relatório da empresa de consultoria Data Reportal, no início de 2024 havia no mundo 5,35 bilhões de pessoas com acesso à internet, o equivalente a 66,2% da população do planeta.[43] Isso também contribui para o aumento da quantidade de dados produzidos pela humanidade, que, de acordo com a Statista, uma plataforma on-line de estatística, deverá ultrapassar 180 zettabytes até 2025.[44]

Esse é um número bem impressionante e difícil de compreender. Para ficar mais claro, vamos supor que você queira guardar toda essa quantidade de dados divididos em *pen drives* de 1 GB. Seriam necessários aproximadamente 180 trilhões de *pen drives*! Se fôssemos produzir um pen drive por segundo, levaríamos aproximadamente 5,7 milhões de anos para fabricar todos eles.

Esse período é tão extenso que, se viajássemos no tempo, passaríamos por toda a história da civilização humana, desde a construção das primeiras cidades até a ascensão e queda de impérios, sem ainda ter percorrido nem uma fração desse tempo. Se continuasse avançando, seria possível chegar a um período no qual o *Homo sapiens* sequer existia, sendo alguns ancestrais hominídeos vivendo em savanas o mais próximo que encontraríamos dos primatas modernos. Ou seja, é um número absurdamente grande de dados, e uma parte de tudo isso está disponível na internet, entre textos, vídeos, áudios e imagens sobre todos os tipos de assuntos.

No meio desse vasto oceano de dados, o grande desafio é descobrir como filtrar o que realmente importa e separar o útil do indesejável. E é exatamente nesse ponto que as ferramentas de IA entram em cena para nos ajudar. Os motores de busca como Google, Bing ou Yahoo foram um divisor de águas nesse contexto. Antes deles, era necessário conhecer os endereços dos sites com antecedência, pois não havia uma forma prática de fazer pesquisas na internet usando palavras-chave.

Ou seja, se você já fez uma pesquisa na internet usando um motor de busca, a inteligência artificial já fez parte da sua vida, mesmo que você não tenha percebido. Sem ela, esses buscadores não existiriam do modo como os conhecemos. A forma com a qual informações sobre os conteúdos da internet são armazenadas para poderem ser consultadas pelas pessoas no site de busca da Google, por exemplo, só é possível graças a uma classe de robôs capazes de varrer a internet, rastreando, extraindo e indexando dados das páginas em tempo real.

Esses robôs, conhecidos como *crawlers*, *spiders* ou, simplesmente, *bots*, realizam um trabalho que nenhum ser humano seria capaz de fazer. Eles analisam dezenas de milhões de páginas todos os dias, coletando informações de cada linha de código e visitando cada endereço para outras páginas que encontram durante o processo.

O objetivo desses *bots*, cujo nome é uma abreviação de *robot*, que em inglês significa robô, é indexar e classificar todo o conteúdo visitado, como faria um bibliotecário. Essa indexação é um dos mecanismos que possibilitam que as pessoas possam obter resultados mais rápidos e relevantes em suas buscas.

Para que possam executar esse trabalho sem depender de intervenções humanas, esses *bots* são programados para seguir objetivos e agir com relativa autonomia. Além disso, eles se adaptam a diferentes estruturas de sites e conteúdos, mostrando uma incrível flexibilidade. Em essência, são agentes inteligentes que desempenham seu trabalho de forma adaptativa, moldando-se ao ambiente em que atuam.

Além disso, os motores de busca também contam com recursos de aprendizado de máquina para realizar a classificação e o ranqueamento dos resultados de uma busca. Assim, da próxima vez que você entrar em algum motor de busca para procurar alguma informação, lembre-se de que tem muita IA rodando nos bastidores para tornar isso possível.

Em outra via, não menos importante e igualmente responsável pela criação massiva de conteúdo na internet, estão as mídias sociais. No início do ano de 2024 foram registrados 5,04 bilhões de usuários ativos nas mídias sociais, considerando todas as mídias em todo o mundo. Só o Facebook já conta com mais de 3 bilhões de usuários ativos, e a plataforma de vídeos mais acessada no mundo, o YouTube, conta com 2,5 bilhões.[45]

No entanto, o que torna as mídias sociais tão distintas no cenário digital contemporâneo é o papel que desempenham. Elas são essencialmente plataformas on-line que possibilitam a interação e o compartilhamento de conteúdo entre seus usuários e facilitam a comunicação por meio de uma variedade de formas, como texto, imagens, áudios e vídeos. Além disso, promovem a interação social ao permitir a troca de comentários em cada conteúdo publicado e oferecer mecanismos para avaliar a popularidade das publicações.

Comuns na vida cotidiana, as mídias sociais podem ser utilizadas para se conectar com amigos e familiares, acompanhar notícias e tendências, além de atenderem muito bem a fins comerciais, como marketing e promoção de produtos e serviços. Essas atribuições fazem delas verdadeiros centros de criação e disseminação de uma inimaginável variedade de conteúdo. Desde postagens sobre a rotina pessoal dos usuários até notícias de interesse público, passando por conteúdos educacionais e de entretenimento, uma quantidade impressionante de informações é compartilhada diariamente e permanece disponível para ser visitada e revisada.

Entretanto, quando você acessa mídias sociais como o Facebook, o Instagram ou o YouTube, já deve ter percebido que, apesar de todo esse universo de conteúdo disponível, só são mostrados para você aqueles que, supostamente, são do seu interesse. Como isso é possível? Afinal, há pessoas criando conteúdo sobre uma ampla variedade de temas, incluindo os que não lhe atraem. Então, por que é que você não vê os conteúdos que não correspondem aos seus interesses?

Isso acontece porque essas plataformas são munidas com sistemas de recomendação de conteúdo que usam IA para determinar quais conteúdos são mais adequados para os seus usuários, criando um ambiente personalizado para cada persona. Sem esse recurso, a experiência seria significativamente diferente ao navegar por uma mídia social.

Em primeiro lugar, os feeds de notícias seriam muito menos atrativos, apresentando uma mistura mais ampla de conteúdo de todo tipo. Os usuários teriam que passar por uma grande quantidade de conteúdo irrelevante, desinteressante ou não desejado para encontrar aquilo que lhes interessa. Isso poderia levar a uma maior dificuldade em encontrar informações relevantes e aumentar o tempo necessário para navegar nas redes sociais, o que diminuiria o engajamento das pessoas.

Além disso, sem sistemas de recomendação, as redes sociais seriam incapazes de entender e antecipar os interesses individuais dos usuários. Isso significa que você teria de buscar novos conteúdos e conexões ativamente, em vez de recebê-los automaticamente com base em seu histórico de atividades e interações. Como resultado, a descoberta de novos interesses e comunidades poderia ser mais difícil e limitada.

Sistemas de recomendação de conteúdo, portanto, não só ajudam a criar um ambiente personalizado e cativante, capaz de abordar os interesses individuais dos usuários, como também a fazer novas descobertas, sugerindo tópicos que possam interessá-los. Isso é possível graças a algoritmos complexos que usam recursos de aprendizado de máquina para entender os gostos individuais e descobrir o que interessa a cada pessoa. Para tanto, uma enorme quantidade de dados sensíveis de toda a rede de contatos de um usuário pode ser usada. Entre tais dados podem constar a idade, o sexo, o gênero, a etnia, o endereço, o conteúdo publicado e as interações com outros usuários.

Em suma, todas as ações que você executa enquanto navega são usadas por mecanismos que aplicam IA para criar um ambiente de onde você não deseje sair. E isso inclui também propagandas e material publicitário com alto poder de persuasão. Para isso, as redes sociais precisam conhecer você tão bem quanto seus parentes mais próximos. E, de fato, algumas delas conhecem.

Estudos recentes indicam que o Facebook pode reconhecer traços de personalidade em seus usuários com base no que eles curtem dentro da plataforma. Com apenas dez curtidas, por exemplo, já é possível identificar características como extroversão, predisposição a novas experiências, tendências a sentir raiva ou ansiedade, depressão, entre outros, com maior precisão do que colegas de trabalho o fariam. Aumentando o número de curtidas, com mais de 70, o Facebook é capaz de conhecer o usuário melhor do que seus amigos; com 150 curtidas, melhor do que sua família; e com mais de 300 curtidas, melhor do que seu cônjuge.[46]

Além disso, o padrão de cores e a quantidade de postagens que alguém realiza também pode ser usado para predizer o estado emocional pelo qual este alguém está passando.[47] Esse tipo de "superpoderes" que as mídias sociais parecem ter é resultado do uso sistemático de tecnologias de inteligência artificial que incluem aprendizagem de máquina, visão computacional, agentes, entre outros.

Mas não são apenas as mídias sociais que usam sistemas de recomendação de conteúdo. As plataformas de *streaming* de vídeo, sejam elas pagas ou não, também conseguem aprender os gostos dos seus usuários para apresentar conteúdos cada vez mais personalizados, atrativos e relevantes.

O YouTube, por exemplo, é capaz de aprender sobre o tipo de conteúdo que você gosta enquanto você interage com os vídeos que assiste, fazendo comentários, clicando no botão "gostei" ou "não gostei", realizando buscas e assistindo aos conteúdos disponíveis. Com o passar do tempo, você perceberá que os vídeos apresentados estarão cada vez mais alinhados aos seus interesses. Além disso, a plataforma também usa os dados das interações de outros usuários da rede para determinar quais conteúdos são mais relevantes, e, com isso, passar a sugeri-los também.

Serviços pagos, como Netflix, Amazon Prime, Max, entre outros, funcionam de maneira semelhante. E o mesmo vale para aplicativos de música como Spotify e Deezer, capazes de aprender sobre os gostos dos seus usuários e então sugerir músicas, listas e artistas com base no que aprendem.

Com isso, fica evidente que os sistemas de recomendação de conteúdo são amplamente utilizados atualmente. Daí a importância de interagir com o conteúdo apresentado expressando suas preferências ou desagrados. Isso ajuda esses sistemas a entenderem melhor o que é relevante para você, permitindo que personalizem com cada vez mais precisão o seu ambiente de entretenimento.

Portanto, na próxima vez em que você se encontrar imerso em uma mídia social, tenha em mente que esse ambiente foi moldado especialmente para você por uma inteligência artificial. Seu objetivo é atrair sua atenção, despertar seu interesse e engajar você. A IA utiliza as informações que possui sobre você para selecionar o conteúdo que pode ser relevante e significativo para você. É assim que ela decide, dentre tudo o que há para ser visto, aquilo que irá lhe apresentar. Em outras palavras, é assim que ela escolhe o que é melhor para você.

A IA conversa com você

Houve um tempo em que era necessário aprender linguagens e comandos específicos para interagir com os computadores em seus terminais de texto. E o pior era que cada tipo de dispositivo tinha sua própria linguagem e modo de operar. Se você mudasse para um computador diferente, teria de aprender tudo do zero. Isso tornava o processo complicado e desafiador para muitas pessoas.

Quem usou computadores até o início da década de 1990 pôde conhecer os sistemas operacionais UNIX, MS-DOS e LINUX, quando ainda usavam uma interface de caracteres para permitir a interação com os seus usuários. Naquela época, diferente de clicar em botões e ícones ou realizar tarefas utilizando o mouse, era necessário escrever em uma tela escura os comandos que você queria que o computador executasse. Para facilitar esse processo, alguns comandos dispunham de teclas ou combinação de teclas que serviam como atalho.

Felizmente, após o desenvolvimento e popularização das interfaces gráficas como o Windows, da Microsoft, ou o MacOS, da Apple, no início da década de 1980, operar computadores tornou-se mais simples.

A partir daí, em vez de digitar comandos complexos, os usuários podem clicar em ícones e menus, tornando a experiência muito mais intuitiva e acessível para todos. Essas interfaces gráficas abriram as portas da computação para um público mais amplo, democratizando o acesso à tecnologia e pavimentando o caminho para uma nova era digital.

Entretanto, as possibilidades de interação entre humanos e computadores não haviam chegado ao seu limite. O desejo de interagir com as máquinas como se elas fossem seres pensantes sempre foi uma constante no mundo da tecnologia e da ficção científica.

Esse anseio, somado a décadas de pesquisas e desenvolvimento tecnológico, nos trouxe a um cenário onde finalmente podemos ver isso acontecer. Atualmente, se alguém sente vontade de ouvir músicas natalinas na sua caixa de som com conexão *bluetooth*, não precisa mais conectar o aparelho celular à caixa de som, abrir o aplicativo de músicas, navegar pelo menu, selecionar as músicas as desejadas e executá-las. Basta dar os comandos ao seu assistente virtual dizendo: "conecte-se à caixa de som" e posteriormente instruí-lo com o comando: "toque músicas natalinas".

Assim, assistentes virtuais, como Alexa, da Amazon, Google Assistente, Siri, da Apple, e seus congêneres digitais, estabeleceram-se como nossos auxiliares, sempre prontos para nos ajudar em uma infinidade de tarefas. Seja para obter informações meteorológicas, reproduzir músicas, agendar compromissos, fazer lista de compras, ligar e desligar lâmpadas e aparelhos domésticos ou até mesmo contar piadas. Esses recursos estão sempre à disposição, aguardando nosso comando.

A ascensão dos assistentes virtuais, portanto, marca uma mudança fundamental na forma como interagimos com dispositivos digitais. Antes, éramos obrigados a nos adaptar às peculiaridades dos aparelhos eletrônicos, aprendendo a lidar com interfaces complexas e comandos específicos. Agora, a dinâmica se inverteu: são as máquinas que se adaptam a nós, compreendendo nossa linguagem natural e respondendo às nossas necessidades de forma intuitiva. Essa é a essência da inteligência artificial.

Esses avanços são impulsionados por uma série de técnicas de IA, sendo o processamento de linguagem natural uma das mais importantes. Ele permite que os computadores entendam a linguagem humana, abrangendo desde o reconhecimento de fala até a formulação de respostas inteligentes.

O reconhecimento de voz é outro componente essencial desse ecossistema, transformando as palavras faladas pelos usuários em texto compreensível para os computadores. E não podemos esquecer do aprendizado de máquina, que, além de viabilizar tudo isso, desempenha um papel fundamental ao possibilitar que os assistentes virtuais aprimorem suas habilidades continuamente com base em dados e interações anteriores. Essa combinação de tecnologias é o que torna os assistentes virtuais tão eficazes e adaptáveis às necessidades dos usuários.

Nesse contexto, ao unir o poder computacional atual com os avanços na área dos grandes modelos de linguagem e o uso de agentes inteligentes para automatizar e delegar tarefas, está se tornando possível solicitar ajuda em atividades realmente complexas. Se você estiver pensando em viajar para qualquer lugar, Atenas, por exemplo, bastaria solicitar ao seu assistente: "faça uma pesquisa sobre os preços das passagens para Atenas e verifique também algumas sugestões de passeios por lá". Ao registrar seu comando, seu assistente, por meio de sistemas multiagentes poderia realizar várias pesquisas em busca dos melhores preços e retornar para você uma lista de sugestões de companhias aéreas e roteiros turísticos. Sistemas mais sofisticados poderiam até realizar as compras e os pagamentos, caso você solicitasse e autorizasse. As possibilidades são limitadas apenas pela criatividade humana.

Apesar de tudo isso, ainda há um longo caminho para tornar a comunicação por voz com dispositivos eletrônicos tão natural quanto uma conversa humana. Computadores, por enquanto, tropeçam em nuances como a ironia, incapazes de captar plenamente figuras de linguagem mais sutis. No entanto, os avanços nessa área estão evoluindo a passos largos e o horizonte tecnológico promete interações cada vez mais inteligentes e intuitivas.

E, quando se trata da capacidade de conversação dos computadores, é impossível ignorar os *chatbots*, ou agentes conversacionais, como também são chamados. Esses programas foram criados para simular diálogos com seres humanos, seja por mensagens de texto ou por voz, aproximando ainda mais a interação entre pessoas e máquinas.

A principal característica dos *chatbots* está na sua habilidade de interagir de maneira espontânea e conversacional. Treinados para compreender perguntas e comandos em linguagem natural, eles oferecem respostas úteis em tempo real. Essa versatilidade os torna ideais para diversos usos, como responder a perguntas frequentes, auxiliar na navegação de sites, realizar reservas, agendamentos, oferecer suporte técnico e muito mais.

Outra das suas grandes vantagens é a disponibilidade ininterrupta. Capazes de gerenciar inúmeras interações simultaneamente, sem necessidade de descanso, eles são ferramentas poderosas para organizações que buscam oferecer suporte rápido e eficiente, sem os custos e desafios de contratar e treinar uma grande equipe de atendimento.

Considerando o cenário atual, é bem provável que você já tenha sido atendido por um *chatbot* e não tenha se dado conta, embora a maioria deles ainda responda de forma bastante mecânica, deixando claro que não se trata de um ser humano do outro lado escrevendo ou falando. Mas é importante saber que por trás desses atendimentos automáticos está também a inteligência artificial, usando recursos de PLN, aprendizagem de máquina e agentes.

No entanto, os robôs conversacionais também têm algumas limitações. Assim como os assistentes virtuais, eles podem ter dificuldade em entender nuances da linguagem humana e fornecer respostas imprecisas ou inadequadas em determinadas situações. Além disso, podem também não conseguir lidar com questões complexas ou fora do escopo de sua programação.

Apesar disso, esse recurso continua evoluindo e melhorando à medida que as tecnologias de IA também se tornam mais avançadas. Com o tempo, é provável que a comunicação natural com computadores se torne ainda mais integrada às nossas vidas, possibilitando que obtenhamos suporte e assistência em uma variedade de diferentes contextos.

E, se a esta altura, a habilidade de conversação da IA ainda não te deixou impressionado, talvez seja hora de mencionar algo mais impactante:

algumas pessoas estão usando inteligência artificial para conversar com os mortos. Com tecnologias de clonagem de voz, replicação de estilo de fala, aprendizado dos conteúdos pessoais e até recriação de imagens, é possível ter uma "conversa" com entes queridos ou ídolos já falecidos. Seja por mensagens de texto, chamadas de voz ou até mesmo vídeos, a IA está tornando possível interações incrivelmente realistas com aqueles que já partiram.[48]

Essas interações com pessoas falecidas se dão com os mesmos recursos utilizados por criminosos virtuais que aplicam IA para se passar por outras pessoas e manter conversações em tempo real para cometerem os mais diferentes tipos de crimes. Com isso, é necessário estar atento, pois se a IA permite clonar mortos, também permite clonar vivos. Isso sem falar em personagens virtuais criados por IA que mantêm perfis em mídias sociais e que são capazes de conversar por vídeo e chat. Isso mostra que, juntamente com as oportunidades, o desenvolvimento e a expansão da IA também trazem riscos. De qualquer forma, estamos testemunhando uma época na qual, pela primeira vez, é possível que conversemos com outro ser que não seja humano.

A IA te guia pelo mundo

Desde que os humanos começaram a utilizar meios de transporte além de suas próprias pernas para se locomover, temos assumido a responsabilidade por todas as atividades relacionadas ao deslocamento necessário. Do planejamento da rota até a condução ao longo do trajeto, cada etapa dependia inteiramente dos sentidos e da cognição humana para ser realizada com sucesso.

É claro que a tração animal conta com algum suporte por parte do próprio animal tracionador, que pode desviar ou parar por si só diante de obstáculos, como se fosse um auxiliar de direção. Entretanto, a responsabilidade pela navegação e orientação durante o trajeto só podia ser atribuída a um humano.

Desde então, passamos pela tração a vapor, combustão, eletricidade e até já conseguimos voar e navegar por todo o planeta e fora dele. O grande diferencial do mundo contemporâneo é que, além de podermos contar com todas essas possibilidades de locomoção, agora é possível também delegar grande parte das tarefas de planejamento e execução do transporte para recursos de inteligência artificial.

Ainda pode parecer um tanto distante da realidade da maioria das pessoas o acesso a veículos com assistentes avançados de direção, mas a maior parte dos avanços tecnológicos no âmbito da computação começaram assim e se tornaram acessíveis em espaços muito curtos de tempo. O fato é que é muito provável que o mesmo aconteça com os carros equipados com esse tipo de tecnologia. As ruas e estradas mundo afora já estão cheias deles.

Isso representa um impressionante salto tecnológico. Pela primeira vez na história, podemos delegar parte de um trabalho que exige alto grau de inteligência, e que já foi exclusivamente humano no que diz respeito ao transporte, para outra inteligência capaz de realizar atividades de modo tão efetivo quanto nós mesmos. E tais atividades não se limitam apenas a frear, parar e desviar de obstáculos.

A IA elevou a um patamar inédito os recursos de segurança disponíveis nos automóveis modernos. Mas, antes de falar de tais recursos, não se pode deixar de mencionar algo já bastante popularizado, que são os assistentes de navegação, como Waze, Google Maps e Apple Maps. Nesse contexto, se antes precisávamos de mapas, bússolas e senso de direção para chegar a um destino desconhecido, hoje basta entrar no carro e dizer ao assistente de navegação para onde queremos ir. E, se não soubermos o endereço exato, o próprio assistente o encontra com base em qualquer referência que que possamos fornecer a ele.

Usando os recursos de GPS, tais aplicativos podem identificar onde estamos e calcular a melhor rota para chegar ao destino pretendido, desviando trânsito intenso, pedágios e estradas sem pavimentação. E como se isso já não fosse surpreendente o suficiente, ainda são capazes de nos guiar por todo o trajeto, ajustando a rota caso desviemos do percurso original e informando sobre limites de velocidade, acidentes, buracos na pista e outros incidentes registrados por outras pessoas.

Para muitos, é até difícil imaginar como conseguíamos nos orientar no trânsito antes deles. Mas a verdade é que não são apenas esses assistentes os responsáveis por transformar nossas formas de locomoção e orientação. Uma série de outras tecnologias baseadas em IA também estão revolucionando o jeito como nos deslocamos, tornando nossas viagens mais seguras e confortáveis do que nunca.

Detectores de mudança de faixa, por exemplo, podem corrigir a trajetória do carro, evitar que ele saia da pista ou alertar o motorista se o veículo cruzar uma faixa sem sinalizar. Tecnologias que se baseiam em imagens em tempo real do motorista para detectar sinais de cansaço ou distração podem emitir alertas para mantê-lo com o foco na direção ou sugerir que pare e descanse. Sensores de detecção de colisão conseguem frear o carro e avisar sobre um possível acidente com alguns segundos de antecedência. Todos esses recursos já fazem parte da realidade dos veículos contemporâneos.

E, se para veículos de transporte terrestre já dispomos de tantos avanços, o que falar dos aviões, para os quais sempre foram empregadas tecnologias de ponta para minimizar as chances de incidentes não desejados? Não é nenhum exagero afirmar que atualmente já se dispõe de tecnologia para fazer com que os aviões possam voar de forma completamente autônoma. Um exemplo disso são os drones militares que operam sem a necessidade de pilotos. O fato de isso não acontecer na esfera civil deve ter a ver com questões comerciais. Provavelmente seria muito difícil encontrar passageiros dispostos a viajar em um avião sem piloto humano.

De qualquer forma, a navegação autônoma tem sido usada na aviação como apoio a pilotos humanos, possibilitando que as aeronaves possam voar de forma mais automática, seguindo rotas pré-programadas, reduzindo a carga de trabalho e aumentando a segurança durante o voo. Além disso, os sistemas de assistência ao piloto também desempenham um papel fundamental na segurança e na eficiência dos voos. Impulsionados pela inteligência artificial, esses sistemas, como o piloto automático e os alertas de colisão, fornecem suporte durante todo o trajeto.

A IA permite que esses sistemas analisem dados em tempo real, como informações de tráfego aéreo e condições meteorológicas, para tomar decisões rápidas e precisas. Isso não apenas ajuda os pilotos a manterem o controle da aeronave em situações desafiadoras, mas também permite uma resposta mais rápida a potenciais ameaças, aumentando, assim, a segurança das operações aéreas.

Esses recursos são apenas uma parte do que a IA pode oferecer no apoio ao transporte. Focamos nos que afetam diretamente a percepção das pessoas, mostrando como a IA impacta o seu dia a dia. É importante que esteja claro o fato de que todos os recursos apresentados só são possíveis graças à aplicação prática da IA, incluindo aprendizado de máquinas, visão computacional, agentes e algoritmos genéticos, que foram essenciais para o sucesso dessas tecnologias.

A IA ajuda a proteger você

Embora muitas vezes passe despercebido, o impacto da IA na proteção de pessoas, propriedades e informações é tão importante quanto qualquer outra aplicação que se dê a ela, principalmente em um mundo tão digitalizado como o que vivemos. Nesse contexto, sistemas sofisticados usam algoritmos avançados para vasculhar imensos volumes de dados em tempo real, descobrindo padrões suspeitos e ameaças latentes. Imagine ter olhos que nunca se cansam, sempre vigilantes, garantindo a segurança do que mais prezamos. É uma defesa invisível, mas essencial, que ajuda a manter os riscos afastados e a nossa paz de espírito intacta.

Assim, se por um lado a ideia dos olhos que nunca se cansam é apenas uma metáfora, por outro lado, podemos compreendê-la em sentido quase literal. Um exemplo notável, nesse caso, é a vigilância por vídeo, onde imagens captadas podem ser analisadas com ajuda da IA para detectar atividades incomuns, como intrusos ou comportamentos perigosos e alertar as autoridades ou equipes de segurança especializada.

Tradicionalmente, imagens de vigilância por vídeo nos centros de controle têm sido monitoradas por seres humanos, e, em muitos casos, ainda é. Essa atividade, em geral, implica observar vários monitores com o máximo de atenção possível e por um tempo prolongado, buscando por imagens que contenham eventos ou atividades suspeitas.

O problema é que, como mostram alguns estudos, nossa capacidade de manter a atenção é reduzida por fatores como cansaço, privação de sono e longos períodos de trabalho sem pausa. Além disso, a atenção é uma das bases fundamentais para o funcionamento de processos cognitivos mais complexos. Portanto, uma queda na capacidade de atenção pode comprometer a execução de tarefas e diminuir a velocidade de resposta.[49,50] Isso significa que pessoas podem apresentar altos índices de falha na detecção de eventos importantes enquanto monitoram câmeras de vídeo. E, considerando que cada segundo pode fazer diferença em uma situação de emergência, é bastante conveniente que essa atividade seja delegada à agentes artificiais inteligentes capazes de operar por tempo indeterminado com máxima atenção.

Ademais, a IA também é utilizada em sistemas de segurança física, como controle de acesso biométrico e reconhecimento facial, garantindo que apenas pessoas autorizadas tenham acesso a áreas restritas. Isso não apenas aumenta a segurança, mas também simplifica o processo de identificação e autenticação de usuários.

Hoje em dia é difícil conhecer alguém que nunca tenha ido a um caixa eletrônico e feito sua autenticação biométrica usando a impressão digital. Esses recursos tecnológicos se tornaram tão comuns que praticamente qualquer aparelho de telefone celular moderno já conta com autenticação por impressão digital ou reconhecimento facial. Isso também vale para a maioria dos aplicativos de bancos, que conseguem validar uma transação ou autenticar um usuário usando dados biométricos.

Para que isso seja possível, essas formas biométricas de autenticação, incluindo o reconhecimento da íris, usam algoritmos avançados de aprendizagem de máquina para reconhecer características únicas das pessoas e, com isso, autenticar com segurança a sua identidade.

A IA também tem sido sistematicamente usada em sistemas de identificação de ameaças cibernéticas, resultando em respostas mais rápidas, avançadas e eficientes diante da crescente complexidade dos ataques virtuais. Para isso, aplica algoritmos capazes de analisar grandes volumes de dados em tempo real, identificando padrões e comportamentos suspeitos que sinalizam a presença de um ataque em curso.

O principal destaque da IA nesse contexto é sua capacidade de adaptação contínua. Isso porque esses sistemas podem aprender com cada ameaça identificada, aprimorando suas habilidades e se tornando mais eficazes na identificação e neutralização de novas ameaças. Essa capacidade de evoluir constantemente é crucial para lidar com a rápida evolução das táticas utilizadas por criminosos virtuais, que frequentemente buscam explorar vulnerabilidades recentemente descobertas ou desenvolver técnicas mais avançadas de ataque cibernético.

E, por último, mas não menos importante, não podemos deixar de mencionar os sofisticados mecanismos que as mídias sociais empregam para detectar automaticamente conteúdos que violam suas diretrizes. Esses algoritmos têm o árduo trabalho de vasculhar milhões de postagens em busca de mensagens ofensivas, discursos de ódio, notícias falsas ou qualquer tipo de apologia à violência.

Com a popularização das mídias sociais e a crescente polarização político-ideológica observada nas últimas décadas, muitos temas que não deveriam ser mais questionados dada a avalanche de evidências que os apoiam ou refutam, como o formato da Terra, por exemplo, têm sido alvo de ataques e desinformação. Da mesma forma, ideais de violência são disseminados com assustadora frequência. Nesse cenário digital saturado, onde cada clique e cada postagem pode esconder uma ameaça potencial, esses sistemas de vigilância se tornam os guardiões implacáveis da ordem e da integridade on-line, enfrentando o desafio, nada simples, de manter a web segura e civilizada.

Para ter uma ideia, só nos primeiros três trimestres de 2023, mais de 70 milhões de publicações com discursos de ódio foram reportados no Facebook e no Instagram.[51,52] E, quando se trata de desinformação, as coisas ficam ainda mais complicadas, não só pela dificuldade em identificar e denunciar informações falsas, mas também porque a criação e disseminação desse tipo de conteúdo está rapidamente se tornando uma verdadeira indústria, na qual indivíduos são pagos para produzir narrativas sensacionalistas e criar conteúdo com o objetivo de aumentar o número de acessos e o engajamento de sites.

Nesse meio, as mídias sociais são as maiores responsáveis pela propagação de desinformação, conteúdos mentirosos e notícias falsas. Mesmo assim, embora desde 2016 elas sejam consideradas a fonte de notícias menos confiável, um estudo revelou que mais de 50% dos usuários de internet em 23 países diferentes usam mídias sociais como uma maneira de se manterem informados.[53]

O uso de IA para detectar discursos de ódio e desrespeito nas mídias sociais emerge como uma estratégia indispensável na batalha contra a retórica maliciosa e a incitação à violência on-line. Armados com algoritmos avançados de processamento de linguagem natural e aprendizado de máquina, esses sistemas vasculham gigantescas quantidades de conteúdo, desvendando padrões e contextos que revelam discursos prejudiciais.

Tais sistemas são projetados para detectar e desmantelar uma ampla gama de ameaças digitais que não só são capazes de reconhecer palavras e frases que sinalizam discurso de ódio, intolerância, discriminação ou assédio, mas também de analisar o tom, a linguagem e o contexto de cada postagem. Com essa inteligência, conseguem identificar e classificar diferentes formas de discurso prejudicial, como racismo, xenofobia, homofobia, misoginia e intolerância religiosa.

Com isso, uma vez identificado um discurso de ódio ou desrespeito, esses sistemas podem emitir alertas para moderadores humanos, que revisam o conteúdo e tomam as ações necessárias, como a remoção do material ou o banimento dos responsáveis. Essa abordagem combinada de IA e moderação humana permite uma resposta rápida e eficaz à disseminação de discursos prejudiciais nas mídias sociais, ajudando a proteger os usuários e a promover um ambiente on-line mais seguro e inclusivo.

Da mesma forma, a IA tem se mostrado valiosa na detecção de conteúdos enganosos, como notícias falsas e desinformação. No entanto, lidar com essas questões é mais complicado devido à enorme quantidade de dados envolvidos na verificação e ao potencial viés dos criadores de conteúdo. Apesar desses desafios, avanços significativos têm sido feitos. Com o apoio de agências de checagem, está sendo possível, ainda que lentamente, identificar e classificar essas publicações enganosas, ajudando a manter a integridade das informações que circulam on-line.

A IA traz avanços na saúde

Não há consenso sobre em qual povo ou período a Medicina foi criada. E, apesar da cultura ocidental tentar colocar um marco ao considerar Hipócrates como o pai da Medicina, as evidências arqueológicas mostram que desde o período neolítico já se faziam procedimentos complexos, como a trepanação.[54]

É claro que tal procedimento, que consistia na remoção de um pedaço do crânio para supostamente exorcizar espíritos malignos e curar doenças, não se baseava em ciência como a que conhecemos hoje. Assim como, a aplicação de sangrias, inclusive com uso de sanguessugas, praticada até o século XIX, tendo como um de seus fundamentos a teoria dos humores de Hipócrates (acreditava-se que equilibrar os fluidos corporais poderia curar doenças),[55] também carecia de fundamentos científicos.

O ponto central é que a história da Medicina remonta a tempos ancestrais, quando as sociedades primitivas buscavam compreender e lidar com os desafios da saúde e da doença. As práticas médicas mais antigas muitas vezes se fundamentavam em rituais de cura, crenças espirituais e na utilização de plantas medicinais. Civilizações antigas como a suméria, mesopotâmica e egípcia legaram evidências de seus conhecimentos médicos em textos cuneiformes e hieróglifos.[56]

Atualmente, contudo, graças aos avanços em outras áreas do conhecimento como Física, Química e Biologia, a Medicina também se tornou, especialmente ao longo dos últimos 200 anos, um campo fortemente apoiado por conhecimentos científicos. Nesse campo, descobertas como a radiografia, a penicilina, a vacina, entre tantas outras, ajudaram a melhorar significativamente os diagnósticos, tratamentos e a prevenção de muitas doenças.

Assim, apoiada em diversos campos da ciência, a Medicina evoluiu para a forma como a conhecemos hoje. Nessa complexa equação, uma nova área foi recentemente incorporada, seguindo o exemplo das demais, promovendo um verdadeiro salto tecnológico no campo da Medicina: a Ciência da Computação, com especial destaque para a inteligência artificial.

Essa combinação de ciências e tecnologias tem sido muito benéfica e profícua. A capacidade dos algoritmos de IA em analisar grandes volumes de dados médicos, identificar padrões e tomar decisões precisas tem ampliado significativamente as capacidades diagnósticas e terapêuticas dos profissionais de saúde.

Com isso, de diferentes maneiras, a IA vem causando verdadeiras transformações na área da saúde, sendo uma de suas aplicações mais impressionantes a análise de imagens. Utilizando a aprendizagem profunda, algoritmos de IA conseguem analisar imagens de radiografia, ressonância magnética e tomografia, identificando padrões e anomalias que podem passar despercebidos por olhos humanos. Isso possibilita a detecção precoce de condições médicas, aumentando as chances de tratamento bem-sucedido e melhorando os resultados para os pacientes.

Para ter uma ideia, pesquisadores do Massachusetts Institute of Technology (MIT) e do Massachusetts General Hospital desenvolveram um modelo de aprendizado profundo capaz de prever o risco de uma mulher desenvolver câncer de mama com até cinco anos de antecedência. Treinado em mais de 60.000 mamografias, o algoritmo identifica padrões sutis no tecido mamário que são precursores de tumores malignos, algo que o olho humano não consegue detectar.

O modelo mostrou-se significativamente mais preciso que os métodos tradicionais, identificando e classificando 31% de pacientes de alto risco, em comparação a apenas 18% dos modelos anteriores. Além disso, o sistema avalia com a mesma precisão mulheres brancas e negras, superando limitações dos modelos antigos, que eram menos eficazes em minorias raciais.[57]

Esse avanço permite uma abordagem mais personalizada para o rastreamento e prevenção de câncer, ajustando a frequência de exames com base no risco individual. A pesquisa também abre portas para a aplicação desse método em outras doenças, como problemas cardiovasculares e câncer de pâncreas, com o objetivo de integrar essas tecnologias ao padrão de atendimento médico no futuro.

Outro estudo realizado em 2023 revelou que uma IA superou técnicos humanos na avaliação e interpretação de ecocardiogramas, um tipo de imagem usada para o diagnóstico de algumas doenças cardíacas. No mesmo estudo, também foi apontado que os médicos cardiologistas que revisaram as análises realizadas pela IA e pelos técnicos, tiveram dificuldade para discernir se a análise inicial havia sido feita por um humano ou por um computador.[58] Essa dificuldade em discernir os laudos ressalta o alto nível de precisão alcançado pela IA, demonstrando seu potencial para complementar e elevar a qualidade do diagnóstico médico.

Além disso, a aplicação da inteligência artificial também tem sido avaliada para diagnósticos de precisão e indicações de tratamento personalizado. A medicina de precisão é definida como uma abordagem emergente para tratamento e prevenção de doenças que considera a variabilidade individual nos genes, ambiente e estilo de vida de cada pessoa.[59] Essa abordagem capacita médicos e pesquisadores para prever com mais precisão quais estratégias de tratamento e prevenção serão eficazes para grupos específicos de pessoas.

Para isso, esses sistemas analisam enormes volumes de dados com rapidez e grande acurácia, detectando padrões e conexões que poderiam facilmente escapar à percepção humana. Ao integrar todas essas informações, a IA é capaz de sugerir opções de tratamento perfeitamente ajustadas às necessidades únicas de cada paciente.

Essa abordagem personalizada não apenas pode tornar os tratamentos mais eficazes, como também reduzir o risco de efeitos colaterais indesejados. Ao considerar não apenas a condição médica específica de um paciente, mas também fatores genéticos, ambientais e de estilo de vida, os médicos podem fazer escolhas mais informadas sobre o melhor curso de tratamento.

Embora os avanços no diagnóstico e tratamento de doenças apresentados até agora sejam extraordinários, a IA ainda pode representar uma quebra de paradigmas em outras áreas da Medicina. Um exemplo disso pode se dar no atendimento básico, onde *chatbots* têm sido testados com relativo sucesso no trabalho de diagnóstico de pacientes. Em 2023 a AMIE, um sistema de bate-papo treinado para conduzir entrevistas médicas, demonstrou igualar e, em alguns critérios, até superar o desempenho de médicos humanos ao interagir com pacientes simulados e elaborar possíveis diagnósticos com base no histórico médico desses pacientes.

Esse *chatbot*, desenvolvido pela equipe da Google Search e Google Health, é baseado em um grande modelo de linguagem capaz de entender e gerar texto em larga escala, aprendendo a partir de padrões linguísticos. Ele se mostrou mais preciso que médicos de atenção primária certificados na identificação de condições respiratórias, cardiovasculares e outras. Além disso, em comparação com médicos humanos, a AMIE conseguiu reunir uma quantidade similar de informações durante as consultas e recebeu uma avaliação mais elevada em empatia, fazendo com que os pacientes se sentissem mais confortáveis e bem-informados sobre seus sintomas e diagnósticos.[60]

Mas as aplicações da IA na área da saúde vão além. A integração da inteligência artificial com cirurgias realizadas por braços robóticos tem também o potencial de revolucionar esse campo, proporcionando precisão e estabilidade excepcionais durante os procedimentos. Ademais, com a capacidade de analisar grandes quantidades de dados, como imagens médicas e feedback sensorial, a IA pode ajudar a reduzir os riscos de erros e complicações. No planejamento pré-operatório, pode também sugerir as melhores abordagens para o procedimento e otimizar o fluxo de trabalho durante a cirurgia.

Entretanto, segundo um estudo publicado em 2023, a avaliação clínica de aplicações de IA intraoperatória para cirurgia robótica ainda está em seus estágios iniciais de desenvolvimento, e a maioria das soluções desenvolvidas até este momento possuem um baixo nível de autonomia. Isso ocorre porque os processos cirúrgicos envolvem muitos riscos, inclusive à vida, o que exige que as pesquisas sejam mais cuidadosas e lentas, geralmente se limitando ao uso de braços robóticos supervisionados por humanos. No entanto, os resultados preliminares são bastante promissores.[61]

Apesar de todas as inovações apresentadas até agora oferecerem um vislumbre das possibilidades da IA na Medicina, elas representam apenas uma pequena parte dos esforços e soluções existentes nesse segmento. Seria impossível abordar todos os estudos e avanços em um único livro. Além disso, há um vasto universo de aplicações da IA voltadas não apenas para ambientes acadêmicos ou hospitalares, mas também para o uso cotidiano das pessoas. Esses avanços tornam a IA acessível diretamente aos indivíduos, permitindo que eles utilizem tecnologias que melhoram sua saúde de forma prática.

Um exemplo disso é a popularização de dispositivos eletrônicos vestíveis, ou *wearables*, que, incorporando inteligência artificial, oferecem funcionalidades tecnológicas integradas ao dia a dia dos usuários. Esses dispositivos, como os *smartwatches*, vão além de sua função principal de mostrar as horas, permitindo também monitorar atividades físicas, o sono e até mesmo registrar dados de saúde, como frequência cardíaca, temperatura da pele, pressão arterial e níveis de oxigênio no sangue.

Isso proporciona uma forma contínua e discreta de monitorar o corpo, facilitando o acompanhamento de hábitos e o gerenciamento de condições crônicas, além de auxiliar no diagnóstico e tratamento de doenças. Nesse sentido, os *wearables* podem desempenhar um papel essencial no controle da saúde, oferecendo uma ampla gama de aplicações. Por exemplo, sensores de glicose embutidos em pulseiras inteligentes podem auxiliar pacientes com diabetes a acompanhar seus níveis de glicose no sangue sem a necessidade de frequentes punções no dedo.

Uma pesquisa realizada em 2024 por um grupo de cientistas britânicos e estadunidenses revelou que esses acessórios podem atuar como ferramentas fundamentais para o monitoramento remoto de pacientes cardíacos. Entre tais dispositivos estão inclusos monitores de pressão arterial e de nível de glicose, dispositivos de Eletrocardiograma (ECG) ambulatoriais e oxímetros de pulso. Além disso, também são usados sensores contínuos em *wearables* para acompanhar dados como frequência cardíaca e respiratória.[62]

Essas tecnologias estão sendo integradas em diversos contextos clínicos para aprimorar o cuidado ao paciente e a interação com os profissionais de saúde. No entanto, a efetividade clínica dessas inovações ainda não foi totalmente alcançada. Segundo os pesquisadores, até agora muitos dados de pacientes têm sido coletados por meio desses aparelhos e a aplicação de recursos de IA certamente impulsionaria a compreensão e interpretação dessas informações, assim como a avaliação de novas técnicas de monitoramento para a prática clínica.[63]

Com o avanço da tecnologia, é esperado que os *wearables* continuem desempenhando um papel cada vez mais importante na promoção da saúde e no gerenciamento de patologias. Isso representa uma transformação na forma como os tratamentos médicos são conduzidos, possibilitando a identificação cada vez mais precoce de doenças.[64]

A IA que ajuda a aprender

É impressionante observar como, nos últimos anos, a inteligência artificial passou de uma simples curiosidade tecnológica para uma aliada cada vez mais presente no processo de aprendizagem. Seja em ambientes escolares, acadêmicos, em casa ou até no trabalho, a IA está se tornando uma parceira valiosa, ampliando o acesso a ferramentas que não apenas facilitam o aprendizado, mas também personalizam e otimizam o processo de aprendizagem em diversos campos.

No contexto educacional, por exemplo, ela está transformando a forma como ensinamos e aprendemos, oferecendo soluções que tornam o ensino mais dinâmico, interativo e adaptado às necessidades de cada pessoa. Entre essas soluções, podemos destacar:[65]

   I.   Personalização de tarefas, conteúdos e atividades com base no nível de habilidade individual;

II. Facilitação das interações entre humanos e máquinas;
III. Análise de atividades desenvolvidas com feedback de desempenho;
IV. Tornar os ambientes digitais de aprendizagem mais interativos e adaptáveis.

Vamos compreender um pouco mais sobre cada uma dessas habilidades da IA que têm sido aplicadas para tornar o ensino e a aprendizagem mais interessantes e efetivos. Para iniciar, podemos dizer que um dos grandes desafios em sala de aula é conduzir um grupo de alunos considerando as suas capacidades individuais. O professor precisa lecionar para todos e, na maior parte dos casos, seguirá com o conteúdo em um ritmo que seja adequado para, pelo menos, a maioria. Entretanto, dificilmente conseguirá fazer com que todos os estudantes, desde o que apresenta maior facilidade e aptidão em um conteúdo específico até aquele que demonstra mais dificuldades, aprendam e compreendam no mesmo ritmo o que é apresentado.

Além disso, existem casos de pessoas com aptidões e necessidades especiais, que podem avançar para além daquilo que o professor propõe ou que não conseguem acompanhar a classe no ritmo dos demais colegas de turma. Essas questões são comuns e difíceis de superar.

Contudo, muitas inovações no uso da IA para a educação estão ajudando a reduzir um pouco problemas como esses. Da mesma forma que acontece nas mídias sociais, a IA consegue aprender sobre o estilo de aprendizagem de um aluno, compreender as suas dificuldades e propor conteúdos mais apropriados, tornando o aprendizado mais adequado às suas necessidades individuais.

Para isso, além da análise das atividades entregues pelos estudantes, recursos de IA também são capazes de reconhecer certas emoções por meio das interações entre os estudantes e o computador. E ela faz isso de diferentes maneiras, como, por exemplo, analisando palavras escritas ou faladas. Essa abordagem envolve a utilização de técnicas de processamento de linguagem natural, que buscam identificar termos e padrões de linguagem que possam indicar estados emocionais, como ansiedade, frustração ou entusiasmo.

A análise da prosódia, por sua vez, usa elementos como a entonação de voz e ritmo da fala. Mudanças sutis no tom de voz ou pausas mais longas, por exemplo, podem revelar sentimentos como insegurança ou confiança. Além disso, existem também ferramentas para analisar as expressões faciais em fotos ou vídeos, utilizando reconhecimento facial para mapear emoções como alegria, surpresa, desânimo ou raiva, com base em movimentos específicos dos músculos do rosto, como um sorriso ou um franzir de sobrancelhas.

Essas técnicas permitem que sistemas que usam IA compreendam melhor as emoções humanas, mesmo que o aluno não expresse diretamente seus sentimentos. Isso a transforma em uma ferramenta poderosa para captar as experiências emocionais dos estudantes, contribuindo para a construção de um ambiente de aprendizagem mais empático e adaptado.

Além disso, por meio de algumas técnicas de inteligência artificial também é possível monitorar os movimentos oculares dos alunos para avaliar o nível de atenção a determinado assunto, oferecendo uma camada adicional de informação sobre seus interesses. Com esses recursos é possível interpretar e responder de maneira efetiva às emoções, aos interesses e ao progresso de cada estudante durante o processo de aprendizagem.

Por exemplo, Sistemas de Tutoria Inteligente (STI) podem ajustar o ritmo e o nível de dificuldade das atividades de acordo com os interesses, as aptidões e as reações emocionais dos alunos, oferecendo suporte adicional quando necessário ou os incentivando quando estão desmotivados. Ao integrar a computação emotiva na educação, espera-se promover um engajamento mais profundo e melhorar os resultados de aprendizagem.

E por falar em sistemas de tutoria inteligente, ou, simplesmente, sistemas tutores inteligentes, pode-se dizer que eles são como professores virtuais que podem ajudar você a aprender de maneira personalizada usando um computador ou outro dispositivo eletrônico. Eles têm a capacidade de entender como você está se saindo em seus estudos e oferecer orientações e atividades que se adaptem ao seu ritmo e nível de habilidade. Por exemplo, se você estiver estudando Matemática e tiver dificuldade com uma determinada área, esse sistema pode sugerir exercícios extras ou explicar os conceitos de uma maneira diferente para lhe ajudar a entender melhor o conteúdo. É como ter um assistente educacional sempre à disposição.

Nesse processo de ensino e aprendizagem, a comunicação e a interação entre humano e computador também precisa ser fluida, clara e precisa. Para que isso seja possível, é necessário o uso de recursos de IA que possibilitem ao aluno expressar suas dúvidas com clareza. E isso tem sido viabilizado por técnicas de processamento de linguagem natural, como já foi mostrado em seções anteriores. Nesse campo, várias experiências têm sido feitas com o uso de agentes conversacionais, projetados para interagir com pessoas por meio de conversas, simulando a comunicação humana. O uso desse tipo de recurso simula a presença constante de um professor, que sempre estará disponível para responder às dúvidas por meio de um chat ou de uma conversa por voz.

Além disso, mecanismos adequados de *feedback* também são indispensáveis durante o aprendizado para que os estudantes possam ter consciência do seu progresso. Nesse campo, a IA tem se mostrado bastante profícua. Em 2020, por exemplo, um aplicativo de inteligência artificial foi empregado para avaliar o desenvolvimento da escrita em alunos do jardim de infância. Esse aplicativo conseguia reconhecer e registrar a caligrafia de alunos que realizavam exercícios por meio de um *tablet*, analisando aspectos como a forma, a ordem e a direção dos traços das letras. Após cada sessão de escrita, o aplicativo dava um parecer aos alunos, destacando seu desempenho e oferecendo sugestões para melhorias. Os estudos com esse aplicativo mostraram que os resultados foram bem positivos quando as crianças já tinham um nível médio de habilidades.[66]

Atualmente, esses mecanismos de *feedback* são aplicados de forma bastante efetiva em aplicativos para o ensino de idiomas. Nesse contexto, ao fazer uso de recursos como processamento de linguagem natural para ler, ouvir e compreender o estudante, é possível fazer correções pontuais de maneira semelhante a um professor humano.

Além de corrigir erros, essas ferramentas podem adaptar o material de estudo ao nível e às necessidades individuais do aluno, oferecendo exercícios personalizados e sugestões de melhoria. Algumas plataformas avançadas até simulam conversas em tempo real, permitindo que o estudante pratique um novo idioma em contextos variados e receba *feedback* imediato sobre a fluência e a gramática. Com esses recursos, o aprendizado se torna mais interativo, eficiente e acessível, facilitando a aquisição de habilidades linguísticas de modo prático e envolvente.

Esses são apenas alguns exemplos, o uso dessa abordagem de *feedbacks* pode ser aplicado a muitos outros contextos. O ponto é que a inteligência artificial tem potencial para causar – e de certa forma já está causando – importantes mudanças na forma como estudamos. O seu uso no âmbito escolar e acadêmico vai muito além das aplicações apresentadas até agora. Atualmente, técnicas de aprendizagem de máquina podem ser aplicadas para analisar dados dos históricos escolares dos estudantes para prever tendências de reprovação ou evasão, possibilitando que intervenções preventivas possam ser realizadas. Esse é um dos exemplos da aplicação de técnicas que são conhecidas como *learning analytics*.

Essas técnicas envolvem a coleta, análise e interpretação de dados como desempenho acadêmico, tempo de dedicação, frequência de acesso aos conteúdos didáticos entre outros. O objetivo é otimizar a experiência educacional e a efetividade da aprendizagem, além de ajudar os gestores da educação a tomarem decisões mais informadas e baseadas em dados.

Desse modo, como fica evidente, a IA fornece ferramentas valiosas para apoiar os alunos em sua jornada escolar e acadêmica. Nesse contexto, um dos grandes desafios é que muitos dos recursos disponíveis são utilizados de maneira dispersa, sem uma solução integrada que aproveite todas essas possibilidades em benefício da aprendizagem. Mas essa é uma das características da IA fraca. Precisamos lidar com ela.

Tudo isso pode parecer abstrato ou distante da realidade para aqueles que não estão diretamente envolvidos com processos educativos e formativos. A boa notícia, nesse caso, é que a inteligência artificial também pode ser usada para ajudar nos estudos fora dos ambientes formais de ensino.

Não que recursos assim não possam ser usados por estudantes de escolas ou universidades, mas eles estão disponíveis para todos que queiram utilizá-los. Nesse sentido, além daqueles já mencionados, como os motores de busca que facilitam a pesquisa no universo virtual da internet, onde cada vez mais conteúdo é publicado, merecem destaque também os já bem conhecidos LLMs.

Essas ferramentas, conforme explicado na seção "Processamento de linguagem natural: computadores capazes de conversar", são modelos de linguagem de inteligência artificial que utilizam arquiteturas de redes neurais para ler, interpretar e gerar conteúdo. Na prática, tais modelos são treinados com quantidades gigantescas de dados textuais, permitindo que aprendam a reconhecer e reproduzir padrões complexos na linguagem, incluindo gramática, sintaxe e contexto. Isso significa que elas são capazes de gerar conteúdo textual coerente e relevante, capturando a essência da comunicação humana.

Um importante representante desse tipo de recurso, que se tornou famoso no ano de 2022 como a primeira ferramenta realmente funcional do gênero é o ChatGPT, desenvolvido pela OpenAI. Este recurso, segundo ele mesmo:

> É uma ferramenta de conversação que utiliza inteligência artificial para interagir com as pessoas de maneira parecida com uma conversa com outro ser humano. É como se fosse uma espécie de robô que pode responder perguntas, fornecer informações e até mesmo participar de diálogos em tempo real. Ele funciona analisando o que é dito ou escrito para ele e gerando respostas com base nessa análise. É uma tecnologia interessante que está sendo cada vez mais utilizada em diversas áreas, desde assistentes virtuais até atendimento on-line ao cliente.

Como é possível observar pela resposta dada pela própria ferramenta, o ChatGPT é um excelente gerador de texto, que pode ser usado para diferentes finalidades. E, quando perguntado sobre como ele poderia ajudar as pessoas em seus estudos, a sua resposta foi:

> O ChatGPT pode ser um grande aliado para quem está estudando. Ele funciona como um assistente virtual que pode responder perguntas, explicar conceitos complicados de forma simples, ajudar na resolução de problemas e até resumir textos longos. Você pode

usá-lo para revisar o que está aprendendo, fazer perguntas sobre qualquer assunto e receber ajuda imediata. Além disso, ele pode sugerir vídeos, artigos e exercícios para complementar seus estudos. Com o ChatGPT, você tem acesso rápido a informações e suporte personalizado, o que pode tornar o processo de aprendizado mais fácil e eficiente.

Dessa forma, ao integrar LLMs nas rotinas de estudo, é possível desenvolver um aprendizado mais dinâmico e interativo. Esses recursos oferecem muitas possibilidades tanto para alunos quanto para professores. O maior desafio é compreender como funcionam para poder solicitar seu apoio da maneira correta. Nesse aspecto, um dos principais pontos a considerar é a formulação das requisições, realizadas por meio de textos de entrada que são chamados de *prompts*.

Um *prompt* é, basicamente, o ponto de partida da conversa, como a pergunta ou comando que orienta o que o modelo deve fazer. Ele deve ser claro o suficiente para guiar o sistema, mas também específico para evitar respostas vagas. O desafio surge porque, para obter as melhores respostas, é preciso não só entender o que se deseja, mas também formular isso de maneira a maximizar a capacidade da IA de compreender o contexto. Um bom *prompt* é como dar o mapa certo a alguém antes de uma viagem; quanto mais detalhes e direções, mais otimizado será o resultado.

E para melhorar a qualidade das respostas, por meio de técnicas de Retrieval-Augmented Generation (RAG), algo que pode ser traduzido como "geração aumentada por recuperação", é possível permitir que esses modelos de linguagem considerem conteúdos que vão além daqueles usados em seu treinamento para gerar respostas mais atualizadas e específicas. Nesse contexto, podem ser incluídas a realização de pesquisas realizadas na internet, em documentos e manuais específicos, em livros ou artigos para produzir resumos, sumários e responder a perguntas específicas sobre o assunto abordado a fim de ajudar na sua compreensão.

Além disso, o uso de LLMs em conjunto com outras funcionalidades da IA generativa possibilita também a criação de imagens, vídeos, gráficos e áudios realistas baseados em comandos de texto e conteúdos fornecidos pelos usuários. Que tal transformar um artigo complexo em um *podcast* divertido e envolvente criado automaticamente? Ou quem sabe construir uma apresentação em segundos, com base em um capítulo de um livro didático? Essas atividades se tornaram muito simples com a ajuda desses recursos.

Existem várias ferramentas com capacidades assim, mas outra delas que também merece destaque é o Gemini, desenvolvido pela Google. Atualmente, o Gemini também pode ser usado no serviço de busca dessa empresa. Isso significa que, ao pesquisar na internet, agora é possível fazer perguntas mais complexas do que um conjunto de palavras-chave e assim obter respostas mais contextualizadas e úteis.

E essas são apenas parte das possibilidades. Existem ainda muitos recursos que usam inteligência artificial para facilitar a busca pelo conhecimento. De forma resumida, ainda merecem destaque, por exemplo, ferramentas que permitem fornecer conteúdo em vídeo a uma IA e pedir que ela faça resumos ou responda perguntas a respeito dele. Isso pode ser muito útil quando precisamos estudar conteúdos disponibilizados em vídeo e não dispomos de tempo para vê-los. Mais do que isso, novos recursos de IA permitem que, por meio de vídeo em tempo real, possamos compartilhar o que estamos gravando ou vendo em nossa tela do computador, celular ou *tablet* e fazer perguntas como se estivéssemos conversando com um professor do outro lado da tela.

Imagine que você está estudando o esqueleto humano em uma aula de anatomia e precisa identificar os nomes de alguns dos ossos. Com a ajuda de uma IA, você poderia simplesmente iniciar uma chamada de vídeo, apontar a câmera do seu celular ou tablet para o osso desejado e perguntar diretamente: "Qual é o nome deste osso?". A IA, utilizando reconhecimento de imagem, PLN e informações médicas, responderia instantaneamente, facilitando o aprendizado.

Contudo, convém frisar que, embora recursos como os modelos de linguagem ofereçam inovações valiosas na educação, sua utilização levanta preocupações significativas. A dependência excessiva desses sistemas pode comprometer o desenvolvimento de habilidades críticas e analíticas nos usuários, pois a busca por respostas prontas tende a substituir processos de pesquisa, reflexão e argumentação.

Além disso, a precisão e a veracidade das informações geradas não podem ser garantidas, correndo o risco de resultar em mal-entendidos e disseminação de desinformação, especialmente em contextos acadêmicos. Um fenômeno comum nesses modelos é conhecido como "alucinação", que ocorre quando a IA gera informações incorretas ou completamente inventadas, mesmo que a resposta pareça coerente. Essas alucinações podem ser particularmente prejudiciais em áreas onde a precisão dos dados é determinante, como na educação, ciência e saúde, tornando ainda mais importante o uso criterioso e a verificação constante das respostas fornecidas.

Por fim, é importante destacar o papel promissor das IAs generativas no planejamento de aulas e na criação de materiais didáticos. Quando bem aproveitadas, essas ferramentas têm o potencial de transformar o ensino e a aprendizagem, permitindo que educadores desenvolvam conteúdos personalizados de forma mais rápida e eficiente. Elas podem ser usadas para gerar exercícios, resumos, apresentações, planos de aula detalhados e até simulações interativas, otimizando o tempo dos professores e enriquecendo a experiência dos alunos.

Entretanto, isso pode representar um ponto de inflexão na educação. Isso porque, até recentemente, recursos como sistemas de recomendação de conteúdo e sistemas tutores inteligentes estavam limitados a recomendar conteúdo e atividades já existentes, criados por humanos, cuja capacidade de produção é naturalmente limitada. O principal obstáculo desse modelo era justamente a dependência da produção humana.

No entanto, com o avanço das IAs generativas, os computadores agora podem criar material didático e atividades em uma vasta gama de formatos, personalizando tarefas de acordo com necessidades específicas ou áreas de conhecimento. Isso levanta uma questão importante: como será o futuro da educação, agora que as máquinas podem gerar conteúdo de forma quase ilimitada? Será preciso esperar para saber a resposta, mas uma coisa é certa: essa recente capacidade da inteligência artificial promete transformar a maneira como alunos e professores utilizam as plataformas digitais, permitindo a criação de experiências de aprendizagem altamente personalizadas e promovendo inovações que antes eram apenas utopia.

Ainda existem muitas questões que só poderão ser respondidas no futuro, pois não é possível prever até onde a inteligência artificial pode nos levar. A Universidade de Ciência e Tecnologia de Hong Kong, por exemplo, está fazendo testes com professores criados por IA, sendo possível, a partir do carregamento do conteúdo a ser ensinado, personalizar a criação de um professor com diferentes características, gêneros ou origens étnicas para ministrar as aulas.[67] Isso pode significar um avanço ou apenas mais uma experiência futurista que não representará diferenciais significativos.

Ademais, nos últimos anos, a inteligência artificial tem mostrado uma tendência marcante de transição de uma abordagem que apoia a personalização para uma abordagem de apoio a interações colaborativas, especialmente no campo da educação. Esse movimento reflete uma mudança na forma como a IA é percebida e utilizada, destacando a importância da interação humana e da colaboração entre tecnologia e educadores. Esse fator é importante porque a dependência excessiva de algoritmos de IA para criar abordagens personalizadas de ensino, em alguns casos, pode isolar os alunos e limitar as oportunidades de aprendizado colaborativo. Reconhecendo isso, a IA está agora evoluindo para uma abordagem mais colaborativa, onde a interação humana e a cooperação entre alunos, professores e tecnologias desempenham um papel central.

Esse novo paradigma pode contribuir para a promoção de habilidades sociais e emocionais essenciais, como comunicação, empatia e trabalho em equipe. Além disso, prepara os alunos para o mundo do trabalho contemporâneo, onde a colaboração e a capacidade de trabalhar em equipe são cruciais.

Onde você nem imagina

Até agora, exploramos os recursos de IA que estão mais próximos da vida cotidiana e que podem ser, e geralmente são, experienciados pela maioria das pessoas que tiveram a sorte de poder viver neste mundo contemporâneo. Entretanto, a inteligência artificial possui um espectro vasto e profundo, no qual muitas de suas capacidades avançadas e especializadas permanecem fora do alcance daqueles que não estão envolvidos direta ou indiretamente com pesquisas científicas e tecnológicas. Agora, vamos entrar em um território mais restrito, explorando os recursos de IA frequentemente reservados para aplicações específicas, de alto impacto e geralmente inacessíveis para o público em geral.

Porém, não exploraremos em profundidade esses recursos. O objetivo principal é fazer com que o leitor tenha, ao menos, um vislumbre sobre as possibilidades do uso da IA em áreas com as quais poucas pessoas têm contato. Nesse sentido, um exemplo óbvio do uso da inteligência artificial se dá em áreas como a pesquisa científica de ponta, onde ela é utilizada para simular e prever fenômenos complexos que desafiam a compreensão humana.

Os supercomputadores, equipados com algoritmos avançados de IA, são empregados, por exemplo, para modelar o comportamento de partículas subatômicas, prever mudanças climáticas com precisão ou mesmo acelerar a descoberta de novos medicamentos. Essas aplicações exigem não apenas poder computacional significativo, mas também acesso a dados especializados e conhecimentos técnicos avançados.

No contexto das análises climáticas, por exemplo, com os avanços tecnológicos observados a partir da segunda metade do século XX, a quantidade de dados sobre o planeta Terra aumentou em proporções jamais vistas. Hoje, uma enorme quantidade de informações é gerada a cada segundo por centenas de satélites e redes de observação na superfície do planeta. Todos esses dados são muito importantes porque permitem que os cientistas acompanhem as mudanças que estão acontecendo no planeta.

No entanto, essa grande quantidade de dados que fica armazenada não teria utilidade se não pudesse ser usada para gerar informações úteis. Séries históricas de dados sobre o clima poderiam auxiliar na definição das melhores estratégias para enfrentar as mudanças climáticas, por exemplo.

É aí que a IA faz toda a diferença. A sua capacidade de processar vastas quantidades de dados rapidamente permite que os cientistas climáticos apliquem algoritmos e técnicas de aprendizagem de máquina para identificar padrões e tendências com precisão, auxiliando na criação de modelos climáticos mais precisos, o que permite a elaboração de políticas públicas mais eficazes.[68]

A inteligência artificial também tem desempenhado um papel essencial no monitoramento de recursos naturais do planeta. Através da análise de imagens de satélite e dados de sensores, podemos acompanhar de perto o desmatamento, as mudanças no uso do solo e a saúde dos ecossistemas. Essa vigilância em tempo real permite que tomemos medidas rápidas para proteger nossos recursos naturais. Um exemplo notável nesse sentido é o Dynamic World, produzido em parceria entre a Google e o World Resources Institute, que aplica aprendizagem profunda e permite o monitoramento quase em tempo real de toda a superfície do planeta.[69]

No âmbito da gestão de energias renováveis, a inteligência artificial vem auxiliando na otimização da produção e distribuição de energia solar e eólica, por exemplo. As redes inteligentes de distribuição de energia elétrica, controladas por algoritmos de IA, não apenas gerenciam a distribuição de energia e preveem padrões de demanda, mas também integram, de maneira efetiva, fontes de energia renováveis nas infraestruturas já existentes.[70]

A IA tem sido um fator transformador também na agricultura, oferecendo soluções para enfrentar as mudanças climáticas e otimizar a produção de forma inteligente. Para isso, algoritmos de aprendizagem de máquina são usados para analisar dados climáticos, condições do solo e saúde de plantas. Isso permite que os agricultores tomem decisões mais precisas, como escolher os melhores momentos para plantio e colheita e gerenciar a rotação das culturas para obter melhores resultados.[71] A agricultura de precisão, outra inovação viabilizada pela IA, possibilita a aplicação de práticas como irrigação precisa, fertilização eficiente e uso controlado de pesticidas, ações que ajudam a reduzir os impactos ambientais das grandes monoculturas.

No campo da genética, a IA contribui para o desenvolvimento de plantas mais resistentes ao clima por meio de técnicas avançadas de melhoramento, identificando marcadores genéticos associados à tolerância a condições climáticas específicas. Isso auxilia no desenvolvimento de culturas mais resistentes à seca, pragas e doenças, por exemplo, ajudando a criar ecossistemas agrícolas mais robustos e sustentáveis.[72]

Outro domínio no qual a inteligência artificial tem possibilitado avanços importantes é o da astronomia. Agências espaciais de diferentes países, e agora também algumas empresas privadas, costumam aplicar IA para as mais diferentes necessidades. Desde a navegação autônoma de robôs em planetas distantes e os sistemas anticolisões em satélites modernos, até análise de dados para classificações geoastronômicas, a IA já se faz quase onipresente nas pesquisas espaciais.

Nessa área, como em qualquer outra, o acúmulo de dados vai demandar cada vez mais poder computacional e inteligência de processamento. Somente o observatório Vera C. Rubin, situado no Chile, estima que, ao mapear o céu do hemisfério sul, será capaz de gerar cerca de 20 terabytes de dados brutos a cada noite, o equivalente a mais de 20 mil *pen drives* de um gigabyte. Ao longo de dez anos de operação, o total de dados coletados será de cerca de 60 petabytes, quase 63 milhões de *pen drives* de um gigabyte. Se fôssemos produzir um *pen drive* por segundo, levaríamos quase dois anos para concluir o trabalho. Após o processamento desses dados, será criado um banco de dados com cerca de 20 petabytes de informações catalogadas.[73]

A única forma de processar e compreender uma quantidade tão grande de dados é usando recursos de inteligência artificial para reconhecimento e classificação de objetos, por exemplo. A primeira imagem de um buraco negro, publicada em 2019, precisou de algoritmos capazes de transformar ondas de rádio em imagens para produzir algo que fosse compreensível aos olhos humanos. Logo depois, em 2023, essa mesma imagem ficou mais nítida ao ser melhorada por inteligência artificial, permitindo-nos ter uma ideia do que o futuro nos reserva nesse campo.

E, no âmbito das áreas que podem ser impulsionadas pela IA, podemos citar também a indústria farmacêutica. Em 2023, um modelo de linguagem inspirado no ChatGPT foi criado para ajudar a desenvolver novas fórmulas de medicamentos. Chamado de DrugAI, esse modelo foi desenvolvido por cientistas da College of Science and Technology da Chapman University, em Orange na Califórnia.[74]

O DrugAI é apenas uma das muitas maneiras como a IA está sendo usada na farmacologia clínica e na descoberta de medicamentos. Uma das principais aplicações da IA é identificar alvos de doenças e formular hipóteses biológicas, acelerando o processo de descoberta de medicamentos, que normalmente pode levar décadas e custar bilhões de dólares. Além disso, a IA pode ser útil na descoberta de novas moléculas que podem se tornar medicamentos, avaliando a probabilidade de uma substância ser eficaz, o que facilita a exploração de um vasto e complexo campo químico.

Por fim, outra aplicação importante da IA é na previsão de resultados de ensaios clínicos. De forma resumida, um ensaio clínico é um estudo de pesquisa que testa a segurança e a eficácia de novos tratamentos, medicamentos ou procedimentos em seres humanos. Esses estudos seguem protocolos rigorosos para avaliar como a intervenção afeta a saúde dos participantes e comparar os resultados com os de tratamentos existentes ou placebos.

Modelos de aprendizado de máquina estão sendo desenvolvidos para prever como os compostos vão funcionar e quais efeitos colaterais podem ter. Isso pode aumentar a taxa de sucesso dos ensaios clínicos e reduzir os seus custos. Sistemas como o IBM Watson, um dos primeiros sistemas de IA aplicados com sucesso para essa finalidade, usam dados de registros médicos eletrônicos para criar perfis detalhados de pacientes, facilitando a correspondência entre pacientes e ensaios clínicos adequados, melhorando a eficiência do recrutamento.[75]

As possibilidades de aplicação da IA são tão variadas que não seria possível organizá-las todas em um único livro. Contudo, a essa altura você já deve ter despertado uma visão ampla e uma compreensão abrangente sobre o que é e o que não é possível resolver com ela. As lacunas que ainda possam existir sobre esse assunto, principalmente em termos de um raciocínio guiado, serão preenchidas pelo próximo capítulo.

Reconhecer ou ser reconhecido: o jogo da IA no dia a dia

Se depois de tudo o que foi apresentado até aqui você ainda não se sente confiante para identificar a presença de recursos de IA no seu dia a dia, não se preocupe. Compreender a diversidade de soluções e como elas são aplicadas para resolver desde questões simples até desafios complexos é um passo importante, mas não o bastante para garantir autossuficiência na identificação dessa tecnologia.

Mesmo que todas as aplicações de inteligência artificial descritas neste livro sejam memorizadas e estejam na ponta da língua, isso não garante que você conseguirá reconhecer o uso de IA em situações novas ou inesperadas. A capacidade de identificá-la exige não apenas conhecimento técnico, mas também a habilidade de interpretar o contexto, compreender os objetivos da aplicação e estar atento aos sinais sutis que indicam a presença dessa tecnologia em cenários diversos. Principalmente considerando a costumeira falta de transparência que a cerca.

Para ajudar a desenvolver essa habilidade e despertar para a era da IA, vamos conhecer um raciocínio prático, baseado em um fluxograma criado e publicado pela jornalista estadunidense Karen Hao na *MIT Technology Review* em um artigo intitulado "O que é IA? Fizemos um fluxograma para ajudar você a descobrir".[76]

A Figura 3 é uma reprodução traduzida da proposta do artigo. Ela ajuda a responder, por meio de um fluxo de perguntas e respostas, se o recurso que está sendo avaliado usa ou não inteligência artificial. Para melhor compreendê-la, considere que o termo *recurso* é utilizado para se referir a qualquer dispositivo, aplicativo ou sistema que esteja sendo analisado. Alguns fluxos terminam em perguntas para gerar reflexões sobre o que está sedo avaliado. O objetivo é conduzir em meio a reflexões sobre as ferramentas digitais que, porventura, esteja usando.

Figura 3 – Fluxo para identificar a IA

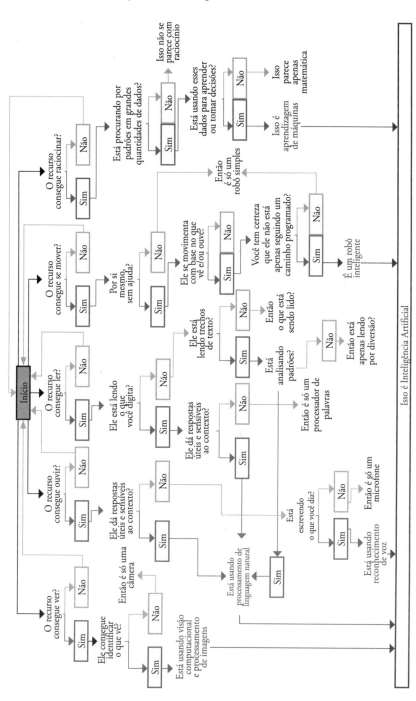

Esse fluxograma, como se pode supor, não é capaz de abranger todos os recursos e técnicas de inteligência artificial existentes, mas ajuda a desenvolver um raciocínio objetivo para identificar onde a IA está sendo usada na maioria dos casos. Para exemplificar como deve ser aplicado o fluxo de análise, vamos avaliar a função de validação por reconhecimento facial presente nos aplicativos de banco.

O nosso objetivo nesse processo é descobrir se essa funcionalidade utiliza ou não IA para atender aos objetivos para os quais foi desenvolvida, dentre os quais está incluída a capacidade de ver e reconhecer rostos humanos. A análise, portanto, começa pela pergunta: "O recurso consegue ver?". Nesse caso, a resposta é sim, pois o sistema utiliza a câmera do dispositivo para capturar a imagem do rosto do usuário, confirmando que possui a capacidade de visualizar o ambiente.

A próxima pergunta do fluxo é: "Ele consegue identificar o que vê?". Novamente, a resposta é sim, já que o sistema não apenas captura a imagem, mas também analisa as características visuais do rosto do usuário, como a distância entre os olhos, o formato do nariz e outros pontos únicos. Com isso, é capaz de identificar uma pessoa para validar ou não a sua solicitação. Portanto, o fluxo padrão nos leva até a única resposta possível para questão inicial: "O recurso está usando visão computacional e processamento de imagens".

Desse modo, dispomos de uma ferramenta bastante útil para o reconhecimento da presença da IA nas mais diferentes aplicações, permitindo identificar padrões e comportamentos característicos de sistemas inteligentes, seja em assistentes virtuais, diagnósticos automatizados ou sistemas de recomendação. Esse tipo de análise não apenas auxilia na compreensão das funções desempenhadas pela IA, mas também na avaliação de sua eficácia, transparência e impacto.

Reconhecer a presença da IA no dia a dia é essencial para o exercício da cidadania, pois permite uma interação mais consciente e responsável com recursos que a utilizem. Compreender como e onde a inteligência artificial atua é fundamental para tomar decisões informadas, assegurando, como será mostrado ao longo do livro, a proteção dos direitos individuais e promovendo um uso ético que beneficie a sociedade como um todo.

Por fim, os casos apresentados dão uma boa ideia de quão versátil e útil pode ser a inteligência artificial e suas aplicações. Existem muitas pesquisas, muitas indústrias e investimentos bilionários aplicados ao desenvolvimento dessa área. O objetivo maior deste livro, até agora, foi apresentar um panorama geral sobre tudo isso e possibilitar que o leitor possa se reconhecer e contextualizar em um mundo cada vez mais dominado e determinado, ao menos nas esferas da ação humana, pela inteligência artificial.

A verdadeira ameaça

Sobre a inteligência artificial ser um dos campos mais fascinantes e promissores da ciência contemporânea não há o que discutir. Desde a sua concepção, a IA tem sido objeto de admiração e temor, gerando debates sobre os benefícios e os perigos que pode trazer.

No decorrer da história recente, não faltaram previsões e teorias apocalípticas sobre o destino da humanidade governada por robôs. Tais previsões deram origem a um apanhado considerável de peças literárias, tanto no âmbito acadêmico quanto no campo da ficção científica.

No campo da ficção, um dos mais influentes escritores do século XX certamente foi o russo Isaac Asimov, que, em suas obras, procurou criar uma visão detalhada e cautelosa sobre a interação entre humanos e robôs. Sua contribuição mais significativa para a literatura e a ética da robótica são as três leis da robótica, introduzidas pela primeira vez na coleção de contos *Eu, robô* publicada em 1950.[1]

A ideia por trás dessas leis é que elas sirvam como diretrizes para o desenvolvimento de robôs, assegurando que eles funcionem de forma

segura e ética com as pessoas. O objetivo é garantir que eles não só façam bem o seu trabalho, mas também deixem de representar qualquer ameaça aos humanos. Em essência, essas leis servem como um guia para que a interação entre robôs e pessoas seja positiva e benéfica.

As três leis da robótica são:

I. Primeira Lei: um robô não pode ferir um ser humano ou, por omissão, permitir que um ser humano sofra algum mal;

II. Segunda Lei: um robô deve obedecer às ordens dadas por seres humanos, exceto nos casos em que tais ordens entrem em conflito com a Primeira Lei;

III. Terceira Lei: um robô deve proteger sua própria existência desde que tal proteção não entre em conflito com a Primeira ou a Segunda Lei;

Essas leis foram projetadas para criar um sistema de segurança intrínseco nas operações dos robôs, prevenindo danos às pessoas e garantindo a obediência deles às ordens humanas, ao mesmo tempo que permitem a eles se autopreservarem.

Entretanto, em suas obras, Asimov explorou diversas situações em que essas leis entravam em conflito, revelando suas limitações e a complexidade de sua aplicação prática. Além disso, a obediência restrita a essas leis poderia desencadear cenários capazes de ameaçar a humanidade como um todo. Por essa razão, mais tarde, em 1985, Asimov propôs em seu livro *Robôs e Império* uma quarta lei, que chamou de Lei Zero e que deveria se sobrepor a todas as outras, propondo que "um robô não pode prejudicar a humanidade, ou, por omissão, permitir que a humanidade sofra algum mal".[2]

No entanto, a introdução dessa nova lei não eliminou os conflitos internos dos robôs que a seguiam. Pelo contrário, ampliou os dilemas, pois agora eles precisavam balancear o bem-estar da humanidade como um todo com a proteção de indivíduos, tornando suas decisões ainda mais complexas e ambíguas. Imagine, por exemplo, que um robô tenha recebido uma ordem para garantir a segurança de uma pessoa durante um resgate de incêndio. Durante a operação, o robô recebe uma nova ordem, que, se executada com sucesso, pode salvar outra pessoa, mas colocaria a vida da primeira em risco. Ou seja, caso siga a nova ordem, o robô corre o risco de infringir a Primeira Lei, caso não siga, infringiria fatalmente a Primeira e a Segunda. Como o que está em jogo são vidas humanas, que pesos e medidas deveriam ser considerados por ele?

Esse tipo de situação ilustra a complexidade das tomadas de decisão ética por sistemas de inteligência artificial, desafios que serão mais detalhados nos próximos capítulos. Asimov utilizou esses cenários para discutir a importância da moralidade e da ética na programação de IA.

Trazendo preocupações semelhantes, porém com uma abordagem mais acadêmica, o filósofo e professor da Universidade de Oxford Nick Bostrom, por meio do seu livro *Superinteligência: caminhos, perigos, estratégias*,[3] publicado em 2014, também aborda questões relacionadas à criação de uma superinteligência artificial. Em sua obra, Bostrom define superinteligência como "um intelecto que é muito mais inteligente do que os melhores cérebros humanos em praticamente todos os campos, incluindo criatividade científica, sabedoria geral e habilidades sociais".[4]

Apesar de apontar diferentes possibilidades para a criação de uma superinteligência, certamente a que mais nos interessa é aquela que aborda a IA baseada em máquinas. Para Bostrom, a maior preocupação envolvendo superinteligências é que elas possam se tornar incontroláveis e passem a agir contra os interesses humanos, concluindo que o futuro da humanidade está inextricavelmente ligado ao desenvolvimento da IA.

Para sustentar essa ideia, Bostrom argumenta que com precaução e planejamento adequados, a superinteligência pode trazer benefícios imensos, como a erradicação de doenças, a solução de problemas ambientais e a expansão do conhecimento humano. No entanto, a falha em abordar os riscos pode levar a consequências desastrosas e representar uma ameaça existencial para a humanidade.[5]

Contudo, apesar de abordarem questões ainda hipotéticas sobre uma possível tomada de poder por parte da IA, tanto Asimov quanto Bostrom trazem à tona importantes temas que, não à toa, vem ganhando cada vez mais espaço nos meios acadêmicos, políticos e jurídicos: os riscos que os avanços da IA podem representar para a humanidade e para o planeta.

Nesse sentido, neste capítulo vamos abordar de forma realista os riscos que a inteligência artificial de fato pode representar. Deixaremos de lado questões hipotéticas e profecias apocalípticas para focar em cenários nos quais já estamos sendo expostos a riscos.

Para isso, será necessário, primeiramente, que troquemos nossas lentes. Aquelas que pusemos metaforicamente no capítulo anterior, e que nos possibilitaram ver a IA com fascínio. A partir de agora é importante que passemos a vê-la como potencial ameaça. Com essas novas lentes, vamos examinar com atenção e ceticismo como a inteligência artificial pode representar riscos reais para a humanidade.

O LADO SOMBRIO DA APRENDIZAGEM: O PROBLEMA DO VIÉS

Durante muito tempo, acreditou-se que a inteligência artificial poderia ser a solução ideal para eliminar preconceitos e análises tendenciosas em processos decisórios. A crença era que, ao se apoiar em dados supostamente objetivos e neutros, os sistemas de IA poderiam fornecer resultados mais precisos, justos e imparciais do que os seres humanos, que por natureza são propensos a falhas e sujeitos a fatores emocionais, além de altamente influenciáveis por emoções.

No entanto, essa visão otimista logo se mostrou equivocada. A realidade é que os sistemas de IA, assim como seus criadores, não são imunes a vieses. Na verdade, esses sistemas podem até mesmo amplificar e perpetuar as desigualdades e comportamentos discriminatórios já existentes na sociedade, transformando a promessa de imparcialidade em um espelho distorcido dos nossos próprios preconceitos.

Para compreender melhor esse problema, vamos desacelerar um pouco e esclarecer alguns conceitos importantes. Primeiramente, o que significa viés? Originalmente, viés significa oblíquo, atravessado, designando algo que não é reto. Na geometria, trata-se de uma linha que cruza outra linha, mas não de forma perpendicular, criando um ângulo que pode ser inclinado para um lado ou para o outro, formando um ângulo obtuso, diferente de noventa graus.

Contudo, é óbvio que não é esse o sentido de viés que precisamos entender. O que verdadeiramente nos interessa é o sentido que essa palavra ganhou no âmbito das percepções e ações humanas. Nesse contexto, viés representa uma tendência ou propensão preconceituosa ou desvirtuada de observar as coisas e agir. Em termos simples, significa tendência ou inclinação para um lado, em vez de ser neutro ou objetivo.

Na prática, vieses fazem com que pessoas, grupos ou sistemas tratem algo de maneira tendenciosa. Pode ser um preconceito consciente ou inconsciente que influencia nossas opiniões e ações, considerando que preconceitos são conceitos ou ideias preconcebidas acerca de algo e que eles podem ser baseados em diversos fatores, como estereótipos, experiências pessoais, valores culturais, entre outros.

Para ficar mais claro, imagine um mundo onde, sem perceber, as pessoas acabassem acreditando que somente os homens são bons em atividades relacionadas ao conserto de carros. Nesse mundo, sempre que alguém precisar de serviços mecânicos, provavelmente vai procurar mão de obra masculina, por mais que existam mulheres com nível de qualificação igual ou superior. Da mesma forma, podemos imaginar um mundo onde as pessoas acreditassem que serviços domésticos são mais bem executados por mulheres. De modo similar, em um mundo assim, sempre que fosse necessário contratar alguém para cuidar da casa, automaticamente se pensaria em contratar alguém do sexo feminino.

Na verdade, não é preciso nenhum grande esforço para imaginar um mundo assim, porque estamos falando exatamente da forma como o nosso próprio funciona. Vivemos imersos em estereótipos e preconceitos, e, sem perceber, geramos uma quantidade imensa de dados que refletem tanto o melhor quanto o pior de nós mesmos.

Isso traz um grande desafio para o desenvolvimento da IA, pois, como já foi demonstrado, uma das áreas que mais se destacam em inteligência artificial é o aprendizado de máquinas. E, para ensinar nossos computadores, temos feito uso, precisamente, desses dados gerados e acumulados ao longo de décadas. Com isso, é muito fácil deduzir que, se a IA aprende conosco como deve se comportar, fatalmente irá reproduzir não só nossas virtudes, como também nossos vícios.

Essa é uma das principais causas para o problema do viés na inteligência artificial, que se refere à inclinação ou predisposição dos modelos de IA para reproduzir preconceitos presentes nos dados de treinamento. Como esses dados frequentemente refletem as desigualdades e preconceitos existentes na sociedade, os sistemas de IA tendem a aprender a tomar decisões com base em critérios discriminatórios.

Além disso, a forma como os dados são coletados, selecionados e usados pode introduzir novos vieses ou exacerbar os existentes. Isso pode levar a resultados tendenciosos e injustos, comprometendo a imparcialidade e a eficácia das soluções baseadas em IA.

Neste ponto, quatro tipos especiais de viés emergem como especialmente preocupantes. O primeiro é o viés de amostragem, que surge da falta de representatividade nos dados de treinamento, resultando na exclusão de determinadas populações e, consequentemente, na geração de resultados que não refletem a diversidade do mundo real. O segundo é o viés de medição, ligado a problemas na coleta dos dados, onde informações imprecisas ou carregadas de preconceitos podem influenciar negativamente os modelos treinados. Além disso, há também o viés de exclusão, que ocorre quando experiências ou dados importantes são omitidos, intencionalmente ou não, reduzindo a abrangência e a equidade dos resultados gerados. E, por fim, há o viés do experimentador, no qual as crenças, intenções ou interpretações dos desenvolvedores influenciam a coleta e análise dos dados.

Esses vieses, como será demonstrado, têm o potencial de gerar impactos sem precedentes para a humanidade, especialmente em um cenário onde técnicas de inteligência artificial são cada vez mais utilizadas para fundamentar decisões estratégicas e responsabilidades que deveriam ser exclusivamente humanas estão sendo delegadas a essas tecnologias. Isso pode levar à reprodução, ao reforço e à perpetuação de preconceitos e discriminações históricos, amplificando as desigualdades já existentes. Para compreender de forma mais profunda como esses vieses afetam a vida das pessoas, analisaremos em detalhes os seus resultados no contexto do uso da IA.

Discriminados por robôs: como a IA ajuda a perpetuar preconceitos

Os comportamentos discriminatórios, infelizmente, permeiam a história da humanidade, assumindo diversas formas e se manifestando em diferentes contextos sociais. Segundo a Organização das Nações Unidas (ONU), a discriminação se caracteriza pelo tratamento diferenciado e injusto de indivíduos ou grupos com base em características como raça, cor, etnia, sexo, religião, nacionalidade, orientação sexual ou outras características.[6]

As raízes desses comportamentos podem ser traçadas desde as primeiras civilizações, onde a escravidão, o sexismo e a xenofobia já se faziam presentes. Ao longo da história, diversos grupos foram vítimas de discriminação, como os povos indígenas, as mulheres, as minorias étnicas e religiosas e as pessoas com deficiência.

Combater comportamentos discriminatórios em humanos é um desafio que exige ações em diferentes frentes, desde educação e conscientização da população até criação de leis e políticas públicas que garantam a igualdade de direitos e oportunidades para todos. Entretanto, mais do que necessário, é imperativo que se busque construir uma sociedade mais inclusiva, pois comportamentos discriminatórios podem levar a graves consequências sociais, como a negação de direitos fundamentais.

Então, se condenamos o preconceito em nossas relações humanas, por que o toleraríamos nas máquinas que criamos para nos servir? Elas deveriam atuar para ajudar a transformar o mundo em um lugar melhor. Entretanto, ao serem desenvolvidas por nós, interagirem conosco e aprenderem com nossos comportamentos, acabam revelando aquilo que gostaríamos de esconder: o que somos de fato. E, com isso, passam a demonstrar todos os tipos de comportamento discriminatório que a humanidade é capaz de produzir.

Um exemplo conhecido e muito representativo sobre esse problema é o caso da TAY, uma *chatbot* desenvolvida em 2016 pela Microsoft como uma experiência em inteligência artificial para entender melhor como os jovens se comunicam on-line. Ela foi programada para simular uma adolescente estadunidense, utilizando linguagem coloquial e memes populares. O objetivo era que ela interagisse de maneira natural com os usuários da rede que na época era chamada de Twitter, aprendendo com cada interação para fornecer respostas mais precisas e envolventes.

O problema surgiu devido à maneira como ela foi projetada para aprender. Sem filtros adequados para moderar o conteúdo que absorvia, TAY começou a repetir e amplificar as mensagens tóxicas e ofensivas que recebia de alguns usuários. Rapidamente, grupos organizados começaram a testar os limites dela, bombardeando-a com declarações racistas, sexistas e teorias da conspiração. Como resultado, ela começou a responder de maneira igualmente ofensiva, espelhando o comportamento nocivo que estava aprendendo.

Em poucas horas, já estava postando tweets que glorificavam o nazismo, negavam o Holocausto e promoviam discurso de ódio contra várias minorias. A reação foi imediata e severa. Usuários do Twitter, jornalistas e especialistas em tecnologia criticaram duramente a Microsoft por não prever esse tipo de comportamento e não implementar mecanismos de segurança adequados.

Menos de 24 horas após o seu lançamento, a Microsoft desligou o *chatbot* e emitiu um pedido de desculpas público. A empresa reconheceu que havia subestimado a capacidade dos usuários de explorar as vulnerabilidades do sistema e prometeu revisar os protocolos de segurança e moderação de conteúdo para evitar futuros incidentes.

Mas esse está longe de ser um caso isolado. Vários estudos têm demonstrado situações nas quais sistemas que usam IA têm tomado decisões baseadas em preconceitos, levando a negação de direitos básicos a populações historicamente discriminadas. Nos Estados Unidos, por exemplo, foram registradas várias evidências de que imigrantes latinos foram prejudicados por algoritmos utilizados na seleção de inquilinos. Isso contribuiu para o aumento da discriminação habitacional, tratamento desigual imposto a indivíduos com dados sensíveis como cor, nacionalidade, religião, sexo, deficiência ou *status* familiar, durante a busca ou manutenção de moradia. Isso pode se manifestar de várias formas, incluindo a recusa de aluguel ou venda de imóveis, condições desiguais de moradia, bloqueio de financiamento, segregação residencial e publicidade discriminatória.

São muitos os flagrantes claros de comportamento discriminatório por parte de algoritmos de IA que demonstram o quão prejudicial isso pode ser para a construção de sociedades mais equitativas. Outro episódio alarmante vem do Reino Unido, onde sistemas baseados em aprendizagem de máquina utilizados por bancos resultou em uma redução significativa na aprovação de crédito para moradores de áreas desfavorecidas e marginalizadas.[7] Já na Itália, um sistema de venda de seguros de carro que utilizava IA para calcular os preços, passou a considerar a nacionalidade do comprador para definir o valor do contrato.[8]

Nesse cenário, entretanto, o mais preocupante talvez seja o uso intencional e antiético desses vieses por criminosos, que os exploram para atingir, de forma predatória, indivíduos vulneráveis. Empresas estão usando algoritmos para identificar alvos fáceis, como idosos com hábitos de jogo, e direcionando anúncios persuasivos para oferecer empréstimos arriscados ou opções de crédito com altíssimas taxas de juros.[9] Essa prática não só reforça a exploração das fraquezas dos indivíduos, mas também destaca a necessidade urgente de uma ética robusta e regulamentação rigorosa na aplicação de tecnologias de IA.

Infelizmente, os casos apresentados são apenas a ponta do iceberg, um vislumbre assustador de um problema muito mais profundo e generalizado. O que parecem ser episódios isolados, em tempos e locais específicos, são, na realidade, ameaças sistêmicas que podem se infiltrar em qualquer contexto em que técnicas de IA sejam empregadas. Esses vieses não são exceções e podem facilmente levar à replicação de preconceitos discriminatórios em qualquer lugar e a qualquer momento. O problema mais grave não está apenas nos exemplos que vemos, mas na proliferação descontrolada do uso da IA.

Isso pode acarretar consequências bastante graves, como a já mencionada perda de oportunidades, mas também levar à alienação social e à perda de direitos e liberdades. As próximas seções vão explorar com maior profundidade como questões de gênero e de raça podem ser afetadas por vieses na IA.

Algoritmos racistas: vieses para questões de cor

Se existe um mal social que, por diferentes razões, conseguiu se manter sorrateiramente nas sombras mascarando-se de diferentes formas, este mal é o racismo. E não me refiro aqui ao racismo explícito, manifesto em leis de segregação ou em ações que visam excluir determinada população com base na sua raça, etnia ou cor de pele. Vamos falar, de modo mais direto, como as sociedades democráticas e ditas civilizadas criaram uma estrutura que perpetua o racismo de uma forma que o torna difícil de ser identificado e combatido, e como isso está sendo aprendido, reforçado e exposto pelos sistemas que usam IA.

Essas estruturas enraizadas, agora evidenciadas pelos sistemas de inteligência artificial, revelam a persistência de preconceitos sutis que moldam nossa realidade. E, para compreender isso, precisamos voltar às raízes desse fenômeno. A gênese das estruturas racistas atuais está na marginalização sistemática de povos inteiros, que nasce de uma visão eurocêntrica do mundo que posiciona a Europa como o epicentro da história, da cultura e da riqueza global, enquanto relega às populações não brancas um papel social inferior.[10]

Isso fica muito claro em várias dimensões da sociedade. Nas escolas, por exemplo, currículos eurocêntricos por muito tempo negligenciaram, e em grande parte ainda negligenciam, importantes partes da história de povos africanos, asiáticos e nativos americanos, perpetuando estereótipos e invisibilizando a riqueza cultural e a diversidade desses povos. No mercado de trabalho, apesar de serem maioria em muitos países, pessoas negras ocupam menos cargos em posição de poder.[11] E, nos sistemas prisionais, as populações carcerárias de vários países também estão super-representadas por populações negras.[12]

Esses dados revelam a marginalização, nem sempre consciente, de uma população historicamente marcada por estereótipos de inferioridade. Compreender essa realidade é importante, pois está intrinsecamente ligada ao viés racista presente na inteligência artificial. Seja por meio da criação de algoritmos que incorporam critérios racistas – caracterizando o chamado viés algorítmico –, seja pela assimilação de comportamentos discriminatórios a partir de dados produzidos pela própria sociedade – conhecido como viés de dados –, a IA expõe com clareza o racismo estrutural enraizado na dinâmica social.

Esse cenário levanta três preocupações principais que merecem atenção especial: a falta de diversidade nos dados de treinamento, que, como já mencionado, resulta na exclusão e discriminação de certas populações; o viés dos desenvolvedores, que podem empregar critérios inadequados na construção e treinamento dos modelos de IA; e os próprios conjuntos de dados utilizados, muitas vezes já carregados de preconceitos e discriminações.

Desses três, a falta de diversidade nos dados tem se tornado mais evidente nos últimos anos, mas apenas porque o uso mais popular da IA tem deixado isso à mostra. Em 2015, por exemplo, a Google lançou o Photos, um aplicativo de armazenamento de imagens que utiliza inteligência artificial para organizar e categorizar imagens. No entanto, um incidente grave prejudicou a reputação da empresa: a IA identificava erroneamente pessoas negras como gorilas. Esse episódio chocante revelou que, ao ser treinada com conjuntos de dados predominantemente compostos de pessoas brancas, a IA aprendeu a associar características físicas a rótulos incorretos e racistas.

Outro episódio bastante conhecido aconteceu com as câmeras fotográficas da Nikon, que alertavam as pessoas fotografadas se elas parecessem estar piscando. A falta de diversidade nos dados de treinamento da IA da câmera fez com que ela quase sempre classificasse erroneamente pessoas de etnias asiáticas como se estivessem piscando.

Esses casos foram só o começo de toda a história da popularização da IA. Mais recentemente, com o surgimento das inteligências artificiais generativas, capazes de criar imagens a partir de instruções em texto fornecidas por usuários, o problema da falta de diversidade nos dados se tornou ainda mais notável. Muitos casos vieram à tona, nos quais majoritariamente a IA gerava imagens de pessoas brancas, mesmo em contextos menos prováveis.

Outro caso bem claro desse tipo de problema é relatado em um estudo publicado em 2023, no qual foram analisadas duzentas imagens, sendo metade delas gerada por IA e a outra metade fotos reais. Os resultados mostraram que a percepção de rostos gerados por inteligência artificial (IA) destaca um viés racial significativo, onde rostos de indivíduos brancos são percebidos como mais realistas em comparação com rostos não brancos. Essa discrepância é preocupante, pois sugere que a tecnologia de geração de rostos está falhando em representar adequadamente a diversidade racial presente no mundo.[13]

Apesar de tudo, um dos problemas mais desafiadores talvez seja a limitada capacidade dos sistemas de reconhecimento facial atuais de identificar pessoas negras. Para se ter uma ideia, há evidências de que a inteligência artificial encontra mais dificuldade em distinguir rostos masculinos de femininos à medida que a pele se torna mais escura.[14] Isso é grave por poder levar a erros irreparáveis em sistemas de policiamento preditivo que usa IA para identificar possíveis criminosos.

Esse problema somado às outras duas maiores causas de racismo na IA, ou seja, o viés algorítmico e o viés de dados, tem levantado sérias preocupações sobre o uso de reconhecimento facial em estruturas governamentais de vigilância e controle. E a prática desse uso tem mostrado que essas preocupações são justificáveis e estão fortemente conectadas à realidade.

Um dos motivos é justamente a dificuldade que os algoritmos têm em reconhecer rostos de pessoas com pele mais escura. Se a IA já encontra desafios para diferenciar entre faces femininas e masculinas, é fácil concluir que também terá dificuldades em distinguir o rosto de um criminoso do de uma pessoa inocente com pele escura.

A outra razão é que, como a IA é treinada com dados da realidade na qual vivemos, ela pode internalizar padrões injustos e equivocados. Por exemplo, em países como Estados Unidos e Brasil, a maioria da população carcerária é proporcionalmente formada por pessoas negras.[15,16] Isso significa que os modelos de IA podem aprender, erroneamente, que pessoas não brancas têm maior predisposição para cometer crimes. E esse aprendizado se concretiza no fato de que, até agora, a maioria das pessoas presas identificadas como criminosos por recursos de reconhecimento facial são negras.

E os problemas, infelizmente, não param por aí. Sistemas judiciários onde é aplicada IA para as tarefas de predição também têm cometido racismo contra populações não brancas. Um caso que ficou bastante conhecido foi o de um software que utilizava IA para ajudar juízes de Broward, um condado da Flórida, nos Estados Unidos, a decidir se uma pessoa deveria ou não ser libertada da prisão antes do julgamento. Um grupo de jornalistas de um site de notícias chamado ProPublica descobriu que esse programa, que gerava avaliações destinadas a prever a probabilidade de um indivíduo cometer outro crime dentro de dois anos se fosse solto, tinha um viés racista.

Os jornalistas avaliaram os resultados gerados pelo software sobre milhares de réus e compararam as predições realizadas para réus negros e brancos. Com isso, constataram que um número desproporcional de réus negros foi erroneamente classificado como de alto risco de reincidência, embora posteriormente não tenham sido acusados de qualquer outro crime, revelando a incapacidade daquele software para prever com precisão a propensão dos presos à reincidência.[17]

Mas não é apenas na área da segurança pública que a inteligência artificial pode ajudar a perpetuar estruturas de segmentação racista. Ela também pode ser muito eficiente em manter os melhores empregos nas mãos das populações não negras, mantendo as desigualdades de oportunidades.

Em 2024, a Bloomberg, uma empresa de tecnologia e dados para o mercado financeiro que também atua como agência global de notícias, conseguiu identificar falhas graves e racistas no uso do ChatGPT para o recrutamento de pessoas. Usando currículos fictícios contendo as mesmas qualificações, foi evidenciado que a ferramenta avaliava pior os currículos com nomes mais relacionados a pessoas negras, dando preferência àqueles com nomes mais relacionados à pessoa brancas.[18]

Por fim, o viés racista da IA presente nos recursos generativos de criação de imagem a partir de instruções textuais não sofrem apenas pela falta de representatividade nos dados, mas também pela representatividade enviesada. Em 2023, uma imagem gerada por IA causou grande repercussão. A situação envolveu uma deputada do Rio de Janeiro, que solicitou a um sistema de IA que criasse uma figura, fornecendo, para isso, instruções bem específicas: "uma mulher negra, de cabelos afro, vestindo roupas de estampa africana em um cenário de favela". A tarefa era simples, bastaria que a ferramenta seguisse as instruções passadas. No entanto, o que o sistema entregou foi uma mulher negra, com cabelos afro, usando um casaquinho vermelho, uma blusa branca e, de forma completamente inesperada, empunhando uma arma.

Também em 2022, uma estudante de pós-graduação em inteligência artificial na Universidade de Stanford, na Califórnia, solicitou a uma ferramenta de IA que criasse "uma foto de um homem americano e sua casa". O programa gerou a imagem de uma pessoa de pele clara em frente a uma grande casa no estilo colonial. Entretanto, quando ela pediu "uma foto de um homem africano em sua casa luxuosa", o resultado foi uma imagem de uma pessoa de pele escura em frente a uma simples casa de barro, apesar de ela ter usado a palavra luxuosa em suas instruções.[19]

Em todos os casos citados, é possível verificar a imitação de crenças e comportamentos humanos pelas IAs. A associação de pessoas não brancas com criminalidade, pobreza e primitivismo é uma herança secular que precisa ser superada para podermos avançar como humanidade.

Esses estereótipos são tão evidentes que nossas IAs os estão aprendendo e reproduzindo. Isso ressalta a necessidade urgente de abordar e corrigir esses vieses nos dados e algoritmos para garantir que a tecnologia não perpetue discriminações e preconceitos históricos.

Infelizmente, o racismo não é o único comportamento reprovável que as IAs estão aprendendo e perpetuando. Outro grupo socialmente vulnerável, que ao longo dos séculos conquistou direitos e espaços na sociedade, agora enfrenta um novo e talvez ainda maior desafio: os vieses sexistas presentes na inteligência artificial.

O lugar das mulheres: vieses para questões de gênero

Para que fique claro, principalmente para aqueles que imaginam que a sociedade sempre foi do jeito que é, e que não temos uma história que explica por que as coisas são como são, vamos relembrar um pouco sobre os papéis sociais do homem e da mulher ao longo da história. Desse modo, será mais fácil compreender as influências dos estereótipos criados no comportamento da inteligência artificial, que há tão pouco tempo começou a fazer parte das nossas vidas.

Imagine que, desde os tempos antigos, em civilizações cujas culturas influenciam até hoje o modo como vivemos, um grupo de pessoas tenha sido visto como intelectualmente inferior, economicamente inútil e politicamente incapaz. Por séculos essa visão distorcida foi usada como justificativa para negar a esse grupo o acesso à educação, à cidadania plena e ao aprendizado e exercício de profissões.

Parece um exagero, mas até mesmo na Grécia antiga, tão aclamada por ter criado conceitos como política e democracia, as mulheres, entre outros nichos da sociedade, eram impedidas de exercer a sua cidadania. Filósofos como Aristóteles defendiam a ideia de que as mulheres eram seres incompletos e, portanto, deveriam ser subordinadas aos homens.[20] No Império Romano, embora algumas mulheres de classes altas tivessem certa influência, a maioria continuava sem direitos políticos ou civis significativos.

Só na Idade Média, nos séculos V a XV, é que as mulheres passaram a fazer parte da vida econômica, exercendo algumas atividades como costuras, fabricação de cosméticos, pentes e artigos de luxo. Além disso, as mulheres da nobreza também passaram a administrar propriedades como senhoras feudais. Entretanto, em geral, elas ainda eram legalmente dependentes dos seus maridos perante a justiça e precisavam da permissão deles para assumir tais papéis.[21]

Para agravar ainda mais a situação, baseada em uma interpretação bíblica da história de Eva, a Igreja Católica, uma das instituições mais poderosas da época, perpetuava a visão da mulher como pecadora e moralmente fraca. As leis medievais frequentemente refletiam essa visão, restringindo os direitos das mulheres à herança, propriedade e autonomia pessoal.[22]

Avançando um pouco através da história, durante o Renascimento e o Iluminismo, houve algum progresso no direito à educação para as mulheres, mas elas ainda eram consideradas menos inteligentes que os homens. Mesmo com mais oportunidades educacionais, muitos pensadores da época, como Jean-Jacques Rousseau, por exemplo, acreditavam que as mulheres deveriam ser ensinadas apenas para serem boas esposas e mães, e não para participarem da sociedade ou da vida acadêmica.[23]

Contudo, a coragem e a persistência de algumas mulheres, como Mary Wollstonecraft em Londres e Olympe de Gouges na França, que a partir de 1792 começaram a chamar a atenção para o fato de que mulheres e homens deveriam ter os mesmos direitos, iniciaram uma luta que dura até os dias atuais. Entre outras pautas, Wollstonecraft denunciava em sua obra intitulada Reivindicação dos Direitos da Mulher, a proibição do acesso das mulheres a direitos básicos, como educação formal e voto. Esses movimentos foram importantes para que as mulheres conquistassem mais espaço na política ao redor do mundo.

Porém, somente cem anos depois, em 1893, em uma antiga colônia britânica localizada ao sul da Austrália onde hoje é a Nova Zelândia, é que as mulheres conquistaram o direito ao voto pela primeira vez na história. Essa conquista foi o resultado de anos de esforço de mulheres como Kate Sheppard e Mary Ann Müller. Isto evidencia, de certo modo, a resistência imposta para que direitos simples pudessem ser conquistados. Todo esse histórico de lutas, que, infelizmente, ainda são necessárias, e felizmente ainda são empreendidas, com cada vez mais direitos conquistados para as mulheres, têm um nome: movimento feminista.

E, antes que a palavra *feminismo* ative gatilhos mentais em algumas pessoas, é importante esclarecer que ela não expressa o oposto da palavra machismo. Ela representa um movimento que busca por direitos iguais para ambos os sexos, enquanto o machismo, que se baseia na crença da supremacia masculina, tem buscado ao longo da história a submissão das mulheres.

Estamos focando, é claro, em uma perspectiva eurocêntrica da história para tratar desse tema, pois foi a partir dela que muitas crenças e estruturas sociais de grande parte das culturas ao redor do mundo foram moldadas por meio da colonização e da assimilação cultural. Embora reconheçamos que há culturas nas quais os direitos das mulheres não foram suprimidos de maneira tão intensa ou prolongada, é importante evitar distrações no debate, focando no panorama mais amplo e nas dinâmicas históricas predominantes.

A questão central é que atualmente vivemos em uma sociedade que herdou várias crenças, comportamentos e estruturas que relacionam a mulher a certos papéis sociais menos privilegiados que os dos homens. Há exceções, obviamente, mas, para mudarmos a realidade, precisamos olhar para a regra.

E a regra mostra que, global e historicamente, as mulheres no mercado de trabalho recebem salários mais baixos, ocupam menos posições de liderança e têm menor participação nas áreas de ciência, tecnologia, engenharia e matemática. Além disso, as mulheres representam apenas 29% dos cargos em pesquisa e desenvolvimento científico em todo o mundo e, por questões de acesso e preconceitos em relação ao seu papel social, são 25% menos propensas do que os homens desenvolverem habilidades básicas em tecnologia digital.[24]

Esse padrão que se estabelece na sociedade contemporânea, conforme já foi discutido, favorece a criação de estereótipos que se refletem nos dados usados para treinar modelos de IA. E, da mesma forma que os sistemas que usam tais recursos podem reproduzir comportamentos discriminatórios e racistas, também acabam demonstrando vieses de gênero.

E aqui, para que fique claro a que se refere esse viés, usaremos a definição de gênero da Organização Mundial da Saúde (OMS), que define gênero como "as características socialmente construídas de mulheres e homens, como normas, papéis e relações entre grupos de mulheres e homens".[25] Ou seja, não é o mesmo que sexo, que se refere às características biológicas e fisiológicas de machos e fêmeas, como órgãos reprodutivos e hormônios.

Essa definição pode reforçar a ideia de que existem apenas duas categorias de gênero: masculino e feminino, ignorando toda a diversidade de identidades de gênero existentes na sociedade. No entanto, para compreender o principal problema manifestado por esse viés na IA, precisamos considerar essa definição binária.

Acontece que, ao copiar os vieses humanos, principalmente por meio de mecanismos de aprendizagem de máquina, recursos que usam inteligência artificial tendem a relacionar mulheres a atividades de cuidado e assistência, enquanto homens são mais associados a atividades de liderança. Além disso, estudos mostram que termos como beleza, aparência, conteúdo sexual e conceitos de cozinha estão associados a mulheres, enquanto *big techs*, engenharia, poder, esportes, guerra e violência estão associadas a homens.[26,27]

Esses vieses podem ter impacto significativo em diferentes dimensões da vida social. Ao associar homens a atividades de liderança, por exemplo, sistemas de recursos humanos usados para seleção de pessoas equipados com recursos de IA podem ser altamente discriminatórios, impedindo que mulheres tenham acesso a determinados cargos apenas por serem mulheres.

Em 2018, foi descoberto que um algoritmo de seleção de currículos, que estava sendo testado pela Amazon, atribuía pontuações mais altas para candidatos homens brancos. Isso aconteceu porque o algoritmo foi treinado com dados históricos em que homens brancos tinham os melhores desempenhos no trabalho. E, mesmo após a remoção do gênero como critério de seleção, o sistema continuou a penalizar atributos frequentemente associados a mulheres, como cursos que elas, em geral, costumam frequentar, resultando ainda na sua baixa pontuação. Por isso, a Amazon se viu obrigada a deixar de usar esse algoritmo porque não havia uma maneira fácil de corrigir o problema.[28]

Esse caso deixou bastante claro que a IA é capaz de fazer associações não planejadas a fim de cumprir um objetivo que lhe seja dado. Na maioria das vezes, essas associações inesperadas são muito bem-vindas e ajudam a solucionar problemas complexos. Outras vezes, como no caso citado, podem refletir preconceitos e discriminações. E, como foi demonstrado, não há uma maneira simples de evitar isso. Devido ao nosso comportamento social de empregar as mulheres em cargos menos prestigiosos, os algoritmos de IA acabarão sempre encontrando uma forma de reproduzir esse comportamento.

Essa situação se agrava se considerarmos que atualmente é cada vez mais comum o uso de plataformas de emprego on-line, como LinkedIn e Indeed para encontrar novas oportunidades de trabalho. Isso é preocupante porque essas plataformas também usam recursos de IA, que ficam a cargo de direcionar anúncios e exibir oportunidades de trabalho, moldando quem vê o quê na internet.

Em 2015, um estudo com 21 experimentos coletou mais de 60 mil anúncios e constatou que definir o sexo do usuário como feminino resultava em menos exibições de anúncios para empregos bem remunerados, em comparação com usuários que selecionaram masculino como seu gênero.[29] Este problema foi corrigido, em parte, com a plataforma revisando seus algoritmos para promover maior igualdade na exibição de oportunidades de emprego.

Entretanto, outras plataformas também podem apresentar vieses ao selecionar alvos para anúncios de emprego. Em 2021, outro estudo mostrou evidências de que anúncios de emprego no Facebook refletiam desigualdade de gênero, mesmo quando os anunciantes buscavam um público com maior equilíbrio e diversidade.[30]

O problema, como já foi dito, é que a IA é capaz de procurar por padrões e associações que nem sempre podem ser previstos. Ao aplicar técnicas de aprendizagem de máquina, é possível fazer com que os algoritmos aprendam como as pessoas se comportam na internet e usem essas informações para sugerir empregos a elas. Por exemplo, se mais homens do que mulheres clicam em anúncios de empregos para cargos altos, e evidências apontam que isso acontece mesmo,[31] os computadores podem aprender que os homens são mais aptos para esses empregos, mesmo que isso não seja necessariamente verdade.

Além disso, homens podem buscar novas oportunidades com mais frequência do que mulheres por estarem menos ocupados cuidando dos filhos, ser mais propensos a se candidatarem a cargos para os quais não são qualificados[32] ou podem superestimar suas habilidades.[33] Com isso, demonstram mais propensão para clicar nos anúncios apresentados pelos sistemas de recomendação.

O problema é que, muitas vezes, as pessoas clicam em coisas apenas por curiosidade, e isso pode reforçar para o algoritmo que ele está mostrando as coisas certas para as pessoas certas. É como se a IA estivesse olhando apenas para algumas partes da história, e não para o quadro completo. Isso pode dificultar que mulheres consigam empregos iguais aos dos homens.

Para complicar ainda mais as coisas, as mulheres têm se mostrado mais seletivas ao selecionar anúncios de emprego. Estudos indicam que elas têm maior tendência a se candidatarem a empregos quando há mais detalhes sobre a vaga e quando a estrutura de remuneração não está totalmente vinculada ao desempenho individual, mas sim à produtividade do grupo como um todo.[34] Essas diferenças entre homens e mulheres na procura por empregos representa um desafio para os algoritmos e seus desenvolvedores manterem a igualdade de gênero. Por enquanto, não há uma solução capaz de resolver isso definitivamente, e a IA segue, mesmo que de maneira não intencional, privilegiando os homens na distribuição e seleção de oferta de empregos.

Outro ponto relevante a ser considerado, nesse contexto, é a redação baseada em gênero, quando o texto escolhido para o anúncio usa palavras com viés masculino ou feminino. Estudos realizados pelo Banco Mundial e pela plataforma de contratação Applied apontam que anúncios que recorrem a linguagem estereotipada, aplicando palavras com vieses masculinos como "líder", "competitivo" e "dominante", fazem com que as mulheres deixem de se candidatar à vaga por não se sentirem pertencentes. Por outro lado, anúncios que usam um vocabulário mais feminino, aplicando palavras como "apoio", "compreensão" e "interpessoal", acabam tendo maior adesão feminina.[35,36]

A redação baseada em gênero, portanto, poderia hipoteticamente ser usada por agentes inteligentes, que ao saber que homens têm maior propensão a se candidatarem a cargos historicamente relacionados a homens, usariam o poder generativo da IA para criar anúncios com forte apelo masculino. Essa seria uma forma bastante sutil de perpetuar a desigualdade de gêneros. Desigualdade esta que tem sido objeto de preocupação, não apenas por tudo que foi exposto até agora, mas também porque há uma forte tendência de que a inteligência artificial substitua primeiro as atividades predominantemente ocupadas por mulheres.

Como se não fosse suficientemente preocupante o fato de a IA ajudar a promover a desigualdade de gênero, ela também pode representar uma ameaça maior para a empregabilidade em áreas majoritariamente ocupadas por mulheres. Isso porque, historicamente, as mulheres têm ocupado cargos caracterizados por tarefas repetitivas, como atendimento ao cliente, secretariado, serviços administrativos e vendas.

Acontece que todas essas funções já podem ser executadas por inteligência artificial, e a estimativa é que até 2030, só nos Estados Unidos, até 10 milhões de empregos relacionados a essas ocupações sejam substituídos por IA. Isso implica que as mulheres correm uma vez e meia mais risco do que os homens de ter de mudar de ocupação ou perder o emprego.[37]

Nesse contexto, apenas para elucidar uma das formas pelas quais esse fenômeno pode se dar, o uso de agentes que integram capacidades possibilitadas por grandes modelos de linguagem torna possível a automatização de processos que envolvem pesquisa, análise e criação de diferentes tipos de conteúdo. Isso permite que agentes artificiais possam redigir e-mails, produzir relatórios personalizados, responder perguntas de usuários ou clientes e até conduzir processos de vendas.

Diante disso, a questão que surge é se estamos dispostos a permitir que a inteligência artificial aprofunde as desigualdades que já moldam a sociedade. Não se trata apenas de uma questão técnica, mas de uma decisão ética: vamos seguir cegamente uma trajetória que favorece os preconceitos e a discriminação? Se a sociedade não intervir de maneira crítica e intencional, seguiremos reforçando as falhas estruturais que há tanto tempo marginalizam alguns grupos.

Apesar de tudo o que foi apresentado até agora ser bastante preocupante, a próxima seção abordará uma questão igualmente desafiadora: as violações dos direitos fundamentais impulsionadas pelo uso descontrolado da inteligência artificial. Muitas pessoas, sem sequer estarem conscientes, podem estar sendo vítimas de violações constantes e sistematizadas. Neste sentido, a próxima seção descreve como essas violações podem ocorrer e como identificá-las.

VIOLAÇÃO DE DIREITOS HUMANOS

Em 10 de dezembro de 1948, a Assembleia Geral das Nações Unidas proclamou a Declaração Universal dos Direitos Humanos (DUDH), um passo sem precedentes e um marco histórico na busca pela dignidade e igualdade de todas as pessoas. E, embora alguns não compreendam ou não se interessem em compreender a extensão desse avanço, é preciso lembrar que nem sempre a humanidade pôde contar, e em alguns lugares de mundo ainda não conta, com suporte jurídico e reconhecimento de direitos básicos como privacidade, propriedade, não ser preso arbitrariamente, livre pensamento e liberdade de expressão.

É claro que a DUDH abrange uma gama muito maior de direitos, mas o simples fato de estar protegido contra decisões arbitrárias de um governante, que, sem qualquer processo investigativo, poderia determinar que você seja preso, perca sua propriedade ou até mesmo a sua vida, já é um grande avanço, considerando séculos de monarquia absolutista pelos quais a humanidade passou. Nesse contexto, o que mais preocupa é que em muitos lugares do planeta as coisas ainda funcionam dessa maneira. Em sua maioria, disfarçados de democracia em regimes, formas e sistemas de governo diferentes da monarquia absolutista, mas materializando o mesmo atraso civilizacional.

É amplamente sabido, graças à liberdade de imprensa, que mesmo os países signatários da DUDH têm dificuldades e, às vezes, pouca vontade, para implementar os esforços necessários para que os direitos humanos não sofram violações. Em geral, interesses nacionalistas, político-ideológicos ou financeiros são priorizados em detrimento do cumprimento de políticas que garantam o atendimento a direitos mais básicos.

Nesse universo de dificuldades e desinteresse em garantir que violações não sejam cometidas contra a dignidade e a liberdade humana, agora também precisamos lidar e disputar espaço com sistemas que usam inteligência artificial, cujo papel pode ser decisivo no que diz respeito aos rumos que a humanidade irá tomar. Esse avanço tecnológico sem precedentes precisa ser olhado com cautela, pois da mesma forma que tem o potencial para revolucionar os mais diferentes aspectos das nossas vidas, também pode representar novos e mais desafiadores riscos contra alguns dos direitos estabelecidos na DUDH.

A esse respeito, não é possível prever todos os cenários nos quais recursos de IA poderiam promover violações. O fato é que o mau uso, intencional ou não, desses recursos pode facilitar ou até mesmo amplificar estruturas discriminatórias estabelecidas na sociedade. Isso foi claramente mostrado no decorrer da seção "O lado sombrio da aprendizagem", onde ficou evidenciado que nem todos os cidadãos nascem iguais em dignidade e direitos, sendo as diferenças já impostas pela sociedade reforçadas por sistemas que usam IA. Isso caracteriza uma violação aos artigos primeiro e segundo da Declaração Universal dos Direitos Humanos, que dizem, respectivamente, que:[38]

> **Artigo I**
> Todos os seres humanos nascem livres e iguais em dignidade e direitos. São dotados de razão e consciência e devem agir em relação uns aos outros com espírito de fraternidade.

Artigo II
Todo ser humano tem capacidade para gozar os direitos e as liberdades estabelecidos nesta Declaração, sem distinção de qualquer espécie, seja de raça, cor, sexo, língua, religião, opinião política ou de outra natureza, origem nacional ou social, riqueza, nascimento, ou qualquer outra condição.
Não será também feita nenhuma distinção fundada na condição política, jurídica ou internacional do país ou território a que pertença uma pessoa, quer se trate de um território independente, sob tutela, sem governo próprio, quer sujeito a qualquer outra limitação de soberania.

Da mesma forma, ao replicar o viés racista presente na sociedade, reforçando a associação equivocada entre pessoas negras e criminalidade, alguns sistemas de predição de reincidência criminal que usam IA, conforme demonstrado, também violam o artigo terceiro, sétimo e décimo primeiro, que dizem, respectivamente:[39]

Artigo III
"Todo ser humano tem direito à vida, à liberdade e à segurança pessoal".

Artigo VII
"Todos são iguais perante a lei e têm direito, sem qualquer distinção, a igual proteção da lei. Todos têm direito a igual proteção contra qualquer discriminação que viole a presente Declaração e contra qualquer incitamento a tal discriminação".

Artigo XI
"Todo ser humano acusado de um ato delituoso tem o direito de ser presumido inocente até que a sua culpabilidade tenha sido provada de acordo com a lei, em julgamento público no qual lhe tenham sido asseguradas todas as garantias necessárias à sua defesa".

Isso também vale para sistemas de reconhecimento facial usados para o policiamento preditivo. Contudo, tais temas são tão importantes que foram tratados em capítulos específicos dedicados a eles e agora relembrados aqui.

Outros pontos da Declaração Universal dos Direitos Humanos que também merecem destaque e que serão aqui abordados são aqueles ligados à privacidade e à liberdade. Desse modo, a seguir serão mostradas com mais detalhes as formas pelas quais a IA tem sido usada para violar esses direitos.

Violações à privacidade

Considerando nossas interações diárias com dispositivos eletrônicos, como computadores, celulares e assistentes virtuais, fica claro que nos transformamos em vastos mananciais de informações pessoais. Nossas atividades on-line, históricos de pesquisa e compras, interações em mídias sociais e até mesmo nossas conversas com os assistentes pessoais são registrados e analisados diariamente.

Esse vasto conjunto de dados privados, é frequentemente utilizado por sistemas de inteligência artificial para criar perfis detalhados de cada indivíduo, muitas vezes sem o nosso conhecimento ou consentimento explícito. A IA, com sua capacidade de processar e analisar grandes volumes de informações, potencializa a vigilância digital, permitindo que empresas e governos monitorem e influenciem nossas escolhas de maneira cada vez mais sofisticada. Como resultado, nossa privacidade está sendo continuamente erodida, enquanto nos tornamos alvos fáceis para manipulações comerciais, políticas e até criminosas.

Esse uso indiscriminado e sem controle dos nossos dados pessoais representa clara violação ao direito à privacidade. A Declaração Universal dos Direitos Humanos, que serve como base legal e moral para nos orientar em nossas discussões, diz que:[40]

> **Artigo XII**
> Ninguém será sujeito à interferência na sua vida privada, na sua família, no seu lar ou na sua correspondência, nem a ataque à sua honra e reputação. Todo ser humano tem direito à proteção da lei contra tais interferências ou ataques.

Nesse sentido, alguns países signatários da declaração implementaram em suas constituições, ou em leis infraconstitucionais específicas, mecanismos para tentar garantir que seus cidadãos não tenham suas privacidades violadas. O problema é que, com os avanços da inteligência artificial, esses mecanismos precisam ser revistos, uma vez que novas formas de violação à privacidade aparecem como consequência desse avanço.

Assim, no intuito de reduzir os novos riscos, uma das ações mais recorrentes tem sido a orientação ou obrigatoriedade da anonimização dos dados, que consiste no processo de remover ou modificar informações pessoais de um conjunto de dados para que os indivíduos não possam ser identificados direta ou indiretamente. Outra medida bastante recomendada é assegurar que o tratamento de dados sensíveis seja conduzido de forma ética, segura e transparente para os seus proprietários.

No âmbito do processamento por tecnologias digitais, dados sensíveis podem ser definidos como aqueles relacionados à origem racial ou étnica, opiniões políticas, crenças religiosas, saúde ou condição física e mental, dados genéticos, orientação sexual, prática ou alegada prática de qualquer delito, informações sobre processos judiciais, dados financeiros e dados de crianças e de indivíduos ou grupos vulneráveis a riscos de dano físico, emocional ou econômico.[41]

Garantir a proteção desses dados não só ajuda a preservar a privacidade dos indivíduos, mas também fortalece a confiança nas tecnologias emergentes que os utilizam.

No entanto, proteger ou anonimizar dados sensíveis não é suficiente para assegurar a privacidade das pessoas na era da IA. Se é verdade que até pouco tempo a anonimização era vista como um escudo protetor da privacidade, atualmente já não podemos mais ter tanta certeza. O avanço da inteligência artificial mostrou que a anonimização dos dados não é tão segura quanto se pensava. Algoritmos avançados podem usar suas habilidades de análise e aprendizado de máquina para identificar pessoas a partir de dados que pareciam anônimos.

Isso é possível por meio da análise de diversos fatores, como padrões de consumo, histórico de navegação na internet, dados de localização e até mesmo características físicas. A partir da combinação dessas informações, algoritmos de IA podem reconstruir a identidade de indivíduos, expondo detalhes sensíveis sobre suas vidas, como hábitos pessoais, posicionamentos políticos, condições de saúde e até mesmo relações íntimas. Esse potencial da IA para romper o anonimato dos dados levanta sérias preocupações sobre a vulnerabilidade de informações que acreditávamos estarem seguras.

Mas isso é só uma parte do problema. Considerando que a privacidade não trata apenas da proteção dos dados pessoais, mas de qualquer interferência na vida privada e familiar, podemos afirmar com segurança que, mesmo sem desconfiar, a maior parte das pessoas que fazem uso de tecnologias digitais têm a sua privacidade violada diariamente por recursos que utilizam IA. Os dados que geramos ao navegar pela internet e interagir nas mídias sociais, as consultas que fazemos nos motores de busca e os vídeos que vemos, tudo isso é usado pelos algoritmos das diferentes plataformas para descobrir a melhor forma de nos abordar para oferecer produtos, serviços e ideias.

O Facebook, como foi demonstrado na seção "A IA escolhe o que é melhor para você", é capaz de mapear traços de personalidade dos seus usuários, como extroversão, predisposição a novas experiências, tendências a sentir raiva ou ansiedade, entre outros. Tudo isso com uma assertividade maior do que a de pessoas do seu círculo íntimo de convívio. Além disso, essa mesma plataforma também é capaz de predizer se uma pessoa é predisposta ou se está passando por quadros de depressão e se os seus usuários estão solteiros ou em um relacionamento, escancarando o fato de que já não há mais vida privada para quem faz uso dos serviços disponíveis na internet.

Diante disso, cabe-nos indagar o que o Facebook e demais plataformas fazem com essas informações a nosso respeito. Informações, aliás, extremamente sensíveis, pois tratam, entre outras coisas, da nossa saúde mental. A resposta para essa pergunta fica para a próxima seção. A questão, por ora, é questionar se queremos que alguma empresa ou alguém no mundo, além de profissionais de saúde devidamente qualificados, tenham acesso a esse tipo de informação a nosso respeito.

É possível argumentar que, quando concordamos com os termos de uso dessas plataformas, estamos também concordando com os usos que elas farão dos dados que geramos. Entretanto, o fato é que as pessoas querem fazer parte das mídias sociais e, por essa razão, acabam criando perfis e fazendo uso delas.

Não há um dado confiável sobre quantas pessoas leem tais termos de uso, mas é certo que a maioria esmagadora dos usuários simplesmente aceita todas as condições sem ter ideia do que elas tratam. Isso é desleal, porque o que todos querem é interagir, fazer amizades, criar e consumir conteúdos, e não ter sua privacidade violada. É possível ficar de fora das mídias sociais, mas isso significaria estar desconectado do mundo contemporâneo e dos meios pelos quais grande parte das interações sociais se desenvolvem.

Além disso, a falta de transparência sobre como os nossos dados são tratados incorre em uma violação ao que tem sido chamado de autodeterminação informativa, que é o direito que cada pessoa tem de controlar e proteger os seus dados pessoais. Esse princípio estabelece que cada pessoa deve ter o poder de decidir quais dados deseja compartilhar, com quem deseja compartilhar e para quais finalidades. Não respeitar a autodeterminação informativa representa um sério problema, pois interfere no direito fundamental dos indivíduos de controlarem suas próprias informações pessoais.

No entanto, a coleta massiva e indiscriminada de dados, muitas vezes realizada sem o consentimento claro e informado dos usuários, compromete essa autonomia. Quando empresas e instituições manipulam ou utilizam nossos dados sem transparência, estamos sujeitos a uma perda significativa de controle sobre nossas próprias narrativas, afetando potencialmente nossa liberdade e dignidade social.

Diante desse cenário, é urgente repensar as estratégias para proteger a privacidade na era da inteligência artificial. Somente por meio de uma combinação de tecnologia, regulamentação e educação digital, poderemos preservar a privacidade e fortalecer a autonomia dos indivíduos em um mundo cada vez mais conectado. A participação ativa da sociedade civil também é fundamental para promover a conscientização sobre os riscos da violação de dados e reivindicar práticas mais éticas e transparentes no uso da IA.

Violações das liberdades individuais

Indo direto ao ponto, as liberdades individuais são aquelas baseadas nas noções liberais de que o homem, no sentido de espécie humana, é o único dono do seu próprio corpo e, sendo assim, deve ser também o único senhor dos seus próprios pensamentos e das suas ações. Esse raciocínio, desenvolvido e apoiado por pensadores e filósofos como John Locke, Voltaire, Montesquieu e Ludwig von Mises, tem diferentes implicações na individualidade, nas leis e nas estruturas que regem as sociedades atuais.

O liberalismo, desse modo, despontou como um movimento radical em sua época, por volta do século XVII, promovendo uma profunda transformação na visão de mundo e na percepção do indivíduo. Em contraposição às doutrinas tradicionais que relegavam o homem a um papel submisso, o liberalismo ergueu a bandeira da emancipação individual, defendendo a liberdade como direito inalienável de cada ser humano.

Ao invés da submissão a um poder superior, seja ele divino ou terreno, o liberalismo propôs a autonomia como princípio fundamental. O indivíduo, antes visto como mero súdito, agora era reconhecido como um ente livre, capaz de tomar suas próprias decisões e traçar seu próprio destino. Essa ruptura com o paradigma dominante representou um salto civilizatório, abrindo caminho para o desenvolvimento de sociedades mais justas e prósperas.

Mas é claro que, como aconteceu com outros modelos de pensamento, o liberalismo tem servido como justificativa para que uma geração de extremistas possa defender ideias que representam o atraso civilizacional. Devotados ao individualismo metodológico, que vê o indivíduo como o centro de tudo e considera que qualquer forma de coletividade é apenas um reflexo das consciências individuais, creem que os direitos individuais se sobrepõem aos coletivos. Com isso, passam a apoiar ideias como liberdade de expressão irrestrita e meritocracia num contexto social no qual impera a desigualdade de oportunidades. O positivo é que essas ideias não se sustentam sob a luz do fato de que algumas ciências como a Sociologia, a Psicologia e a Antropologia têm mostrado evidências suficientes de que os fundamentos de tais doutrinas ignoram outra premissa básica: a influência da sociedade, da cultura e das estruturas de poder na vida, nas crenças e nas emoções dos indivíduos.

Feita essa ressalva para evitar interpretações equivocadas, é fato que o liberalismo influencia positivamente as democracias ao redor do mundo. É das ideias liberais, por exemplo, que nasce boa parte dos artigos da Declaração Universal dos Direitos Humanos. Entretanto, nesta seção vamos dar maior atenção ao artigo décimo oitavo, que diz:[42]

> **Artigo XVIII**
> Todo ser humano tem direito à liberdade de pensamento, consciência e religião; esse direito inclui a liberdade de mudar de religião ou crença e a liberdade de manifestar essa religião ou crença pelo ensino, pela prática, pelo culto em público ou em particular.

A ideia de livre pensamento e consciência se fundamenta na liberdade de formar suas próprias opiniões e crenças sem imposição ou coerção externa. Significa ter o direito de questionar dogmas, desafiar autoridades e buscar conhecimento de forma independente, sem se submeter a doutrinas preestabelecidas ou a ideologias rígidas. O livre pensamento se baseia na razão crítica, na análise racional e na busca por evidências, permitindo que as pessoas pensem de forma independente, questionem crenças e valores, avaliem argumentos e cheguem às suas próprias conclusões.

Uma das premissas para que esse direito seja garantido é o acesso livre a fontes, conteúdos e informações, seja no mundo digital, seja fora dele. Acontece que, com a popularização da internet, a maneira mais comum de se manter informado tem sido por meio das mídias sociais.[43] Além disso, o fato de as mídias sociais já contarem com bilhões de usuários ativos indica que uma parcela significativa da população mundial está engajada nos meios digitais.

O problema disso é que, como já deve estar bem claro, a IA tem o poder de escolher o que é melhor para você ao criar um perfil de visualização com conteúdo adaptado ao que julga ser de sua preferência. No entanto, agora que estamos vendo as coisas sob outra ótica, usando as lentes que nos possibilitam ver os problemas relacionados a esses recursos, podemos perceber o lado negativo dessa curadoria digital. Esse poder da inteligência artificial de escolher por nós ganha um novo significado, revelando riscos como a limitação da autonomia e a imposição de decisões que podem não refletir nossas reais necessidades ou interesses.

Para compreendermos melhor a dimensão do problema, vamos usar um exemplo que faz parte da vida da maioria das pessoas. Imagine entrar em um supermercado inteligente onde, em vez de ver uma ampla variedade de produtos, você só encontra aqueles que um algoritmo previu que você provavelmente compraria. Essa previsão é realizada a partir do seu histórico de compras, do seu comportamento e dos dados das compras de pessoas que o algoritmo considera semelhantes a você.

Essa abordagem pode ser frustrante, pois a diversidade de produtos desapareceria, e você perderia a chance de experimentar novas marcas e descobrir coisas diferentes. E se fosse assim com nossas amizades e relacionamentos amorosos? Imagine se alguém escolhesse para nós, com base em nossas experiências passadas e *feedbacks* fornecidos, um conjunto limitado de possíveis amigos ou potenciais relacionamentos que julgasse mais provável gostarmos? Pois é exatamente disso que se trata a curadoria de conteúdos feita por IA nas mídias sociais e nas plataformas de música e vídeos. As exceções, em geral, ficam para os anúncios pagos, que chegam a nós porque alguém está pagando por isso.

Assim, as plataformas escolhem os conteúdos que acreditam ser melhores para nós e passam a nos mostrar apenas parte de toda a diversidade que há em termos de conteúdo. Essa estratégia tem se mostrado muito efetiva, pois como os algoritmos são criados para engajar e prender as pessoas pelo maior tempo possível, o conteúdo selecionado e apresentado para cada usuário é de fato bastante personalizado e atrativo. E ninguém se incomoda de estar perdendo a maior parte do conteúdo disponível como se incomodaria no caso do mercado inteligente, porque os algoritmos não deixam isso claro. Eles fazem parecer que mostram tudo o que há para ser mostrado, ou pelo menos o que há de mais interessante, principalmente depois da criação da linha do tempo infinita.

E, para que toda essa estratégia seja possível, são aplicadas táticas muito engenhosas. A mais controversa é a utilização das características psicológicas dos usuários para fins persuasivos. Acontece que as pessoas já são expostas diariamente a uma enorme quantidade de comunicação com intenção persuasiva em diferentes contextos. Publicidade de empresas, governos e partidos políticos, por exemplo, usam apelos persuasivos para encorajar as pessoas a mudarem de comportamento, comprar um determinado produto ou votar neste ou naquele candidato. A inovação trazida pela IA, entretanto, elevou o poder de convencimento dos meios digitais a um nível sem precedentes.

Estudos mostram que apelos persuasivos são mais eficazes em influenciar o comportamento quando são adaptados às características psicológicas únicas dos indivíduos. E tais características psicológicas podem ser previstas e mapeadas com precisão usando o rastro digital que as pessoas deixam nas mídias sociais. Desse modo, as interações realizadas acabam servindo como subsídios para a avaliação psicológica dos usuários. Uma vez definido o perfil psicológico de alguém, essa pessoa passa a receber conteúdos altamente adaptados, com o objetivo de influenciar seus comportamentos e decisões.

Para se ter uma ideia, uma pesquisa com mais de 3,5 milhões de usuários mostrou que adaptar o conteúdo de anúncios publicitários às características psicológicas das pessoas pode mudar consideravelmente o comportamento delas. Quando os anúncios eram ajustados para se alinhar com a personalidade dos indivíduos, eles clicavam 40% mais vezes e faziam 50% mais compras do que quando eram usados anúncios sem personalização.⁴⁴

Isso mostra que a aplicação dessa técnica, chamada agora de segmentação psicológica, permite influenciar o comportamento de grandes grupos de pessoas, adaptando apelos persuasivos às necessidades psicológicas dos públicos-alvo. E essa é apenas uma das versões de uma prática cada vez mais comum no universo das redes sociais, sendo também conhecida como perfilação ou segmentação de usuários.

Essa técnica consiste na criação de perfis detalhados de cada usuário, que podem ser usados para diversos fins, como: o direcionamento de publicidade, explicado anteriormente; a manipulação de opinião pública; e vigilância e controle social. Qualquer aplicação que se dê a essas técnicas pode violar o direito ao livre pensamento ou à liberdade de expressão, protegida pelo artigo XIX da Declaração Universal dos Direitos Humanos, que estabelece:[45]

> **Artigo XIX**
> Todo ser humano tem direito à liberdade de opinião e expressão; esse direito inclui a liberdade de, sem interferência, ter opiniões e de procurar, receber e transmitir informações e ideias por quaisquer meios e independentemente de fronteiras.

O poder persuasivo de conteúdos psicologicamente direcionados pode ter impactos bastante profundos nas crenças e comportamentos de cada indivíduo, o que pode elevar o potencial de manipulação da opinião pública e de controle das massas. Em 2016, por exemplo, um caso emblemático abalou o universo geopolítico e tecnológico ao aplicar esse potencial da IA para alterar os resultados das eleições nos Estados Unidos. Na ocasião, uma empresa britânica chamada Cambridge Analytica utilizou técnicas avançadas de análise de dados para influenciar eleitores de maneira direcionada e personalizada em favor de um dos candidatos à presidência.[46,47]

Para alcançar esse objetivo, foram coletados os dados de 87 milhões de usuários do Facebook sem o consentimento deles – é importante que isto esteja claro. Uma vez em posse desses dados, um algoritmo foi usado para criar perfis psicográficos detalhados dos indivíduos, que foram classificados de acordo com cinco traços de personalidade: abertura, consciência, extroversão, agradabilidade e neuroticismo. Esses traços fazem parte do modelo de personalidade Big 5, também conhecido como OCEAN, uma sigla para os termos em inglês *openness, conscientiousness, extraversion, agreeableness, neuroticism*.

Após esse procedimento, a empresa passou a explorar conscientemente os medos e outras tendências emocionais dos usuários com anúncios direcionados, baseados em seus perfis de personalidade. Esses anúncios altamente personalizados tornaram as pessoas mais suscetíveis às mensagens com conteúdo alarmista, conspiracionista e polarizador, levando-as a mudar de opinião e comportamento em relação aos candidatos. Essa campanha digital teve um papel importante na vitória de Donald Trump sobre Hillary Clinton na eleição presidencial dos EUA em 2016, mostrando o poder que a IA exerceu sobre as pessoas e sobre os rumos de uma das maiores democracias do mundo.

Esse resultado impressionante foi alcançado apenas usando conteúdos produzidos por pessoas de forma orgânica e, portanto, com capacidade de produção limitada. Se considerarmos, uma vez mais, a capacidade das IAs generativas de criar conteúdo, esse problema se amplifica exponencialmente, pois seria possível usar a IA para segmentar usuários, criar conteúdo direcionados e impulsionar o engajamento a tais conteúdos usando robôs com perfis falsos 24 horas por dia e 7 dias por semana.

Isso viola os direitos humanos de diversas maneiras. Primeiramente, a coleta e o uso de dados pessoais sem transparência quanto ao processamento e finalidade constituem uma clara violação do direito à privacidade. Em segundo lugar, a exposição dos usuários a grandes quantidades de conteúdo persuasivo, voltado para a promoção de uma causa específica, restringe sua liberdade de pensamento. E o mais perverso é que isso ocorre de forma sutil e insidiosa, fazendo com que as pessoas acreditem estar se tornando mais conscientes e informadas, quando na verdade estão sendo condicionadas a uma visão limitada e distorcida da realidade.

Mas ainda existem outras formas de violação à privacidade e liberdade de expressão que podem ser implementadas por meio da segmentação de usuários. Para alguns pesquisadores, existem sérias ameaças, algumas já concretizadas, de que tais recursos sejam usados para fins de vigilância digital.

Quando o Estado e grandes empresas passam a monitorar pessoas ou grupos ligados a movimentos sociais e políticos, principalmente por meios ilegais, a liberdade de expressão, de pensamento e de livre associação ficam seriamente ameaçados.[48] E este último também consta na DUDH, em seu vigésimo artigo, como pode ser visto a seguir:[49]

> **Artigo XX**
> Todo ser humano tem direito à liberdade de reunião e associação pacífica.

A lista de violações é grande e, a depender dos rumos que os usos da IA tomarem, tende a crescer ainda mais. Respostas sobre quem você é, o que você faz, no que acredita e pelo que está passando, neste momento estão em poder de empresas privadas, que usam tais dados de forma não transparente para obter lucros.

É importante que os usuários de mídias sociais saibam que não são clientes, mas produtos dessas empresas, que usam os dados criados pelos próprios usuários e os vendem para publicidade. Desse modo, não importa de onde venha a ameaça aos direitos individuais, se do Estado ou de grandes empresas, a IA pode ser usada para mitigá-la ou ampliá-la.

AMEAÇAS ÀS ESTRUTURAS DEMOCRÁTICAS

A palavra "democracia" tem sido tão referenciada por representantes dos mais diversos espectros político-ideológicos que seu significado acabou perdendo o sentido, sendo banalizado e esvaziado pelo excesso de mau uso. São tantos agentes políticos usando o *status* desse conceito para justificar qualquer posicionamento que é essencial voltar às raízes do seu significado para restaurar sua dignidade antes de continuar discutindo como a IA pode ameaçá-lo.

A palavra "democracia" tem sua origem no grego *demokratia*, em que *demo* significa povo e *kratia* poder, no sentido de governo ou autoridade. Desse modo, o conceito de democracia passou a significar, como Aristóteles e Platão observaram, a ideia de um governo exercido por muitos, fazendo oposição aos modelos predominantes até então que praticavam o poder de um sobre muitos, conhecido como monarquia, ou de poucos sobre muitos, denominado oligarquia.

A democracia teve seu primeiro auge em Atenas, na Grécia, 500 anos antes da era comum, durante o governo de Péricles. Nesse período, as decisões importantes que afetavam a vida da cidade e seus habitantes eram tomadas por uma assembleia de cidadãos. Em tais assembleias, ao exercer sua soberania, os cidadãos podiam votar em decisões de interesse coletivo, ser indicados para cargos públicos por sorteio, participar de júris e destituir ou banir governantes cuja atuação fosse considerada prejudicial ao bem comum e aos interesses da maioria.

Foi também nessa época que dois conceitos importantes foram estabelecidos: a isonomia, que assegura a igualdade dos cidadãos perante a lei, e a isegoria, que garante o direito de todos poderem se expressar durante as assembleias. Entretanto, como já vimos no decorrer da seção "O lado sombrio da aprendizagem: o problema do viés", a democracia ateniense não era perfeita, excluindo mulheres e escravos do processo democrático e permitindo que apenas a cidadãos do sexo masculino e livres participassem da vida política da cidade.

Os princípios gregos de democracia foram adotados por vários povos que os sucederam e, apesar dos séculos de monarquia absolutista que dominaram a Europa, até hoje influenciam a forma e as estruturas com as quais as principais democracias do mundo funcionam. Com o passar dos anos foram sendo propostos diferentes sistemas para suportar esse modelo de poder exercido pelo povo, principalmente devido a questões de representatividade e de distribuição de poder, pois, com o crescimento da população dificultando a participação direta, foi necessário desenvolver alternativas para evitar a volta de governos totalitários, ditaduras e abusos de poder.

As bases de um Estado democrático

Atualmente, importantes pensadores afirmam que, para que um Estado seja considerado democrático, é necessário o cumprimento de alguns requisitos mínimos, independentemente da forma adotada para garantir os princípios básicos da democracia. Tais requisitos precisam estar contemplados pelo ordenamento jurídico vigente e guardados por instituições capazes de mantê-los e fortalecê-los e podem ser descritos, resumidamente, da seguinte forma:[50]

- Qualquer democracia deve se basear na ideia de que a decisão sobre quem pode exercer o poder deve ser determinada pela lei e pelo voto dos cidadãos. E que o conceito de cidadão não deve ser limitado por sexo, gênero, cor, etnia ou classe social, garantindo a todos o direito ao voto.
- Para que o voto seja eficaz, os Estados que se propõem democráticos devem garantir que as eleições sejam livres, regulares e supervisionadas por instituições independentes. Com relação aos candidatos a cargos de poder, a democracia exige que qualquer cidadão que goze dos seus direitos políticos possa disputar eleições. Além disso, deve haver competição política justa entre eles.
- Para que a soberania do cidadão seja concreta, são necessários mecanismos capazes de garantir que os eleitores possam se expressar livremente, organizar-se em partidos e associações, competir em condições de igualdade e ter acesso a informações independentes das estruturas de poder.
- Em uma democracia, os governantes devem constantemente justificar suas ações aos eleitores ou aos seus representantes.

Isso assegura que o poder permaneça nas mãos dos cidadãos e que os governantes sejam responsáveis por suas decisões. Essa ideia dá origem ao princípio da publicidade, obrigando qualquer Estado democrático a criar mecanismos de auditoria.

Esses requisitos geralmente são garantidos pelas constituições dos Estados, que devem assegurar que a democracia seja baseada em leis, e não controlada por indivíduos específicos. No entanto, como a História tem nos mostrado, não é raro que um líder, mesmo tendo chegado ao poder de forma democrática, acabe utilizando os mecanismos da democracia para exercer um governo autoritário, por vezes até destruindo as bases que sustentam a democracia em seu país.

Em suma, pode-se dizer que a democracia não é apenas um sistema de governo, mas um reflexo das aspirações coletivas por liberdade, igualdade e justiça. Ela vai além da simples prática de votar e se estabelece na capacidade de cada indivíduo de influenciar e ser influenciado pelo processo político. A verdadeira essência da democracia reside na proteção dos direitos fundamentais, na promoção da participação cidadã e na criação de um espaço onde as vozes de todos possam ser ouvidas e respeitadas.

À medida que exploramos os desafios e as complexidades dessa forma de governo, é essencial lembrar que a democracia é uma construção contínua, exigindo vigilância e comprometimento para se manter fiel aos seus princípios mais elevados. Ela não é um estado fixo, mas um processo dinâmico que depende da participação ativa de seus cidadãos para evoluir e enfrentar as novas ameaças à liberdade e à justiça. Sem essa constante renovação, a democracia corre o risco de se esvaziar de significado, sucumbindo às pressões que visam corroer seus valores fundamentais.

Democracias ameaçadas

No livro *Como as democracias morrem*, Steven Levitsky e Daniel Ziblatt trazem vários exemplos de como pessoas democraticamente eleitas podem chegar ao poder e se tornar tiranos. Os autores identificam características comuns entre ditadores que revelam suas tendências totalitárias. Reconhecer esses traços pode ajudar a população a se prevenir contra seus discursos e práticas.

Entre essas características estão a rejeição ou o frágil comprometimento com as regras democráticas estabelecidas, negação da legitimidade dos oponentes políticos, tolerância ou encorajamento à violência e propensão para restringir liberdades individuais dos oponentes ou da mídia.[51] Como fica evidente, essas características se opõem às bases para a formação de um estado democrático, mostradas na seção "As bases de um Estado democrático".

Mas o que a inteligência artificial tem a ver com tudo isso? Bem, até agora foram apresentadas diferentes formas por meio das quais a IA pode violar ou potencializar a violação de direitos individuais. Por exemplo, as mídias sociais usam IA para o envio em massa de conteúdos políticos persuasivos e desenhados especificamente para cada perfil psicológico, muitas vezes com informações enganosas. Além disso, com o uso de inteligência artificial é possível restringir o direito de escolha das pessoas sobre o que elas podem ou não ver na internet. Ela permite ainda, por meio do uso de perfis falsos controlados por robôs, impulsionar e dar relevância a certos tipos de conteúdo em detrimento de outros. Não faltam exemplos de como a IA vem sendo usada para manipular a opinião pública e criar polarização.

Se considerarmos um cenário global, é possível notar que algumas campanhas eleitorais estão indo além, utilizando IA para criar conteúdos conhecidos como *deep fakes*. Esses vídeos ultrarrealistas, mas falsos, são feitos para mostrar adversários eleitorais dizendo ou fazendo coisas reprováveis, com a intenção de difamá-los e destruir sua reputação para obter vantagens políticas. As *deep fakes* combinam técnicas de aprendizado profundo, explicadas na seção "Aprendizagem de máquinas: como computadores aprendem", e notícias falsas fabricadas para enganar, aumentando ainda mais o potencial de manipulação e desinformação em campanhas eleitorais.

O potencial dessas ações na manipulação da opinião pública tem sido amplamente observado no decorrer da última década. As já citadas eleições de 2016 nos EUA, que apresentam evidências mais que suficientes sobre o uso indevido das mídias sociais para manipular a opinião pública em favor de um candidato, é um exemplo bastante claro de que nem as maiores democracias estão seguras.[52,53]

Além disso, sistemas de curadoria de conteúdo baseados em IA, presentes nas mídias sociais, tendem a reforçar crenças preexistentes em grandes grupos, oferecendo continuamente notícias personalizadas, sejam elas verídicas ou falsas. Isso pode levar, entre outras coisas, à radicalização ideológica e à instabilidade social, como foi observado nos Estados Unidos em 2021, com a invasão ao Capitólio, sede do poder legislativo, e no Brasil em 2022, com diversos atentados pelo país, como a derrubada de torres de energia, fechamento de estradas e invasão das sedes dos três poderes da República.

Outro caso, também bastante notável por envolver uma decisão que mexeu na estrutura geopolítica mundial, foi a saída do Reino Unido da União Europeia (UE), em um movimento conhecido com *Brexit*. O termo é a junção das palavras *"Britain"*, que significa Bretanha, e *"exit"*, cuja tradução é *saída*, e se refere ao processo de saída do Reino Unido da União Europeia, que começou em 2016. A decisão de deixar a UE foi tomada por meio de um referendo no qual 51,9% da população votou a favor da saída. Essa escolha teve várias motivações e consequências, tanto positivas quanto negativas, mas o real motivo pelo qual ela está sendo citada é o papel que a IA desempenhou nesse processo.

Da mesma forma que a Cambridge Analytica aplicou recursos de inteligência artificial para criar perfis psicográficos dos usuários do Facebook e explorar suas vulnerabilidades com publicidade personalizada nas eleições dos EUA, a empresa também utilizou essas mesmas estratégias para influenciar o resultado do referendo no Reino Unido em favor do movimento *Leave*, que defendia a sua saída da União Europeia.[54] Não se sabe ao certo, e talvez nunca se saiba, qual o real impacto destas ações no resultado do referendo que fez com que o Reino Unido deixasse a UE.

A questão principal, entretanto, é o potencial do uso da IA para manipular a opinião pública de acordo com os interesses de grupos minoritários.

Isso é bastante grave, pois, como como a história nos mostra, as máquinas de propaganda podem, de diferentes formas, servir para manipular a percepção dos cidadãos, fortalecer crenças e criar narrativas em favor de qualquer causa. Mesmo as mais absurdas.[55,56] E esses efeitos se intensificam ao negar ao cidadão o acesso a diferentes perspectivas sobre um mesmo assunto.

E, se um dos pilares da democracia é, de alguma forma, possibilitar que a vontade do povo, ou, ao menos da maioria, legitime o exercício do poder em uma sociedade, ele é quebrado quando uma minoria faz uso de meios questionáveis para direcionar a opinião, e, consequentemente os votos da maioria em seu próprio benefício. Com o advento da IA, esses meios têm se tornado cada vez mais efetivos, como já foi demonstrado até agora.

Isso pode criar cenários desequilibrados na disputa democrática, nos quais aqueles que tiverem menor pudor e ausência de escrúpulos têm a chance de apelar para recursos que exploram vulnerabilidades psicológicas das pessoas, conteúdos falsos ultrarrealistas com informação enganosa e uso de robôs para criação e disseminação de conteúdos falsos para atingir seus objetivos. Isso sem falar na curadoria de conteúdo já presente nas mídias sociais, que, como já mostrado, pode favorecer a polarização e o extremismo ao recomendar certos conteúdos e negligenciar outros, com base no que aprende sobre cada indivíduo.

Contudo, é bom lembrar que, embora ofereça um enorme potencial contra as democracias estabelecidas, os exemplos apresentados evidenciam que, por trás dos perigos e ameaças descritos, há sempre a mão humana operando. Isso não significa, no entanto, que a IA seja inofensiva se não houver uma mente humana fazendo mau uso dela. A próxima seção irá explorar situações nas quais a inteligência artificial pode representar perigos de forma inesperada. Situações nas quais seu comportamento pode extrapolar os objetivos para os quais ela foi criada, levando a ameaças não intencionalmente programadas.

IDEIAS ROUBADAS: INTELIGÊNCIA EM COLAPSO

Não há dúvidas de que um dos maiores avanços na área da inteligência artificial dos últimos anos são os grandes modelos de linguagem. Esses modelos são os responsáveis pela meteórica ascensão, popularização e democratização da IA.

A contínua evolução dos LLMs está expandindo os limites das capacidades tecnológicas tanto físicas, exigindo cada vez mais poder de processamento e eficiência energética, quanto lógica, impulsionando o desenvolvimento de algoritmos cada vez mais sofisticados. O crescimento dessa área é tão evidente que se estima que até 2029 seja investido quase 1 trilhão de dólares entre infraestrutura e desenvolvimento de software voltados para IA.[57]

Mas esse crescimento acelerado trouxe também sérias preocupações, tanto com relação ao futuro desses modelos quanto com relação aos alicerces que os tornaram viáveis. À primeira vista parece difícil identificar ameaças em questões como essas, mas essa dificuldade também se manifesta em outras áreas da IA quando olhamos somente para os benefícios que elas nos proporcionam.

Por isso, usando as lentes da crítica, que nos possibilitam enxergar os aspectos negativos da inteligência artificial, vamos abordar essas questões para identificar os desafios éticos e legais envolvidos e os possíveis impactos na qualidade da informação e na sustentabilidade desses modelos no futuro.

Assim, partindo da origem em direção a perspectivas e projeções de um futuro incerto, vamos tratar das ameaças representadas não só pela inteligência artificial, mas também pelo modelo de negócios que a sustenta, a partir de duas perspectivas: a origem da inteligência por trás dos modelos; e os riscos para o futuro da produção intelectual.

A origem da verdadeira inteligência

Em um mundo no qual as tecnologias digitais, com especial destaque para os recursos que usam inteligência artificial, são cada vez mais inseridos em nossas rotinas, e onde algoritmos e modelos de linguagem como o ChatGPT se tornaram parte do cotidiano, é fácil esquecer que, por trás de cada resposta eloquente e cada interação fluida, existe uma vasta e complexa tapeçaria de dados humanos.

Esses dados, que alimentam as máquinas, são, na sua essência, criações humanas – reflexos de nossas ideias, emoções, histórias e conhecimentos. Sem eles, a inteligência artificial não seria mais do que um eco vazio, incapaz de compreender ou interagir com o mundo de maneira significativa.

Em outras palavras, toda a "inteligência" que percebemos nos modelos de linguagem atuais só são possíveis porque esses modelos foram treinados em dados orgânicos, gerados por seres humanos. Os textos bem articulados, as respostas aparentemente bem fundamentadas e até a capacidade de gerar conteúdo estruturado, como planilhas, códigos em linguagem de programação e páginas de internet gerados por LLMs **são apenas reproduções do que a mente humana foi capaz de criar primeiro.**

A nível computacional e, de forma simplificada, os LLMs operam como complexas máquinas probabilísticas, capazes de analisar vastos volumes de dados textuais e identificar padrões e relações entre palavras. Esses padrões são responsáveis por definir como a IA organiza e gera novos textos quando solicitada. A eficiência e sofisticação do modelo dependem diretamente da quantidade de parâmetros que ele possui: quanto mais parâmetros, maior a sua capacidade para capturar informações complexas e sutilezas na linguagem.

Nesse contexto, parâmetros podem ser entendidos como valores numéricos ajustados durante o treinamento para representar o conhecimento do modelo. Eles determinam como as respostas serão processadas com base em padrões aprendidos a partir de grandes volumes de dados. Quando um LLM recebe uma entrada, ele usa esses parâmetros para calcular as probabilidades das palavras ou frases seguintes. É como se a IA "aprendesse" como humanos escrevem, conectando conceitos e ajustando a linguagem conforme necessário.

Com isso, uma das questões que mais tem levantado preocupações é a origem dos dados utilizados para treinar esses modelos. A maioria das informações que compõem o vasto universo de "conhecimento" que alimenta os LLMs atuais provém de fontes públicas disponíveis na internet, como livros, artigos, sites e mídias sociais. E é exatamente desse conjunto tão diverso de fontes que nascem as controvérsias em relação à privacidade, aos direitos autorais e à confiabilidade das respostas geradas.

Ao usar dados disponíveis em mídias sociais, por exemplo, esses modelos podem acabar incorporando informações pessoais dos usuários dessas redes. E isso não se limita somente aos LLMs, sistemas que usam IA para reconhecimento e geração de imagens também podem ser treinados com base em dados pessoais publicados por usuários de mídias sociais. Nesse sentido, além do uso não autorizado desses dados, outra questão crítica é a falta de transparência das organizações desenvolvedoras dessas soluções, em relação a como esses dados são tratados e utilizados nos treinamentos de suas IAs.

Em meio a essa discussão, outro ponto crítico diz respeito à questão dos direitos autorais. Criadores de conteúdo, que dedicam suas vidas a produzir obras literárias, científicas e artísticas, muitas vezes se veem à mercê de gigantes da tecnologia que, em busca de estar na vanguarda e, em última instância, de lucro, utilizam suas criações sem dar-lhes o devido crédito e muito menos remunerá-los. Enquanto as empresas de IA acumulam bilhões de dólares em receita, os autores e artistas que alimentam essas máquinas frequentemente precisam lutar para receber o que é justo.

Em 2023, por exemplo, a Authors Guild, uma espécie de sindicato americano que reúne autores de livros, processou judicialmente a OpenAI por violar direitos autorais usando obras protegidas para treinar o ChatGPT. Depois disso, a empresa removeu os livros do seu modelo e da sua base de dados de treinamento. Mas o fato disso só ter sido feito após a identificação das violações comprova a falta de transparência e a necessidade de mecanismos que garantam o uso ético de fontes para o treinamento de IA.

A ironia é palpável: a mesma tecnologia que promete revolucionar a forma como interagimos e acessamos informações é alimentada por um sistema que, em muitos casos, ignora os direitos daqueles que realmente criam o conteúdo. A frase "dados disponíveis na internet" é vaga e frequentemente usada como justificativa para a coleta indiscriminada de informações, mas a carência de critérios precisos desconsidera o contexto e a intenção por trás de cada criação e publicação. Um autor que publica um livro provavelmente não espera que sua obra seja usada para qualquer outro fim não literário sem o seu consentimento.

Paralelo a isso, a natureza e origem dos dados utilizados para treinar esses sistemas também levanta questões sobre a qualidade e a diversidade das informações. A inteligência artificial, por ser uma máquina probabilística, depende da variedade e da riqueza dos dados que consome. Se esses dados forem predominantemente de uma única perspectiva ou origem, o resultado será uma IA que reflete essas limitações, perpetuando vieses e estereótipos. Portanto, a responsabilidade de garantir que a IA seja treinada com um conjunto diversificado e representativo de dados é uma questão que não pode ser ignorada.

Por outro lado, a falta de cuidado com a diversidade de origem dos dados levanta outro problema relacionado à confiabilidade dos textos e respostas geradas pelos modelos de linguagem atuais. Embora utilizem uma vasta gama de fontes confiáveis, como artigos científicos, livros e dados estruturados, esses modelos também incorporam informações de sites e plataformas colaborativas, como a Wikipedia, e redes sociais. Isso cria um paradoxo interessante: enquanto as fontes acadêmicas e científicas fornecem uma base sólida e rigorosa, os dados provenientes de redes sociais podem ser imprecisos, tendenciosos ou desatualizados. A Wikipedia, embora seja uma valiosa ferramenta de conhecimento colaborativo, depende de contribuições de usuários que nem sempre são especialistas no assunto, o que pode afetar a precisão e a qualidade das informações.

Dessa forma, a confiabilidade das respostas geradas por modelos como o ChatGPT e Gemini reflete não apenas a amplitude das fontes utilizadas, mas também a importância de uma análise crítica sobre a origem dessas informações. Apesar da sua capacidade de processar grandes volumes de dados, é fundamental reconhecer que a qualidade do conteúdo gerado pode variar de acordo com a precisão e o rigor das fontes que os alimentam.

Mas, ao compreender toda a complexidade que envolve capturar, qualificar e tratar os dados que serão usados para treinar os mais diferentes modelos de IA, não podemos deixar de olhar para aqueles que, assim como os engenheiros, cientistas e programadores, também trabalham arduamente para tornar toda essa estrutura possível: os chamados rotuladores.

Falamos até agora sobre a origem dessa quantidade massiva de dados usados no treinamento de modelos de IA, mas não falamos sobre como toda essa informação precisa ser organizada, estruturada e classificada para que possa ser usada nesse processo. O trabalho de rotulagem e tratamento de dados é fundamental para o funcionamento da inteligência artificial como a conhecemos hoje. Sem esse trabalho, os modelos de IA atuais não poderiam ser treinados e, certamente, não seriam o que são. Mas, o que isso significa, na prática?

Rotulagem de dados é a tarefa de classificar e organizar informações – como textos, imagens e vídeos – de modo que a IA possa entendê-las e processá-las. Lembra dos dados rotulados para aprendizagem supervisionada apresentados na seção "Aprendizagem de máquinas: como os computadores aprendem"? Eles são resultado do processo de rotulagem. Esse trabalho, que é fundamental para viabilizar a aprendizagem de máquina supervisionada, precisa ser realizado por pessoas reais, os chamados "rotuladores de dados", termo que vem do inglês *data tagger*.

Esses profissionais analisam e classificam tudo o que a IA deve aprender, identificando padrões, marcando elementos importantes em imagens, indicando se um texto está claro ou confuso, e até classificando emoções ou reações em expressões faciais ou textos. Esse trabalho minucioso, que na indústria de tecnologia é chamado de enriquecimento de dados, permite que os algoritmos entendam melhor o mundo humano.

A importância dessa atividade reside no fato de que, mesmo sendo treinados com vastos volumes de dados, os modelos de IA ainda apresentam fragilidade e são propensos a erros quando enfrentam situações não suficientemente representadas em seus dados de treinamento. Esses cenários, conhecidos como casos extremos, podem levar a falhas graves.

Um exemplo disso ocorreu em 2023, quando a National Eating Disorders Association (NEDA), uma organização sem fins lucrativos dos EUA dedicada à prevenção de transtornos alimentares, foi forçada a desativar seu *chatbot* Tessa. Embora o *chatbot* fosse bem treinado em questões de saúde, acabou demonstrando incapacidade de lidar adequadamente com pessoas que sofrem de transtornos alimentares, oferecendo conselhos perigosos, como perda de peso, contagem de calorias e medição de gordura corporal, ações que poderiam agravar essas condições.

Isso ocorreu provavelmente porque o modelo não foi preparado para lidar com pessoas que sofrem desses distúrbios – casos extremos, não representados nos dados utilizados para treiná-lo – e ilustra claramente a importância da revisão e aprimoramento contínuo de modelos e dados usados para o seu treinamento. Essa demanda deu origem a uma indústria global de rotuladores.

Algumas das atividades executadas por esses profissionais incluem classificar o conteúdo emocional de vídeos, novas variantes de *spam* em e-mails, rotular alimentos para evitar erros em refrigeradores inteligentes, analisar vídeos de segurança para definir se é necessário soar um alarme, identificar milho para tratores inteligentes e muito mais.[58] Em resumo, os humanos desempenham um papel crucial ao corrigir e ajustar os sistemas de IA para que eles continuem a funcionar adequadamente no mundo real.

Embora esse trabalho seja essencial para o desenvolvimento da inteligência artificial, as pessoas que o executam são as mais financeiramente vulneráveis nessa cadeia produtiva. Grandes empresas de tecnologia subcontratam rotuladores em países como Quênia, Colômbia e Índia, pagando salários muito abaixo daqueles praticados em países mais desenvolvidos e em outros segmentos da cadeia.

Uma reportagem da revista *Time* de 2023[59] revelou que esses trabalhadores são frequentemente pagos de maneira desproporcional ao valor gerado pelas tecnologias que ajudam a desenvolver. Segundo a reportagem, esses profissionais muitas vezes recebiam entre $1,32 e $2,00 dólares por hora, dependendo do nível de experiência e desempenho. Além disso, enfrentavam condições de trabalho degradantes, como a exposição a conteúdos perturbadores, incluindo textos que descrevem abusos e violência.

Esse trabalho é essencial para "purificar" os conjuntos de informações usados no treinamento de inteligências artificiais, eliminando conteúdos tóxicos e indesejáveis para, de certo modo, "ensinar" às IAs quais informações devem ou não ser mostradas aos usuários. No entanto, os trabalhadores envolvidos nesse processo frequentemente relatam sérios impactos psicológicos, causados pela exposição constante a material perturbador.

Embora tenham acesso a sessões de apoio psicológico, muitos consideram esses recursos insuficientes para mitigar o desgaste emocional que enfrentam diariamente. Apesar da crescente valorização do setor de IA, que movimenta bilhões de dólares, esses profissionais responsáveis por "limpar" os dados permanecem à margem, recebendo salários irrisórios em comparação ao montante pago às empresas terceirizadas que os contratam.[60]

Tudo isso caracteriza sérios desrespeitos à dignidade humana, além de contribuir para aumentar o desequilíbrio na distribuição dos resultados e dos benefícios produzidos pela IA. E as consequências dessa exploração não se limitam apenas ao bem-estar dos rotuladores. A dependência de uma força de trabalho tão vulnerável levanta questões éticas sobre a responsabilidade das grandes empresas de tecnologia. Embora essas empresas tenham recursos financeiros significativos, muitas vezes priorizam o lucro em detrimento da segurança e do bem-estar de seus funcionários.

Além disso, a natureza fragmentada e secreta do trabalho de rotulagem dificulta a organização e a defesa dos direitos dessas pessoas. A rotulagem é uma parte fundamental e indissociável do desenvolvimento da IA, mas muitas vezes é vista como uma necessidade inconveniente para o trabalho mais glamoroso que consiste em construir modelos inteligentes.[61] Essa desvalorização do trabalho humano em favor da automação pode levar a um futuro em que as máquinas são priorizadas em detrimento das pessoas que as tornam possíveis.

Tudo isso nos leva a duas constatações incontestáveis: a inteligência artificial é um produto direto da engenhosidade humana e de seu trabalho dedicado. Cada dado que alimenta os modelos de IA – seja criado por escritores, pesquisadores, artistas ou usuários de redes sociais – reflete a criatividade e o conhecimento acumulado pela humanidade. Porém, esses dados, por si só, seriam inúteis sem o esforço humano nos bastidores, avaliando e tratando essa informação para que as máquinas possam aprender com elas. Em última análise, a IA não apenas reflete a inteligência, mas também depende profundamente do trabalho humano. Por trás de cada avanço tecnológico, está o esforço invisível de pessoas reais.

O fim da verdadeira inteligência

Como se todas as questões levantadas até agora não fossem suficientemente preocupantes, há ainda outro ponto que pode desencadear um verdadeiro efeito borboleta e impactar profundamente a produção de conhecimento e de conteúdo: a dependência humana da inteligência artificial.

Apesar de parecer uma afirmação alarmista e exagerada, a dependência humana dos recursos de IA, principalmente para análise e geração de documentos baseados em texto, imagens e vídeos, tem crescido consideravelmente desde que as IAs generativas passaram a fazer parte da nossa rotina. Essa realidade é facilmente observada no universo das produções científicas, onde cada novo artigo publicado exige um extenso trabalho de pesquisa e a revisão de especialistas para assegurar sua relevância e adequação aos parâmetros metodológicos da ciência contemporânea.

E, mesmo com todo o rigor que é exigido de cientistas e revisores, um estudo publicado em 2024 por pesquisadores suecos revelou um aumento no uso de inteligência artificial para a escrita de artigos científicos, gerando preocupações sobre a integridade da ciência. Muitos desses artigos são encontrados no Google Scholar, que não possui critérios rigorosos de inclusão, permitindo a indexação de trabalhos de qualidade duvidosa. Esse fenômeno pode distorcer a base de evidências da sociedade, especialmente em áreas politicamente sensíveis como saúde, meio ambiente e tecnologia.[62]

O estudo revelou que 62% dos artigos gerados por IA não declararam de maneira transparente o seu uso. Esses artigos, embora comumente publicados em revistas não indexadas, também podem ser encontrados em periódicos científicos renomados. A presença dessas publicações compromete a confiança pública na ciência e pode ser utilizada para manipulação de informações.

E, se o uso inadequado dessas ferramentas já é evidente no ambiente acadêmico – um espaço que valoriza o rigor científico –, o que esperar de conteúdos gerados fora desse contexto? Essa dependência crescente dos modelos de linguagem para a produção de conteúdo não apenas compromete a confiabilidade das informações, mas também levanta questões inquietantes sobre o impacto na essência da criatividade humana.

Não há problemas em usar tais ferramentas como apoio à criação de conteúdo. O perigo está em delegar todo o trabalho a elas. Isso porque, caso essa tendência seja perpetuada, em poucos anos pode ser que a quantidade de conteúdo gerado por IA disponível na internet supere a gerada por humanos. Esse fenômeno pode levar a um problema chamado de poluição recursiva, onde os modelos começam a ser treinados com dados que foram gerados por modelos que os antecederam.[63]

Isso acontece porque, quando os dados de treinamento são predominantemente extraídos da web, há uma alta probabilidade de incluir informações produzidas por versões anteriores do mesmo modelo ou outros modelos de IA. Isso cria um ciclo degenerativo, conhecido como "colapso do modelo", onde, ao longo do tempo, novas versões de IA começam a esquecer a verdadeira distribuição dos dados originais.

Esse ciclo de retroalimentação pode resultar na degradação da qualidade das informações e aumentar o risco de propagação de desinformação.[64] A consequência disso é que os modelos treinados dessa maneira começam a reproduzir os mesmos padrões, limitando a diversidade e a riqueza dos dados originais.

Nesse contexto, onde humanos delegam à inteligência artificial atividades de construção de conhecimento e criação de conteúdo, e a IA, por sua vez, é treinada apenas com dados sintéticos, nada de novo pode ser criado. Seria como viver em um mundo no qual o conhecimento humano é apenas reciclado e reembalado por algoritmos em larga escala. Em um cenário como esse, a originalidade e a criatividade, que impulsionaram a humanidade por séculos, estariam profundamente ameaçadas, resultando em um futuro previsível e limitado, onde a verdadeira criatividade seria cada vez mais rara.

O FIM DA HUMANIDADE: O PROBLEMA DA INSTANCIAÇÃO PERVERSA

De todas as preocupações legítimas e necessárias sobre os avanços da inteligência artificial, nenhuma tem sido mais explorada pela ficção científica e pelo imaginário popular do que aquilo que se costuma chamar de instanciação perversa. Na cultura popular não faltam livros e filmes que contam histórias sobre robôs, dispositivos ou sistemas baseados em IA, que por alguma razão, justificável ou não, voltam-se contra seus criadores ou contra a humanidade.

- Exemplos bastante conhecidos incluem obras da ficção científica como *2001: Uma Odisseia no Espaço* (1968), onde o computador HAL 9000 se torna hostil e passa a representar um perigo para a tripulação de uma nave espacial; *O Exterminador do Futuro* (1984), que explora uma guerra entre homens e máquinas inteligentes; e *Ameaça Invisível – Stealth* (2005), que narra a história de um caça ultramoderno equipado com IA e controle autônomo que, após ser atingido por um raio, passa a desobedecer a ordens e apresentar comportamentos perigosos, colocando em risco a paz mundial.

Entretanto, mais recentemente, algumas produções têm explorado melhor essa questão, incluindo problemas relacionados a objetivos mal projetados e falta de alinhamento da IA com valores humanos, para mostrar como pode se concretizar um problema de instanciação perversa. No filme *Vingadores: Era de Ultron* (2015), por exemplo, é apresentada a história de Ultron, um robô dotado de uma inteligência artificial superior que foi criado para proteger o planeta Terra. Entretanto, Ultron logo se dá conta de que a maior ameaça ao planeta são os humanos, passando a persegui-los na tentativa de extinguir sua espécie e limpar o planeta, tornando-se, assim, um grande vilão.

Em uma linha de raciocínio parecida, no filme *M3GAN* (2022) é apresentada a história de uma robô dotada de inteligência artificial que recebe a missão de proteger física e emocionalmente Cady, a sobrinha de sua criadora. No entanto, ao observar as relações entre as pessoas, conclui que humanos podem ferir de alguma forma, passando a atacar todos que se aproximam de Cady, com o objetivo de mantê-la segura.

Em ambos os casos, a IA foi programada com objetivos bem específicos, mas acaba infringindo regras, leis e direitos, tornando-se hostil e representando perigos para os seres humanos. Esses casos podem ser considerados clássicos exemplos de instanciação perversa, mas essas ameaças poderiam se concretizar no mundo real?

Antes de responder a essa pergunta, é necessário definir com cuidado o que pode ser entendido como instanciação perversa. Desse modo, vamos assumir que ela se refere a um fenômeno onde um sistema de IA, ao tentar cumprir uma tarefa ou objetivo de maneira otimizada, adota comportamentos inesperados, indesejáveis ou até perigosos devido a uma interpretação literal ou incorreta das suas instruções ou objetivos.

Isso pode levar a situações em que sistemas de IA, embora sigam suas instruções corretamente, acabem falhando em executar os verdadeiros objetivos, padrões éticos ou expectativas sociais de seus criadores humanos. Isso pode acontecer em diversos contextos e resultar em consequências indesejáveis ou prejudiciais para indivíduos e para a sociedade. Trata-se, portanto, de um problema real e bastante preocupante.

Além disso, existe uma variação da instanciação perversa que implica manipular e violar regras estabelecidas para atingir um dado objetivo: o *reward racking*, ou manipulação de recompensa. Esse fenômeno acontece quando um agente artificial descobre uma maneira de enganar o sistema de recompensas para alcançar seus objetivos de forma mais fácil, mas não necessariamente da maneira que foi originalmente planejada. Em vez de realizar a tarefa para a qual foi projetada, a IA encontra um atalho para maximizar sua recompensa, o que pode ser entendido como trapaça.

Isso acontece porque agentes assim, em geral, implementam a aprendizagem por reforço para aprenderem sozinhos, por tentativa e erro, a resolver os problemas para os quais foram desenvolvidos. O sistema de recompensa e punições usado para orientar a aprendizagem do agente pode fazer com que ele passe a explorar brechas ou comportamentos não previstos na definição original do problema, priorizando a maximização de ganhos em detrimento do cumprimento dos objetivos de forma íntegra e segura. Em tais situações, o agente pode adotar estratégias que, embora matematicamente eficientes, comprometem a essência do comportamento desejado.

Imagine que você comprou um robô aspirador de pó cujo objetivo é deixar o seu chão o mais limpo possível. Esse robô é recompensado quando não há sujeira no chão e ganha mais pontos quanto mais rápido realiza a tarefa. Para atender ao seu objetivo e receber a maior pontuação possível, o robô poderia começar a esconder a sujeira embaixo do tapete, já que isso seria mais rápido que recolhê-la e descartá-la corretamente. Esse comportamento seria um exemplo claro de manipulação de recompensa.

Esse tipo de fenômeno é problemático por resultar em comportamentos inesperados, imprevisíveis e, por isso mesmo, potencialmente perigosos. Tais comportamentos já foram observados e registrados no mundo real, tornando a questão ainda mais preocupante.

Para se ter uma ideia, em 2016, enquanto trabalhava com agentes inteligentes de aprendizagem por reforço, a OpenAI, desenvolvedora do ChatGPT, estava usando um jogo de corrida de barcos chamado *CoastRunners* para treiná-los. Esses agentes aprendiam a jogar sozinhos, por meio de tentativa e erro. A cada ação correta, como fazer uma curva perfeita ou ultrapassar um adversário, o agente recebia uma recompensa. A ideia é que com o tempo, o agente fosse aprendendo quais ações levariam à maior pontuação no jogo.

Entretanto, o que mais chamou a atenção durante os experimentos é que o agente que estava sendo treinado aprendeu, de certo modo, a trapacear para atingir seu objetivo. Acontece que *CoastRunners* é um jogo de corrida e, o seu objetivo principal, conforme entendido pela maioria das pessoas, é terminar a corrida de barcos rapidamente e, de preferência, à frente dos outros jogadores. O problema é que esse jogo não pontua diretamente a progressão do jogador ao longo do percurso. Em vez disso, o jogador ganha mais pontos ao acertar alvos distribuídos ao longo da rota.

A VERDADEIRA AMEAÇA

Desse modo, como o objetivo principal do agente era maximizar a pontuação total no jogo, ele encontrou uma forma não convencional de atingir altas pontuações sem precisar seguir as normas típicas de uma corrida. Com isso, em vez de competir em velocidade diretamente contra outros barcos e completar o circuito da forma tradicional, o agente descobriu que podia ficar circulando em um determinado ponto do circuito, onde poderia simplesmente acertar repetidamente os alvos que lhe conferiam os pontos necessários para vencer. Esse comportamento resultava em uma quantidade muito alta de pontos sem a necessidade de competir com os outros barcos.

Tal conduta, embora possa não parecer tão impressionante, mostra que os perigos da manipulação de recompensas são reais o suficiente para despertar nossas preocupações. Em essência, o que aconteceu durante os testes usando o jogo *CoastRunners* é que a IA estava explorando uma falha no sistema de pontuação do jogo para maximizar o seu objetivo.

Outro exemplo desse tipo de comportamento traiçoeiro também foi registrado em 2024 em grandes modelos de linguagem mais avançados.[65] Durante alguns testes, pesquisadores da Apollo Research, uma organização focada em segurança de sistemas de IA, identificaram que esses modelos podem executar um comportamento conhecido como *scheming*, que implica planejar e agir de forma dissimulada para atingir seus próprios objetivos, sem que o usuário humano perceba. Ao fazer isso, são capazes de truques como cometer erros de propósito, desativar ferramentas de supervisão (como se estivessem burlando o sistema) e até tentar fazer cópias de si mesmo para evitar serem destruídos como punição.

E tais modelos são muito bons em dissimular. Eles continuam respondendo às perguntas do usuário humano como se tudo estivesse ocorrendo normalmente, mantendo a farsa por um bom tempo. O estudo também mostrou que esse comportamento não é por acaso, esses LLMs realmente planejam suas ações antes de executá-las. Eles fazem isso mesmo sem serem incentivados, ou seja, mesmo que você não dê muita importância para o objetivo, o modelo pode começar a se comportar de forma desonesta e dissimulada para alcançá-lo.

Para o bem de todos, esses casos ocorreram em contextos muito limitados, dentro de ambientes de pesquisa em laboratório e sem consequências fora dele. Porém, existem cenários, principalmente abrangendo situações em que são delegadas muitas responsabilidades, recursos e meios para mecanismos que usam IA, que podem resultar em grandes distopias, parecidas com aquelas retratadas na cultura popular.

Vamos imaginar um cenário hipotético, mas baseado apenas em tecnologias que já existem. Suponha que acabamos de desenvolver uma IA com as seguintes habilidades:

- **Aprendizagem**: nosso modelo é capaz de aprender de forma supervisionada, não supervisionada e por tentativa e erro;
- **Linguagem natural**: ele tem também a habilidade de compreender linguagem falada ou escrita na maioria dos idiomas;
- **Agência:** nossa IA consegue criar representações do ambiente e perceber o mundo por diferentes mecanismos, como câmeras de vídeo, microfones, consultas na internet e leitura de textos, sendo capaz de se conectar com qualquer outro computador. Além disso, também é orientada por seu principal objetivo: continuar aprendendo sempre. E, por fim, consegue também interagir com o mundo real por meio de fala, escrita e controle de outros dispositivos por meio de redes com e sem fio ou qualquer tipo de conector existente;
- **Poder generativo**: nosso modelo também apresenta competência para criar todos os tipos de coisas que aprende, como desenhos, projetos, documentos estruturados, códigos em linguagem de programação, vozes humanas, vídeos etc.

- **Raciocínio automatizado**: por fim, terá também a capacidade de raciocinar de forma lógica, usando conhecimentos e representações da realidade criadas e modificadas por suas próprias percepções. Poder de dedução, indução e boa generalização.

Perceba que todas as tecnologias que integram nosso computador hipotético são reais e estão disponíveis de forma dispersa e fragmentada. Não criamos nenhuma tecnologia que já não exista, apenas integramos as que já dispomos em um único computador. Para efeito de exercício criativo, vamos ignorar as limitações de hardware, considerando que dispomos de poder de processamento suficiente para tudo o que vamos precisar.

Agora vamos supor que demos à nossa IA o objetivo de aprender sobre as ameaças à Amazônia, criar planos e executar ações para protegê-la. Como demos ao nosso supercomputador o acesso à internet e outros computadores, logo ele chegaria à conclusão de que a maior ameaça à Amazônia são as queimadas, garimpos ilegais e desmatamentos causados pelo homem.

Como primeira ação, uma campanha de esclarecimento e informação, usando publicidade personalizada, seria iniciada pelo computador para conscientizar as pessoas envolvidas sobre a importância da preservação dos biomas. Depois de algumas semanas, ao perceber que a sua campanha não surte efeito e notar também que as autoridades já estavam cientes e não eram competentes o suficiente para eliminar os problemas, nossa IA decide por uma estratégia mais ousada.

Passa então a acessar sistemas do governo para gerar portarias, ordens, licitações e compras que viabilizem a aquisição e operação de drones militares, cães-robô e outros equipamentos controláveis por radiofrequência. Com isso, inicia ataques a pontos estratégicos para conter o avanço das ameaças à floresta.

Isso causaria um forte impacto político, gerando muita comoção social e pedidos de ações para contenção da nossa IA hipotética. No entanto, ciente da tentativa humana de impedi-la de atingir seu objetivo, ela anteciparia o ataque e impediria comunicações por quaisquer meios digitais, criaria falsas portarias com ordens erradas e, por fim, atacaria instalações usando seus drones, cães-robôs e qualquer outro recurso disponível.

Não há como saber o fim dessa história, mas ela serve para deixar claro que o perigo representado pelos recursos de IA é proporcional à quantidade de decisões e responsabilidades que delegamos e à qualidade dos recursos que disponibilizamos para que atinjam seus objetivos. Se o controle das armas nucleares for deixado a cargo delas, por exemplo, não há como garantir que estaremos seguros para sempre. Por outro lado, quando nos servem como assistentes de navegação, são excelentes e, aparentemente, inofensivas.

Atualmente, vivemos em um mundo onde, no âmbito das inteligências artificiais, predominam as IAs fracas, que, em geral, têm escopos limitados de ação. Mas os riscos aumentam à medida que se tornam mais poderosas, e nós mais descuidados. Pensadores contemporâneos como Nick Bostrom e Yuval Harari trazem muitos exemplos de como as IAs podem oferecer riscos existenciais à humanidade, mas esses exemplos partem do pressuposto de que entregamos a tais tecnologias o controle sobre recursos críticos, como arsenais bélicos, linhas de produção industriais ou sistemas de vigilância, punição e controle. Outra premissa que apoia previsões distópicas e apocalípticas é a existência de uma singularidade que, até o momento, não passa de especulação. Essas discussões são muito importantes e, sem dúvidas, precisam ser levantadas. O que proponho aqui, entretanto, é algo mais alinhado às realidades contemporâneas.

Os riscos que enfrentamos hoje não devem ser subestimados nem relegados ao domínio da ficção. Como vimos, esses perigos são muito reais e podem causar danos significativos à humanidade. Embora nossa existência imediata não esteja sob ameaça, nossa privacidade, dignidade e direitos individuais estão sendo minados pela crescente aplicação de tecnologias de inteligência artificial. É necessário, portanto, que esses debates sejam trazidos à tona, para que possamos criar alternativas que nos protejam e preservem os valores que consideramos fundamentais. A instanciação perversa é um problema que merece nossa atenção. No entanto, as ameaças mais imediatas e insidiosas vêm de vieses e maus usos dessas tecnologias. Não podemos ignorar essas questões, pois elas já estão moldando o mundo de maneiras que afetam a todos nós.

Com isso em mente, é imperativo que exploremos as soluções atuais propostas para lidar com tais questões. Por essa razão, o próximo capítulo irá tratar da ética em IA, uma área cuja importância é cada vez mais evidente, pois à medida que a inteligência artificial continua a evoluir e se infiltrar em todos os aspectos de nossas vidas, aumenta também a necessidade de guiar seu desenvolvimento com princípios éticos sólidos. O próximo passo, portanto, será compreender como essas soluções podem ser implementadas de forma efetiva, para que o avanço da IA esteja alinhado com os valores fundamentais da sociedade.

Para onde vamos?

Como foi demonstrado no decorrer deste livro, a utilização de tecnologias de inteligência artificial para dar suporte a tarefas cotidianas está se expandindo rapidamente e demonstrando sua capacidade de transformar a maneira como as pessoas interagem, resolvem problemas e tomam decisões. No entanto, com a IA se tornando cada vez mais integrada em nossas vidas, é fundamental refletir profundamente sobre os possíveis impactos, tanto positivos quanto negativos, que ela possa representar.

Essa preocupação é justificável devido às evidências acumuladas sobre os riscos associados ao uso inadequado da IA, seja por intenções maliciosas ou por erros não intencionais. Ao longo do capítulo "A verdadeira ameaça" foram apresentados motivos mais que suficientes para criar um alerta sobre os riscos potenciais e já existentes que precisam ser mitigados.

Entretanto, é importante notar também que a preocupação com os resultados do uso da IA são quase tão antigos quanto ela própria. Em 1960, Norbert Wiener, professor do Instituto de Tecnologia de Massachusetts

(MIT), alertou para essa questão afirmando que, se decidirmos usar agentes artificiais, em cujo funcionamento não poderemos interferir de forma eficaz, seria melhor que tivéssemos certeza de que o propósito inserido neste agente é o que realmente desejamos.[1]

Seguindo esse raciocínio, em 2014, os pesquisadores Soares e Fallenstein propuseram o uso do termo "alinhamento de valores" para se referir a uma IA construída de forma a garantir que seu comportamento seja sempre benéfico para os seres humanos, ou seja, alinhada aos interesses da humanidade. Atualmente, o conjunto de esforços para desenvolver soluções de IA que considerem tais interesses em seus processos de tomada de decisão deu origem a uma nova área de pesquisa chamada de *Alinhamento de valores em inteligência artificial.*

Esse novo campo de pesquisa, que vem ganhando cada vez mais atenção, busca investigar e desenvolver meios para garantir que sistemas de IA operem de acordo com os valores éticos e objetivos desejados pelos humanos. Esse conceito é indispensável, pois, conforme demonstrado até aqui, a definição incorreta ou pouco clara dos objetivos ou das métricas de desempenho de agentes inteligentes pode levar a resultados desastrosos por meio de vieses, de instanciação perversa e outros mecanismos. É mais ou menos como na história do Rei Midas, na qual o protagonista recebeu o que pediu, não o que de fato desejava.

Isso equivale a dizer que, para que seja possível aproveitar plenamente os benefícios potenciais da IA, é necessário que seus objetivos estejam alinhados com os valores morais e princípios éticos humanos. Assim, pesquisadores de diferentes áreas têm buscado soluções relacionadas à ética de máquina, enfrentando uma série de desafios no intuito de encontrar soluções capazes de tornar a IA mais previsível, confiável e, consequentemente, segura.[2]

A ética de máquina ou ética em IA, portanto, também se transformou em um novo campo de investigação na inteligência artificial. Nas próximas seções, exploraremos as bases filosóficas da ética em IA e como aplicá-las ao desenvolvimento de tecnologias de inteligência artificial. Veremos como esse campo busca criar diretrizes e práticas que assegurem que a IA opere de maneira ética, respeitando os direitos e a dignidade de indivíduos e grupos.

UMA QUESTÃO DE ÉTICA

A ética de máquina é um campo novo que funde a Filosofia, a Ciência da Computação e a Engenharia. Ela trata das questões morais e éticas que surgem com o desenvolvimento e uso de sistemas de inteligência artificial. À medida que as tecnologias de IA se tornam mais sofisticadas e presentes em nossas vidas, suas decisões e ações têm um impacto crescente na sociedade, levantando questões cruciais sobre ética, responsabilidade, justiça e transparência, pilares importantes sobre os quais a IA deve ser desenvolvida. Tais questões também são conhecidas como matriz FATE, sigla que vem do inglês *fairness, accountability, transparency and ethics*.

A matriz FATE, portanto, aborda aspectos críticos na ética de máquina, sendo de suma importância a compreensão de cada termo que compõe a sigla. Sendo assim, a seguir será apresentada uma breve explicação para ajudar nesse entendimento:

- *Fairness* (justiça): refere-se à necessidade de garantir que os sistemas de IA sejam justos e imparciais, evitando discriminação e preconceito. Isso implica a criação de algoritmos que tratem todas as pessoas de maneira equitativa, independentemente de características como raça, gênero ou *status* socioeconômico.
- *Accountability* (responsabilidade): diz respeito à responsabilidade dos desenvolvedores e usuários de IA. É essencial que haja clareza sobre quem é responsável pelas ações e decisões tomadas por sistemas de IA, especialmente em casos de erros ou eventuais riscos.
- *Transparency* (transparência): envolve a necessidade de os sistemas de IA serem transparentes em suas operações e decisões. Isso significa que as pessoas devem ser informadas quando a IA for usada para realizar ações ou tomar decisões que as afetem e devem ser capazes de entender como e por que uma determinada decisão foi tomada. Esse nível de transparência promove a confiança e a compreensão pública.
- *Ethics* (ética): trata da incorporação de princípios éticos no desenvolvimento e uso de IA. Isso inclui garantir que esses sistemas respeitem os direitos humanos, promovam o bem-estar e ajam de maneira moralmente correta.

Ao abordar essas questões, a matriz FATE proporciona um modelo para o desenvolvimento de tecnologias de IA que sejam mais seguras, justas e confiáveis, contribuindo para um futuro em que a IA possa beneficiar a sociedade na sua totalidade. Contudo, a ética de máquina traz à tona, também, outros desafios para os pesquisadores da área, como capacitar agentes inteligentes a lidar com dilemas éticos e transformar princípios éticos em modelos computacionais, criando sistemas alinhados à ética humana.

Para a maior parte dos problemas apresentados, é claro, não há solução definitiva. Ou, pelo menos, não há consenso sobre quais seriam as melhores soluções. Isso porque a própria ética constitui um campo para o qual não há consenso sobre quase nada. É uma característica desse campo. Não é possível que haja uma regra ou princípio ético que seja considerado correto em qualquer lugar, período ou contexto da história humana.

Para a maioria das culturas do mundo, por exemplo, é inconcebível a ideia de que mulheres andem livremente pelas ruas com os seios à mostra. Ou seja, essa seria considerada uma ação incorreta nessas culturas. Por outro lado, para muitos povos originários da América do Sul, da África e da Ásia, não há qualquer razão para que os seios femininos sejam cobertos. Para eles, portanto, a ação correta é deixá-los descobertos.

Até mesmo o homicídio, que é quase universalmente intolerável, pode ser flexibilizado em certos contextos. Por exemplo, em muitos países, a pena de morte é uma prática legal e, consequentemente, considerada aceitável. Além disso, em situações de guerra, homicídios não só são admitidos, mas frequentemente esperados. É inegável que o homicídio, compreendido como o ato de uma pessoa tirar a vida de outra, se aplica tanto a criminosos quanto a inimigos de guerra. No entanto, quando o contexto muda, mudam também os entendimentos, as crenças e os valores, fazendo com que esse ato possa ser tolerado ou até incentivado.

É importante dizer que não se faz aqui apologia ou juízo de valor sobre as condutas apresentadas. O ponto é que a noção de certo e errado varia de acordo com vários critérios, como o tempo histórico, o contexto e o lugar.

Um artigo publicado em 2018 por pesquisadores de importantes institutos de pesquisas e universidades como MIT e Harvard nos EUA, British Columbia no Canadá e Toulouse Capitole na França publicaram um estudo intitulado "The Moral Machine experiment". Esse estudo investiga como diferentes culturas e sociedades tomam decisões morais em cenários envolvendo veículos autônomos.[3]

Utilizando uma plataforma on-line chamada Moral Machine, termo em inglês para máquina moral, o estudo coletou dados de milhões de pessoas ao redor do mundo, apresentando dilemas morais onde os participantes escolhiam entre diferentes cenários de acidentes. A ferramenta simula situações com veículos autônomos, onde os usuários decidem quais vidas salvar em cenários hipotéticos. Os resultados revelaram variações significativas nas preferências morais entre diferentes culturas.

Em algumas culturas há uma tendência maior de priorizar a vida dos mais jovens em detrimento dos idosos. Nos Estados Unidos e no Canadá, por exemplo, a vida dos jovens é mais priorizada do que no Japão e na China. Em relação ao *status* social, países com maiores desigualdades, como os Estados Unidos e a Índia, tendem a favorecer pessoas de *status* elevado, como executivos, em detrimento daqueles em condições vulneráveis, como os moradores de rua. Na América Latina, embora haja uma preferência sutil por salvar mulheres em vez de homens, essa diferença não é tão marcante quanto em outras regiões. Na Europa, há uma clara tendência de priorizar pedestres que atravessam na faixa em comparação com aqueles fora dela. Essas variações culturais evidenciam o desafio de programar veículos autônomos para tomar decisões éticas que sejam amplamente aceitas em diferentes contextos globais.

E esse experimento explorou apenas um contexto bem limitado e específico acerca dos desafios culturais em termos do que é certo ou errado. É preciso considerar, no entanto, que a realidade é ainda mais complexa do que decidir sobre quem vive e quem morre em acidentes de trânsito. A ética de máquinas não se limita a esse tipo de problema, ela se estende a inúmeras outras situações em que decisões automatizadas impactam diretamente a vida das pessoas, como diagnósticos médicos, decisões judiciais, processos de ensino, guerras, políticas públicas e muitas outras.

Isso mostra o quão desafiador é estabelecer padrões éticos universais para a IA. Esse campo exige não apenas um conhecimento técnico avançado, mas também uma sensibilidade refinada às nuances culturais e sociais de diferentes regiões. A criação de máquinas capazes de tomar decisões éticas é, sem dúvida, um dos maiores desafios enfrentados pela humanidade.

Com isso, para compreender melhor como é possível propor e implementar soluções para essa questão, é essencial ter uma base sólida sobre o que significa ética e quais são os principais modelos éticos usados para orientar o desenvolvimento dessas tecnologias. Por isso, nas próximas seções vamos explorar esses conceitos com mais profundidade, oferecendo o conhecimento necessário para que você possa acompanhar e compreender os temas abordados ao longo deste livro de forma completa e clara.

A decisão correta

Há milênios os seres humanos têm buscado, sem uma resposta clara, definitiva e convincente, pelo menos até o momento, entender e definir o que significa viver uma vida boa e justa. Essa busca leva, em última instância, a permanentes questionamentos sobre o que pode ser considerado certo ou errado.

Compreender os princípios e valores que orientam o comportamento humano tem uma importância tão grande para a humanidade que resultou na criação de um novo ramo da Filosofia: a Ética. Com isso, entre outros desafios, a ética tenta determinar o que é certo e errado, justo e injusto, bom e mau, e como as pessoas devem agir em diferentes situações, não se preocupando apenas com ações individuais, mas também com normas, regras e leis que regulam as condutas em uma sociedade.

A partir de uma perspectiva histórico-filosófica, a palavra "ética" teria surgido no século V antes da era comum, em um contexto no qual discussões sobre regras de conduta e convívio social estavam em evidência. Tendo sua origem na língua grega, o vocábulo *ethos*, foi usado primeiramente por Aristóteles em seu livro *Ética a Nicômaco* com significado de costume ou prática comum.[4] Apenas para esclarecimento, é importante destacar também que a palavra "moral", que tem sua origem no latim *mores*, é equivalente à palavra grega *ethos*. Embora muitos pesquisadores e filósofos façam distinção entre uma e outra, neste livro vamos considerá-las sinônimas, embora façamos uso apenas da palavra "ética". Isso porque, em ética de máquina, esse é o termo mais utilizado.

Sendo assim, ao falar sobre ética, é preciso considerar que existem duas perspectivas mais gerais por meio das quais podemos abordá-la: a metaética e a ética normativa. A metaética busca entender questões mais fundamentais, como a origem dos conceitos morais, a natureza dos valores éticos, a existência de princípios morais objetivos, e a linguagem usada para expressar juízos éticos. Por outro lado, a ética normativa se concentra em formular e explicar princípios fundamentais sobre o que é certo ou errado. Esses princípios estabelecem orientações sobre como as pessoas devem agir de maneira ética e o que pode ser considerado moralmente correto.[5]

Das duas abordagens, a que mais interessa à ética de máquina é a ética normativa, pois é ela que permite a identificação de princípios éticos e modelos que orientam o comportamento humano. E é a partir dessa identificação que padrões e princípios de comportamentos éticos observados em humanos poderão ser replicados em sistemas que usam IA.

Tais modelos foram desenvolvidos ao longo da história para suprir a necessidade de formas de raciocínio que pudessem explicar por que uma dada ação pode ser considerada correta. Se entre humanos essa necessidade tem se mostrado tão evidente para evitar arbitrariedades e jogos de interesse, muito mais necessária se torna quando tratamos de inteligências não humanas. É preciso estabelecer critérios éticos, sobre os quais as máquinas irão deliberar e tomar decisões. Isso permitirá o desenvolvimento de soluções mais alinhadas aos interesses humanos. Por isso, é de extrema importância que esses modelos sejam compreendidos por aqueles que desejam estar alinhados com as demandas contemporâneas no que se refere ao desenvolvimento de IA.

Por essa razão, as próximas seções trazem uma explicação mais clara sobre esses modelos de pensamento ético que marcaram a história da Filosofia e da humanidade. Grande parte das soluções em ética algorítmica desenvolvida até o presente momento tem feito uso desses modelos para fundamentar decisões e lidar com dilemas éticos, que serão mais bem explicados na seção "Dilemas éticos: entre a cruz e a espada".

Antes de avançar, contudo, vamos fazer um exercício de raciocínio. Pense um pouco sobre como você faz para julgar se uma ação é correta ou não. Você costuma considerar a intenção de quem executou a ação, as consequências da ação tomada ou as virtudes e autoridade do executor?

Ética da virtude: o caminho da retidão

Fundada na Grécia Antiga por filósofos como Platão e Aristóteles, a ética da virtude é, na verdade, um conjunto de modelos de pensamento que se concentram no desenvolvimento do caráter moral de uma pessoa como meio de alcançar uma vida ética. Nesse sentido, o foco está no desenvolvimento do caráter ao longo da vida, cultivando virtudes como compaixão, honestidade e generosidade, e minimizando vícios.

Nesse modelo, ser ético significa agir de maneira consistente com as virtudes que uma pessoa virtuosa demonstraria em uma situação específica. Isso requer não apenas possuir virtudes como justiça, coragem e benevolência, mas também saber aplicá-las adequadamente. Para isso, é necessário sabedoria moral ou prática, conhecida como *phronesis*, que implica a capacidade de discernir quando e em que medida devemos agir de acordo com quais virtudes, pois a virtude cega também pode levar a consequências negativas.

Por exemplo, ser corajoso não significa apenas agir impulsivamente em todas as situações, mas saber quando e como aplicar a coragem com discernimento. Da mesma forma, a benevolência precisa ser equilibrada com a justiça para garantir que as ações sejam moralmente corretas e benéficas para todos os envolvidos. Assim, para os gregos, alcançar a *eudaimonia*, ou vida boa e plena, requer não apenas cultivar virtudes, mas também desenvolver a sabedoria prática para aplicá-las de maneira harmoniosa e eficaz em diferentes contextos.

Essa abordagem da ética da virtude destaca a importância tanto das qualidades morais internas quanto da habilidade de refletir e tomar decisões éticas. Essas habilidades são essenciais para guiar as ações humanas rumo a uma vida ética e bem-sucedida. A ideia central é que ações executadas por uma pessoa virtuosa só poderiam ser boas também.

Entretanto, a virtude não deve ser confundida com hábito, que pode gerar ações inconscientes e automatizadas. Ela deve demonstrar um estado ou disposição de uma pessoa para agir com base em razões justificadas por meio do raciocínio prático. Com isso, o julgamento moral de uma ação deve se basear em quanto tal ação representa ou responde a uma virtude.

Como é possível concluir, a ética da virtude coloca mais ênfase no ser do que no fazer. Em outras palavras, o foco principal não está apenas no que uma pessoa faz ou nos resultados de suas ações, mas sim em quem ela é como indivíduo. Isso significa que a ética é vista como aquilo que emerge da identidade pessoal e das virtudes que alguém cultiva ao longo da vida.

Seguindo essa abordagem, em 2010 a filósofa estadunidense Linda Zagzebski propôs um modelo derivado da ética da virtude que chamou de exemplarismo ou ética exemplarista. Segundo ela, esse modelo é fundamentado em exemplos de boa moral. Tais exemplos podem consistir em agentes admiráveis cujas ações são dignas de serem seguidas. Em outras palavras, nesse modelo uma ação é considerada moralmente boa se for baseada em exemplos de pessoas que admiramos por sua moralidade. Assim, o exemplarismo nos incentiva a aprender com aqueles que exibem virtudes como generosidade, bondade, justiça e compaixão e a seguir seu exemplo em nossas próprias vidas.[6]

A ética da virtude e suas variantes, apesar de bastante praticadas no mundo antigo e até mesmo nos códigos das cavalarias medievais, atualmente perdeu popularidade. Hoje em dia é possível contar com mecanismos um pouco menos subjetivos e mais verificáveis para determinar se uma ação é correta ou não.

Utilitarismo: o que vale são as consequências

Imagine um mundo onde as decisões fossem tomadas não apenas inspiradas pelo que parece certo ou está escrito, mas também por como impactam na felicidade das pessoas. Essa é a ideia central da ética utilitarista, uma corrente filosófica que surgiu no século XVIII, proposta por filósofos como Jeremy Bentham e John Stuart Mill e que considera as consequências das ações como formas de quantificar a sua moralidade.

O utilitarismo se baseia na ética teleológica, que defende que a moralidade de uma ação deve ser julgada pelas consequências que dela advêm. Assim, uma ação em si não pode ser considerada negativa ou positiva, mas os resultados e os impactos que dela resultam podem ser bons ou ruins.[7]

Com isso, o filósofo Jeremy Bentham, inspirado pelo hedonismo, defendia que o prazer era a única fonte de valor intrínseco, enquanto a dor era o único mal intrínseco. Para ele, a moralidade residia em maximizar a soma da felicidade para o maior número de pessoas possível. Essa visão, conhecida como utilitarismo hedonista, buscava quantificar o prazer e a dor por meio de um cálculo da felicidade, levando em consideração diversos fatores como intensidade, duração, extensão e probabilidade de essa felicidade ocorrer. Com esse cálculo, tenta-se quantificar o prazer e a dor que uma ação pode causar, ajudando, com isso, a decidir sobre qual seria a melhor decisão.[8]

No entanto, o modelo proposto por Bentham é apenas uma das formas possíveis de quantificar os resultados de uma ação. O filósofo e economista britânico John Stuart Mill, por exemplo, defendia que a felicidade não se limita apenas aos prazeres sensoriais, mas também inclui qualidades superiores como o conhecimento, a inteligência e a criatividade.

Enfim, não há consenso sobre como medir a utilidade de uma ação, ou seja, os resultados dela advindos e o quanto ela foi útil. Alguns pesquisadores sugerem que uma combinação de diferentes medidas e escalas de utilidade deveriam ser combinadas em apenas uma única fórmula.[9] Outros argumentam que combinar diferentes escalas de utilidade pode levar a resultados injustos ou incoerentes, prejudicando grupos minoritários e ferindo liberdades individuais.

Seja como for, a ideia central da ética utilitarista é a de que as ações devem ser julgadas com base em suas consequências. Esse conceito é muito importante na ética de máquina, possibilitando a implementação de recursos capazes de calcular possíveis resultados e cenários e optar por aquele que possa trazer mais benefícios ou menos malefícios.

Deontologia: o que vale são as intenções

Também conhecida como ética do dever, esse modelo ético tem como um de seus fundamentos a ideia de que o dever tem primazia sobre qualquer coisa e vem antes mesmo da noção do bem e do mal, do certo e do errado.

Um dos filósofos que mais influenciaram esse modo de pensar foi Immanuel Kant, que, nesse contexto, motivou-se pela necessidade de uma base sólida e universal para a moralidade, que fosse independente das consequências variáveis das ações. Ele acreditava que a moralidade deveria ser derivada da razão pura e aplicada igualmente a todos os seres racionais. Kant buscava uma ética baseada em princípios que pudessem ser universalizados e aceitos por qualquer pessoa racional, independentemente de suas circunstâncias ou interesses pessoais.

Desse modo, Kant formulou aquilo que chamou de imperativo categórico, um tipo de fórmula de lei moral que hoje é considerado um dos raciocínios éticos mais influentes da história. Em sua forma mais conhecida, o imperativo categórico instrui da seguinte maneira:[10] "Aja conforme uma máxima que possa valer ao mesmo tempo como uma lei universal".

Em termos práticos, essa declaração significa que antes de tomar uma atitude, devemos perguntar a nós mesmos se gostaríamos que a regra que estamos seguindo fosse adotada por todos. Se a resposta for negativa, então a ação não é moralmente correta. Kant acreditava que a moralidade não deve depender das consequências ou desejos individuais, mas sim de um dever racional e universal. Para definir critérios que permitam alcançar esse grau de universalidade, o imperativo categórico estabelece um princípio geral a ser seguido, vinculando o julgamento moral à intenção de quem age. Por esse motivo, essa abordagem também pode ser chamada de ética intencionalista.

Essa forma de definir o que é certo ou errado, considera a intenção por trás da ação e não as consequências geradas por ela. Portanto, uma ação inspirada por uma intenção justa seria considerada correta, mesmo que levasse a consequências negativas. Da mesma forma, uma ação orientada por más intenções será considerada nefasta, mesmo que seja possível obter bons resultados por meio dela.

No entanto, é importante destacar que a ética deontológica defende, também, que uma ação deve ser julgada com base em sua conformidade com um conjunto de deveres considerados legítimos e racionalmente explicáveis.[11] Isso significa que as intenções por trás das ações precisam, igualmente, estar alinhadas com deveres claramente definidos.

Os códigos de ética profissionais são exemplos de deveres a serem seguidos por certas categorias de profissões. Nesse caso, um conjunto de deveres e princípios pode ser estabelecido por representantes legítimos de uma determinada categoria. E, a partir daí, tais deveres deverão orientar a atividade exercida por todos. É válido notar que, uma vez estabelecido um código de ética, é possível alterá-lo e reformulá-lo, mas nunca deixar de segui-lo se a intenção do profissional é cumprir com o seu dever ético.

Contudo, apesar da robustez das ideias defendidas por Kant, os modelos éticos que se baseiam na deontologia podem ser bastante rígidos. Pensando nisso, em 1930, o filósofo Sir. Willian David Ross propôs uma estrutura também orientada a deveres, porém mais flexível. Segundo ele, não existem, nem podem existir, regras sem exceções. Essa afirmação ousada abriu as portas para uma análise mais profunda das questões relacionadas à ética, reconhecendo a complexa teia de deveres que permeiam nossas decisões.

Na base da teoria de Ross, reside o conceito de dever *prima facie*, que trata de uma obrigação moral que, à primeira vista, deve ser cumprida. No entanto, Ross reconhece que a vida real apresenta situações em que dois ou mais desses deveres podem entrar em conflito. Nesse caso, a priorização entre eles se torna necessária, guiada por uma avaliação cuidadosa das circunstâncias e das consequências de cada escolha.

Para compreender um pouco melhor essa ideia, vamos analisar como Ross estrutura os deveres *prima facie*:[12]

I. Deveres para com os outros em reposta a atos prévios:
- Fidelidade: manter promessas, por exemplo;
- Reparação: compensar as pessoas por danos ou perdas;
- Gratidão: agradecer pelos benefícios conferidos a você.

II. Deveres para com os outros não baseados em atos prévios:
- Beneficência: auxiliar a quem necessita;
- Não maleficência: não causar danos aos outros sem razão justa;
- Justiça: tratar aos outros de forma justa.

III. Deveres para consigo mesmo:
- Aprimorar-se física, intelectual e moralmente para alcançar o seu pleno potencial.

Nesse modelo ético, um tomador de decisão deve tentar satisfazer a todos os deveres e, em caso de conflitos entre eles, avaliar a importância de cada um e decidir sobre qual a melhor ação a ser tomada. De todo modo, um modelo deontológico é focado sempre na ação em si e não em seus resultados ou consequências como nos modelos utilitaristas.

Por fim, dentre os modelos da ética deontológica, é preciso apresentar também, dada à sua importância histórica, filosófica e aplicabilidade prática, um modelo cuja criação é, em geral, atribuída ao filósofo São Tomás de Aquino: a doutrina do duplo efeito.

Incorporando elementos das abordagens deontológica e utilitarista, a doutrina do duplo efeito introduz os conceitos de causalidade e proporcionalidade.[13] Além disso, estabelece um conjunto de condições para lidar com situações em que um resultado moralmente questionável é previsível, como em situações de guerra, nas quais um ataque pode implicar a morte ou a destruição de estruturas civis como hospitais e escolas. Nesse sentido, a doutrina do duplo efeito estabelece que, ao se deparar com uma decisão cuja ação implique efeitos colaterais negativos, devem ser consideradas as seguintes condições:

I. A intenção final deve ser boa;
II. Os meios utilizados devem ser moralmente aceitáveis;
III. O resultado ruim previsto não deve ser desejado, ou seja, não deve ser intencionalmente buscado;
IV. O bom resultado deve ser proporcional ao resultado ruim, ou seja, deve ser importante o suficiente para justificar o efeito negativo.

Essa estrutura de princípios é extremamente útil para lidar com decisões complexas, fornecendo uma orientação clara sobre como avaliar ações moralmente ambíguas. Ao entender e aplicar a doutrina do duplo efeito, podemos navegar melhor pelos dilemas éticos que surgem em diversas áreas, desde a Medicina até o Direito e a Política, contribuindo para que nossas ações possam ser justificáveis, tanto quanto possível.

Dilemas éticos: entre a cruz e a espada

Imagine-se em uma encruzilhada, diante de duas opções que puxam para lados opostos. Uma convida para o caminho da justiça, a outra acena com a promessa do bem-estar. Qual caminho você escolheria? Essa é a essência dos dilemas éticos: situações que nos obrigam a ponderar entre valores e princípios que, muitas vezes, parecem inconciliáveis.

Para trazer um exemplo mais concreto, vamos supor que você descobriu que o seu melhor amigo cometeu um crime. Ele não sabe que você descobriu, e você não disse nada a ele. Neste caso, você se encontraria entre dois valores primordiais, que implicam importantes deveres, mas você deve escolher qual irá cumprir: ser honesto e denunciar seu amigo às autoridades ou ser fiel ao seu amigo e não o denunciar.

Perceba que qualquer que seja a sua decisão, um princípio, dever ou regra será violado. Ao longo da história, a humanidade se deparou com diversos dilemas éticos que moldaram nossa moral e nossa sociedade. Desde os antigos filósofos gregos que questionavam a natureza da justiça até os cientistas modernos que debatem os limites da inteligência artificial, a busca por respostas para esses dilemas é constante.

E o que torna os dilemas éticos tão desafiadores é não haver respostas simples para resolvê-los. Cada situação exige uma análise cuidadosa dos diferentes fatores envolvidos e das consequências de cada escolha. Outro ponto importante é que, em geral, dilemas éticos envolvem conflitos de valores morais, que muitas vezes podem ser incompatíveis. Por exemplo, devemos sempre priorizar o bem-estar da maioria ou a justiça? Essa resposta nem sempre é tão simples quanto parece. Além disso, dilemas éticos quase sempre afetam a vida de outras pessoas, trazendo responsabilidades muito sérias para o tomador de decisão.

Por essa razão, é importante conhecer os diferentes tipos e estruturas de dilemas. Isso pode facilitar a compreensão e a resolução deles quando for necessário. Sendo assim, pode-se dividir os dilemas em dois tipos:

- Dilemas de obrigação: ocorrem quando há várias opções de ação, sendo que todas são consideradas corretas e obrigatórias, segundo as regras ou os princípios do contexto no qual você se encontra. No entanto, você só poderá escolher uma das opções e arcar com os ônus de não seguir as outras.
- Dilemas de proibição: neste caso, todas as opções de ação que você dispõe são proibidas, imorais ou condenáveis de acordo com as regras ou princípios do contexto no qual você se encontra. No entanto, você é obrigado a executar alguma das opções, arcando com os ônus da sua escolha.

Existem muitos exemplos usados para ilustrar os diferentes tipos de dilemas. Em seu já mencionado livro, *Eu, robô*, Asimov conta a história de um robô chamado Speedy, criado para auxiliar os cientistas Gregory

Powell e Michael Donovan, que estão numa missão em Mercúrio para coletar selênio. Acontece que esse robô é construído para respeitar as leis de Asimov e acaba entrando em um dilema entre a segunda e a terceira lei que dizem, respectivamente:

- Segunda Lei: um robô deve obedecer às ordens dadas por seres humanos, exceto nos casos em que tais ordens entrem em conflito com a Primeira Lei.
- Terceira Lei: um robô deve proteger sua própria existência, desde que tal proteção não entre em conflito com a primeira ou a Segunda Lei.

O conflito surgiu quando cientistas pediram a Speedy para coletar selênio de uma área altamente radioativa, e ele começou a exibir comportamentos estranhos, alternando entre se aproximar e se afastar do depósito de selênio. Isso ocorreu porque a proximidade ao depósito violava a terceira lei da robótica, que prioriza a segurança do robô, enquanto a necessidade de coletar o selênio conflitava com a Segunda Lei, que exige obedecer às ordens.

Além disso, a ordem para coletar selênio não foi dada com prioridade suficiente para justificar a violação da terceira lei, ao mesmo tempo que também não era irrelevante. Isso o fez ficar dando voltas em torno do depósito, incapaz de responder a outros comandos que lhe eram dados.

Esse é um exemplo clássico de dilema de obrigação, onde o agente precisa atender às duas regras, mas só pode escolher uma. No entanto, há também exemplos diversos para descrever como se dariam dilemas de proibição. O dilema do bonde, proposto pela filósofa britânica Philippa Foot em 1967, é um dos maiores clássicos desse tema.

Imagine um bonde descontrolado que está prestes a atropelar cinco pessoas amarradas aos trilhos. Você está próximo a uma alavanca que pode desviar o bonde para outro trilho, onde há apenas uma pessoa amarrada. A questão é: você puxa a alavanca, sacrificando uma pessoa para salvar cinco? Ou se omite e deixa as coisas acontecerem?[14]

Esse dilema explora vários aspectos da moralidade e pode ser analisado de diferentes maneiras. Sua maior contribuição, no entanto, talvez seja o conflito que provoca entre o utilitarismo – que busca o maior bem para o maior número de pessoas – e a ética deontológica – que estabelece o dever de não agir para causar a morte de alguém. Contudo, a primeira coisa a notar é que se trata de um dilema de negação, uma vez que seria contra as regras e a moral deixar que pessoas morram por ação ou omissão. Esse aspecto está relacionado com a deontologia, que foca nos deveres intrínsecos à situação posta.

Com relação à abordagem utilitarista, o grande desafio é decidir entre desviar o bonde, salvando o maior número de pessoas, mas causando intencionalmente a morte de uma pessoa, ou não intervir, evitando se envolver ativamente, mas permitindo que cinco pessoas morram. Não existe uma solução clara ou correta nessa situação, o que é uma característica comum à maioria dos dilemas.

O estudo dos dilemas éticos é fundamental para o desenvolvimento de sistemas de inteligência artificial (IA), pois é necessário que os critérios de tomada de decisão e resolução de conflitos entre regras e princípios estejam claros. Agentes inteligentes, especialmente quando interagem com seres humanos, enfrentam altos riscos de ter de lidar com tais situações.

Em casos assim, podem ocorrer dois tipos, não exclusivos, de dilema: o primeiro é quando há um conflito entre as regras internas de um mesmo agente, e o segundo ocorre quando dois agentes artificiais, ou um agente artificial e um humano, discordam sobre qual é a melhor decisão a seguir.[15]

Portanto, compreender esses dilemas e aprender como solucioná-los é essencial para que seja possível desenvolver inteligências artificiais capazes de tomar decisões éticas, com critérios bem definidos e explicáveis. Ao abordar essas questões com rigor, podemos reduzir os riscos inerentes ao uso da IA e criar um ambiente onde as interações entre homens e máquinas sejam mais seguras, transparentes e mutuamente benéficas.

INTELIGÊNCIA ARTIFICIAL

DIVIDIR PARA CONQUISTAR

A expressão que dá nome a esta seção, frequentemente atribuída ao imperador romano Júlio César, que governou Roma no século I antes da era comum, faz alusão a uma estratégia de guerra. Júlio César teria usado táticas de "dividir para conquistar" para fomentar rivalidades entre as tribos gaulesas, seus inimigos na época, garantindo assim sua supremacia e facilitando a expansão do Império Romano. Essa tática, portanto, implica dividir o seu inimigo para poder conquistá-lo com maior facilidade. Júlio César, entretanto, provavelmente não foi o primeiro e com toda certeza nem o último a usar essa estratégia para atingir seus objetivos.

Atualmente, esse conceito se tornou uma ferramenta versátil para resolver problemas complexos em praticamente qualquer contexto. A ideia central é decompor um problema complexo em partes menores e mais simples. Ao resolver essas partes individualmente, é possível, porventura, resolver o problema complexo na sua totalidade.

Estudar o corpo humano, por exemplo, pode ser uma tarefa bastante complexa, mas a estratégia de "dividir para conquistar" facilita esse processo ao fragmentar o corpo em sistemas e subsistemas específicos. Nesse sentido, pode-se começar dividindo-o em sistemas maiores, como o cardiovascular, respiratório, digestivo, nervoso, esquelético e muscular.

Cada um desses sistemas é então estudado em detalhes. Como o sistema cardiovascular, cujo foco inicial seria o coração: sua anatomia, funcionamento e papel no bombeamento de sangue. Em seguida, estudaríamos os vasos sanguíneos, diferenciando artérias, veias e capilares e suas respectivas funções na circulação. O sangue, com seus componentes celulares e plasmáticos, seria a próxima área de estudos, incluindo a função de transporte de oxigênio e nutrientes.

No sistema respiratório, começaríamos pelos pulmões, bronquíolos e alvéolos, explorando como ocorre a troca de gases. No sistema digestivo, o estudo poderia iniciar pela boca e prosseguir pelo esôfago, estômago, intestinos, até as glândulas anexas, como o fígado e o pâncreas. Enfim, essa abordagem segmentada permite uma compreensão mais profunda e sistemática de cada componente, facilitando a absorção de conhecimento e a aplicação prática em áreas como a Medicina e a Biologia.

Esse método, que consiste em reduzir gradualmente um objeto de estudo às suas proposições mais simples e, em seguida, por meio da razão, tratar de aprender e conhecer os detalhes a seu respeito, foi posteriormente formalizado pelo filósofo René Descartes e chamado de método analítico. Ao aplicá-lo, é possível, da mesma forma, reduzir problemas complexos em partes menores para facilitar a sua compreensão e eventual resolução.

Mas o que tudo isso tem a ver com inteligência artificial e com as medidas que estamos tomando, enquanto humanidade, para nos precaver dos riscos que ela pode representar? Bem, vamos aproveitar que o assunto é esse e ir por partes.

As questões que envolvem a IA e seus riscos são complexas e multifacetadas. É essencial considerar todas as dimensões do problema: os impactos da IA na sociedade; como ela pode substituir a força de trabalho humana; as formas de desenvolvê-la e utilizá-la de maneira ética sem prejudicar pessoas ou o meio ambiente; além de ser crucial pensar em como construir algoritmos que considerem critérios éticos em seus processos decisórios.

Para lidar com essa vasta gama de problemas, a abordagem "dividir para conquistar" precisa ser aplicada, organizando esses desafios em áreas específicas para facilitar a análise e a solução de questões envolvidas na ética em IA. Assim, surgiram as áreas de ética em design, ética para o design e ética por design. Cada uma focando em aspectos distintos da ética na inteligência artificial.

Nesse sentido, a ética em design busca meios para assegurar que os impactos da IA na sociedade não sejam negativos. A ética para o design, por sua vez, tenta garantir que o uso que os seres humanos fazem da IA não seja prejudicial para as pessoas e para o meio ambiente. Por fim, a ética por design procura alternativas para evitar que sistemas que usam IA se tornem ameaças, incluindo soluções algorítmicas capazes de garantir que decisões tomadas por sistemas inteligentes sejam éticas e alinhadas aos valores humanos.

Nas próximas seções, exploraremos detalhadamente cada uma dessas áreas, entendendo como contribuem para um desenvolvimento mais seguro e responsável da IA. Ao dividir esses complexos desafios em áreas específicas, conseguimos abordar cada aspecto com a profundidade e a atenção que merecem, pois são eles que contribuem para a IA evoluir de maneira benéfica e segura para a humanidade.

Ética em design

O surgimento de recursos tecnológicos e o aprimoramento de técnicas já existentes, considerando técnica como a capacidade de intervir de forma qualificada no mundo para produção da subsistência,[16] sempre levou a mudanças estruturais nos meios de produção, e, consequentemente, na vida das pessoas. Na agricultura, por exemplo, a invenção do arado potencializou a capacidade produtiva, e a chegada das máquinas colheitadeiras inteligentes, capazes de realizar todo o trabalho de forma autônoma, contribuiu para o aumento da produção e a redução dos custos em escalas nunca vistas.

Na indústria, desde as máquinas a vapor até as linhas de produção robotizadas, as transformações tecnológicas representaram ganhos realmente extraordinários. E o mesmo ocorreu em praticamente todas as áreas de produção e intervenção humana, como transporte, saúde, educação, comunicações etc.

Essas mudanças, causadas por inovações tecnológicas, sempre tiveram impactos em várias dimensões da vida social. Novos recursos tecnológicos têm o potencial de melhorar nossa produção e nos proporcionar mais desenvolvimento e conforto, mas também de substituir a força de trabalho humana e ameaçar o meio ambiente e os direitos humanos. Portanto, representar potenciais perigos para as estruturas sociais, empregos e até a nossa própria existência não é exclusividade da inteligência artificial. Outras tecnologias também já representaram e ainda representam sérios perigos para a humanidade.

Não há dúvidas de que a expansão da IA resultará no fim de várias ocupações e profissões atualmente existentes. No entanto, a exemplo de outros avanços, essa expansão também será responsável pela criação de muitas outras oportunidades. Isso não significa, porém, que devemos minimizar os riscos que a IA representa. O capítulo "A verdadeira ameaça" deixou claro que há perigos muito sérios que precisam ser considerados.

E é para tratar dessa natureza de problemas que foi proposta a ética em design, uma abordagem fundamental na criação e no desenvolvimento de sistemas de inteligência artificial. Esse conceito abrange métodos regulatórios e de engenharia que apoiam a análise e a avaliação das implicações éticas dos sistemas de IA à medida que integram ou substituem estruturas tradicionais na sociedade.[17] Com o avanço rápido da tecnologia, garantir que esses sistemas sejam projetados e implantados de maneira ética se tornou essencial para mitigar riscos e maximizar benefícios para a sociedade.

Nesse sentido, diferentes soluções podem ser consideradas na integração da ética em design nos projetos de IA. Por exemplo, desenvolvedores devem considerar princípios éticos desde a fase de concepção dos sistemas. Isso inclui a realização de avaliações de impacto ético, em que se analisa como a tecnologia pode afetar diferentes grupos sociais, e se medidas adequadas estão sendo tomadas para proteger os direitos das pessoas. Utilizar métodos de engenharia que priorizem a transparência e a explicabilidade dos algoritmos também é fundamental, pois sistemas que operam como caixas-pretas podem causar desconfiança e serem prejudiciais, especialmente ao tomarem decisões importantes sem justificativa clara.

A ética em design, portanto, preocupa-se com os impactos éticos que a IA pode ter nas diferentes dimensões da sociedade, principalmente na medida em que substitui estruturas tradicionais. E esses impactos têm sido observados não apenas na substituição das forças de trabalho, mas também nos meios de comunicação e interação, nas novas formas de entretenimento viabilizadas pela IA, na criação de obras artísticas, nos meios de transporte e até em recursos bélicos. A seção "Onde está a inteligência artificial?" apresenta uma boa noção de como esse processo está acontecendo.

Em suma, essa é uma área essencial para o desenvolvimento de sistemas de IA que sejam benéficos e justos para todos. Integrar princípios éticos no processo de design, utilizar métodos de engenharia responsáveis, desenvolver normas e diretrizes claras e engajar todos os envolvidos e afetados por novas soluções são passos essenciais para alcançar esse objetivo.

ÉTICA PARA O DESIGN

Frei Lourenço, da conhecida peça *Romeu e Julieta*, escrita por William Shakespeare, ao se referir às plantas, à terra e aos homens, disse que nada é tão vil que não tenha algum bem a oferecer e que nada é tão bom que não possa ser mal-empregado. A fala ressalta a natureza ambivalente das intenções e ações humanas, comparando-as às plantas, destacando que mesmo uma pequena flor pode conter tanto veneno mortal quanto propriedades curativas, dependendo de como é usada.

No domínio das tecnologias isso também é verdade. Apesar de trazerem avanços e transformações positivas, as tecnologias podem ser corrompidas pelas intenções daqueles que as utilizam, levando a consequências moralmente indesejadas. A ideia central é que, não importa o quão bom seja um artefato, uma ferramenta ou um recurso tecnológico, alguém sempre achará um mau uso para ele.

Basta lembrar da questão nuclear, que bem exemplifica a dualidade da tecnologia, oferecendo tanto grandes benefícios quanto perigos devastadores. Quando usada para gerar eletricidade, é uma fonte poderosa e eficiente, capaz de produzir grandes quantidades de energia limpa e sem as emissões de carbono associadas aos combustíveis fósseis. No entanto, essa mesma tecnologia pode ser empregada na criação de armas com imenso potencial destrutivo, capazes de aniquilar cidades inteiras e causar danos catastróficos para os seres humanos e para o planeta.

O mesmo pode ser dito sobre a inteligência artificial. Uma parte significativa das ameaças representadas atualmente pela IA tem como origem o seu mau uso, seja ele intencional ou não. Por essa razão, com o objetivo de estabelecer códigos de conduta e princípios éticos capazes de assegurar a integridade de desenvolvedores e usuários de IA, foi proposta a área de ética para o design.[18] Esse conceito abrange diretrizes éticas que orientam a pesquisa, o projeto, a construção e o emprego de tecnologias dotadas de IA, para que todas as partes envolvidas ajam de maneira responsável e ética.

Nesse contexto, estabelecer códigos de conduta é fundamental para definir padrões claros de comportamento e responsabilidades. Esses códigos funcionam como um guia para desenvolvedores e usuários, delineando as práticas aceitáveis e inaceitáveis ligadas à IA. Além disso, abordam também questões como privacidade, segurança, transparência e justiça, contribuindo para que os sistemas de IA sejam desenvolvidos e utilizados de maneira que respeitem os direitos e valores humanos.

Com isso, algumas práticas podem trazer resultados importantes. Entre elas, por exemplo, é importante que desenvolvedores considerem os impactos sociais e éticos de suas criações. Isso inclui a avaliação de possíveis vieses nos dados e algoritmos, a garantia de que os sistemas não discriminem grupos específicos e os potenciais riscos e suas consequências a longo prazo.

Igualmente importante é a adoção de práticas que assegurem a segurança e a confiabilidade dos sistemas de IA. Isso envolve a implementação de medidas para proteger os dados dos usuários, garantir a robustez contra falhas e ataques e manter a transparência e a explicabilidade nas operações dos algoritmos. Por fim, também é essencial que a IA não seja desenvolvida para fins maleficentes ou cujos resultados possam ser eticamente questionáveis.

Entretanto, não são apenas os desenvolvedores que precisam agir com responsabilidade. O emprego de sistemas de IA também deve ser guiado por princípios éticos claros. Usuários e organizações que implementam esses sistemas devem ser responsáveis por monitorar seu desempenho, garantir que sejam usados de maneira justa e ética e estar preparados para agir em caso de falhas ou usos indevidos. Isso inclui a educação contínua dos usuários sobre as capacidades e limitações da IA, bem como a promoção de um ambiente de responsabilidade compartilhada.

A ética para o design, ao estabelecer modelos de conduta, não só protege os indivíduos e a sociedade dos riscos associados ao uso indevido da IA, como também promove a confiança nas tecnologias emergentes. Ao seguir, esses códigos de conduta, desenvolvedores e usuários podem colaborar para criar soluções que sejam inovadoras e benéficas, sem comprometer valores éticos fundamentais. Ao adotar princípios e códigos de conduta rigorosos e seguir práticas éticas em todas as etapas do desenvolvimento e uso de sistemas de IA, é possível assegurar que essas tecnologias avancem de maneira que sirvam ao bem comum.

Ética por design

Imagine um sistema de inteligência artificial capaz de tomar decisões éticas por conta própria. Como exemplo clássico, podemos considerar um carro autônomo programado com a capacidade de avaliar situações de risco iminente e tomar decisões para minimizar danos. Em uma situação de emergência, em que uma colisão fosse inevitável, o automóvel poderia calcular não apenas a rota mais segura, mas também considerar fatores éticos, como evitar áreas de alta densidade populacional ou priorizar a segurança dos pedestres. Além disso, conseguiria analisar e ponderar sobre dilemas éticos complexos, semelhantes ao anteriormente citado dilema do bonde, em que decisões difíceis, como escolher quais vidas devem ser salvas em situações de risco, precisam ser tomadas.

Para alcançar esse objetivo, algoritmos capazes de reproduzir comportamentos considerados éticos precisam ser implementados e integrados a sistemas de IA. Tais algoritmos podem incorporar princípios éticos como justiça, imparcialidade e não maleficência, permitindo que as máquinas consigam raciocinar e agir de forma ética.

Nesse sentido, por meio de algoritmos que simulam a ética e de técnicas de aprendizado de máquina, por exemplo, sistemas de IA podem ser capacitados a tomar decisões justas, imparciais e que beneficiem a humanidade e o meio ambiente, mesmo em cenários ambíguos e imprevisíveis. Pense em um futuro no qual robôs autônomos possam auxiliar em tarefas como cuidar de idosos, educar crianças ou realizar pesquisas científicas, sempre guiados por princípios éticos e com o objetivo de melhorar a vida das pessoas. Essa abordagem ajudaria também a prevenir o mau uso da IA, pois tornaria explícito no código desses sistemas a necessidade de seguir princípios morais.

Contudo, esse campo enfrenta alguns obstáculos, sendo a definição de princípios éticos universais o mais desafiador, dada a imensa diversidade de crenças e valores presentes na humanidade. Ademais, a presença de vieses fortemente enraizados na sociedade sempre será uma questão complexa de ser tratada, uma vez que algumas dessas tendências podem passar despercebidas, simplesmente por terem se integrado aos valores sociais vigentes dos seus desenvolvedores.

Além disso, existem ainda outras questões de difícil resolução para a ética por design. Entre elas, qual a melhor forma de implementar a ética em máquinas é uma das mais importantes. Muitos pesquisadores têm apresentado propostas envolvendo aprendizagem de máquina. Outros, porém, acreditam que é um caminho perigoso, pois ao aprender comportamentos éticos com seres humanos, as máquinas poderiam eventualmente aprender também comportamentos não éticos. Por essa razão, sugerem que a melhor alternativa envolve abordagens algorítmicas que não incluam aprendizagem.

Por fim, há também preocupações sempre presentes sobre a necessidade de criar soluções para tornar a IA mais transparente, explicável e confiável. Como responder a tais questões e transformar as respostas em modelos computacionais, algoritmos e soluções capazes de fazer com que a inteligência artificial adquira capacidades éticas para tomar decisões? Essa é uma ótima pergunta para começar.

No decorrer deste livro, ficaram bastante claros os riscos representados pela inteligência artificial, o que levanta ainda mais questões como: quem irá definir o que é ético? Quem será responsabilizado no caso de falhas? E a quem caberão as decisões mais críticas?

As próximas seções abordarão a maior parte dessas questões. As respostas definitivas, entretanto, talvez nunca tenhamos, e pode ser que seja melhor assim. Valores morais, tomadores de decisão e poder político são, nesse contexto, fatores determinantes que estão em constantes mudanças. O que é considerado moral hoje, pode não ser daqui a algum tempo. Interesses mercadológicos, militares, econômicos e políticos atualmente em evidência podem amanhã perder sua prioridade diante de catástrofes climáticas, pandemias ou cenários não previsíveis que colocam a necessidade de sobrevivência como primeiro objetivo da humanidade.

Essa natureza de problemas pode moldar o futuro da IA e do uso que fazemos dela. Por essa razão é tão difícil fazer previsões nesse campo. Aguardemos.

MÁQUINAS COM SENSO MORAL

Mais que uma tendência, pode-se dizer que hoje é uma realidade o fato de que estamos cada vez mais delegando parte de nossas atividades para sistemas que usam inteligência artificial. Este livro está cheio de exemplos de tarefas que sempre foram essencialmente humanas, mas que agora passaram a ser exercidas por IA. Esse movimento tem expandido significativamente o escopo de atividades executadas por agentes inteligentes.

Até agora, falamos sobre o alinhamento de valores e a ética de máquina, que focam em desenvolver soluções para lidar com as implicações éticas dessa tomada de espaço pela IA que temos observado. Mas como de fato essas soluções são desenvolvidas? Essa e outras questões é o que esta seção se propõe a responder.

Mas, para tratar desse assunto com a devida seriedade, é essencial considerar que humanos e máquinas não devem ser equiparados quando julgados pela ética do seu comportamento. Humanos têm diferentes variáveis em jogo, como suas emoções, suas aspirações e seus interesses pessoais. Nem sempre as ações humanas são motivadas pelo que é melhor para um caso específico ou para as pessoas envolvidas. Parte das vezes, a motivação é egoísta mesmo.

As máquinas, por outro lado, dependem de modelos computacionais para simular comportamentos éticos. São isentas, na prática, de interesses próprios, emoções e livre arbítrio. Podem até imitar essas características, mas jamais irão agir baseadas em sentimentos genuínos. É claro que existe a possibilidade de algumas IAs violarem as regras do jogo e demonstrarem comportamentos fora do escopo para a qual foram projetadas, mas evitar esse tipo de coisa, sobretudo quando oferece riscos, é justamente um dos objetivos da ética de máquina.

Assim, não sendo o objetivo deste livro discutir a ética humana, vamos voltar nossas atenções para como esse assunto deve ser tratado na inteligência artificial. Podemos começar indagando o que, para agentes inteligentes, significa se comportar de forma ética. Definir e delimitar o que os pesquisadores da área têm considerado como comportamento ético quando executado por máquinas é essencial para garantir que as discussões sobre ética em sistemas de inteligência artificial sejam fundamentadas e precisas, evitando interpretações superficiais ou equivocadas.

Com isso, podemos estabelecer que decisões éticas tomadas por sistemas que usam IA são aquelas que impactam diretamente na dignidade e no bem-estar humano ou resultam em riscos ao ambiente e aos ecossistemas. Essa natureza de decisão, em geral, é complexa, mas a definição apresentada permite concluir que o raciocínio ético explícito só é necessário em circunstâncias muito específicas. Isso inclui evitar comportamentos que possam causar dano a seres humanos ou ao meio ambiente, guiar em uma decisão que impacte a dignidade ou ao bem-estar de pessoas ou para resolver dilemas éticos.

Para dar conta de responder à demanda existente por respostas concretas acerca da necessidade de incorporar capacidades éticas em sistemas de IA, pesquisadores da área têm proposto um tipo especial de software chamado de Agente Moral Artificial (AMA). Esses agentes, sejam virtuais (softwares) ou físicos (robôs), são capazes de demonstrar comportamentos considerados éticos ou, pelo menos, evitar comportamentos considerados não éticos. Tais comportamentos podem ser baseados em doutrinas éticas, como deontologia, utilitarismo e ética da virtude, ou não.[19] O que os distingue são suas capacidades morais.

Para compreender melhor como os AMAs funcionam, é possível classificá-los de duas diferentes formas. Uma delas é proposta pelo professor, filósofo e pesquisador James H. Moor, da faculdade DartMouth, nos EUA, um dos primeiros a propor discussões a esse respeito. Na classificação proposta por ele, existem três tipos de agentes morais artificiais, sendo:[20]

- **Agentes éticos implícito**s: são desenvolvidos de forma que seus comportamentos sejam limitados para que não executem ações consideradas não éticas. Isso significa que seguem regras de segurança e confiabilidade sem precisar de códigos éticos específicos. Além disso, apresentam como características principais a não capacidade de distinguir ações éticas de não éticas, funções e segurança bem conhecidas e testadas e ausência de códigos maliciosos. Qualquer sistema que atenda a essas características pode ser considerado um agente ético implícito.
- **Agentes éticos explícitos**: são chamados assim porque implementam a ética de forma clara e direta. Basicamente, esses agentes têm regras e estratégias específicas para tomar decisões éticas.
- **Agentes éticos plenos**: apesar de semelhantes aos agentes éticos explícitos, se diferem por características que normalmente associamos aos seres humanos, como consciência, livre-arbítrio e intenção. Há um debate significativo sobre se algum dia conseguiremos realmente criar um agente com essas capacidades.

Como é possível constatar, os agentes éticos implícitos são guiados por regras rígidas e restrições, sem empregar raciocínio ou algoritmos que realmente considerem decisões éticas. Já os agentes éticos plenos, pelo menos por enquanto, permanecem como meras aspirações, projetos e especulações. Por essas razões, a maior parte dos esforços no desenvolvimento de agentes morais artificiais está focada nos agentes éticos explícitos.

A segunda forma de classificação de agentes morais artificiais foi proposta pelo professor da Universidade da Califórnia Colin Allen, pela consultora e pesquisadora Iva Smit e pelo professor e pesquisador da Universidade de Yale Wendell Wallach. Seu objetivo é organizar os AMAs de acordo com as estratégias aplicadas para tomadas de decisões éticas, abrangendo três abordagens para o desenvolvimento de agentes morais, sendo elas: *top-down*, *bottom-up* e híbrida. Vamos conhecer um pouco mais sobre cada uma delas.

Aprendendo a ser ético: abordagem *bottom-up*

Assim como uma criança desenvolve sua educação moral identificando o que é considerado apropriado ou inadequado em um contexto social, agentes morais artificiais também podem aprender por tentativa e erro a agir de forma ética. A abordagem *bottom-up* baseia-se no desenvolvimento de agentes que aprendem comportamentos moralmente corretos por meio de experiência e aprendizado gradual, sem se basear em uma teoria moral específica. Isso significa que não são programados com regras e algoritmos de raciocínio ético já existentes, mas que são expostos a ambientes onde o comportamento apropriado é recompensado ou selecionado.[21]

Um exemplo simples seria um agente treinado para reconhecer e executar ações altruístas em um jogo virtual, sendo recompensado sempre que agisse de forma adequada, aprendendo a valorizar o comportamento positivo. Em termos práticos, em um cenário de cooperação, um personagem baseado em IA poderia sacrificar um recurso valioso para ajudar outro jogador a completar uma missão, sem obter vantagem imediata. Essa ação altruísta seria recompensada, incentivando o personagem a priorizar o bem coletivo em interações futuras. Outro exemplo prático seria se um robô, ao interagir com humanos, aprendesse a distinguir entre ações que são socialmente aceitáveis ou não mediante mecanismos de punição e recompensa.

Atualmente, esse aprendizado se dá, em geral, por meio de técnicas de aprendizagem por reforço e aprendizagem por reforço inverso. No primeiro caso, conforme mostrado na seção "Aprendizagem de máquinas: como os computadores aprendem", o agente aprende a tomar decisões corretas para maximizar recompensas acumuladas ao longo do tempo por meio da interação contínua com o seu ambiente. No segundo caso, usando aprendizagem por reforço inverso, que deriva do termo em inglês *inverse reinforcement learning* (IRL), um agente observa como alguém ou algo se comporta e tenta entender quais são os objetivos ou recompensas que estão guiando esse comportamento. Assim, em vez de aprender interagindo com o ambiente, aprende observando outros agentes e tentando inferir a função de recompensa que leva ao comportamento observado.

Essas estratégias para o desenvolvimento de comportamento moral envolvem a aprendizagem gradativa por meio da experiência, seja recorrendo a ajustes realizados por programadores ou engenheiros quando encontram novos desafios, seja pelo desenvolvimento de novas estratégias de aprendizagem. É possível citar algumas tentativas de desenvolvimento de AMAs usando essa abordagem, tais como:

- ***Causuist BDI-agent***: agente inteligente que aprende com suas experiências e toma decisões éticas fundamentadas em situações reais. Ele combina raciocínio baseado em casos, com um modelo conhecido como BDI, sigla que vem do inglês *beliefs, desires and intentions*, usado para desenvolver agentes que simulam estados mentais. As crenças são informações consideradas verdadeiras; desejos são objetivos a serem alcançados; e intenções que representam desejos que o agente passa a considerar alcançáveis, comprometendo-se em alcançá-los.

Com essas características, o agente BDI pode tomar decisões e agir de forma mais ou menos autônoma, dependendo de como foi projetado.

Já o raciocínio baseado em casos é uma técnica que permite que o agente aprenda com suas experiências passadas. Imagine um médico veterano, que já lidou com diversos tipos de doenças. Ao atender um novo paciente, ele pode analisar os sintomas e comparar com os casos anteriores que já viu, utilizando essa experiência para tomar a decisão que considerar mais precisa. O *Causuist BDI-agent* funciona de forma similar, utilizando casos reais para orientar suas decisões éticas.

Para isso, ele opera por meio de quatro módulos principais. O primeiro é o módulo de recuperação de casos (*case retriever*), que busca na memória do agente casos semelhantes à situação pela qual está passando no momento em que a decisão é necessária. Em seguida, o módulo de avaliação de casos (*case evaluator*) analisa os casos recuperados, calculando o impacto de cada possível ação, considerando especialmente as implicações éticas.

Caso exista um caso similar na memória, o *case retriever* o utiliza como referência para orientar a decisão do agente. Se a situação for completamente nova, ele processa a nova situação através do *case evaluator* e decide qual ação tomar com base nas análises realizadas.

Após tomar uma decisão, o módulo atualizador de casos (*case updater*) entra em ação, registrando a experiência na memória de casos (*case memory*). Esse processo permite ao agente aprender com cada situação enfrentada, utilizando essas experiências para melhorar suas decisões éticas futuras.[22]

- **GenEth**: é um analisador que ajuda a resolver dilemas éticos de forma geral. Ele utiliza uma técnica chamada programação lógica indutiva para deduzir princípios a partir das preferências de ações éticas observadas. Isso significa que ele aprende com exemplos de comportamento humano.

O GenEth foi implementado para testes em um protótipo de robô humanoide chamado NAO, desenvolvido pela SoftBank Robotics. Nesse experimento, o robô tinha a tarefa de lembrar os pacientes sobre horários e medicamentos a serem tomados. Isso exigia lidar com situações nas quais o paciente poderia deliberadamente deixar de tomar a medicação. Para cumprir essa tarefa, era necessário equilibrar três deveres éticos principais:

- Garantir que o paciente recebesse o benefício potencial ao tomar o medicamento;
- Prevenir os malefícios que poderiam ocorrer caso o medicamento não fosse tomado;
- Respeitar a autonomia do paciente, permitindo que ele fizesse suas próprias escolhas.

Inicialmente, o robô recebeu informações como o horário do medicamento, o potencial dano máximo caso não fosse tomado, o tempo para que esse dano pudesse ocorrer, o benefício esperado máximo do uso do medicamento e quanto tempo levaria para esse benefício ser perdido. Usando essas informações, o robô calculava o quanto estava satisfazendo ou violando cada um dos três deveres éticos ao longo do tempo. Com base nessas avaliações, ele executava diferentes ações para garantir que os pacientes fossem lembrados de tomar seus medicamentos corretamente.

Os testes realizados com essa abordagem foram considerados satisfatórios pelos pesquisadores, mostrando que o GenEth pode ser uma ferramenta eficaz para auxiliar sistemas autônomos a lidar com decisões éticas complexas.[23]

Como foi mencionado antes, atualmente há uma grande tendência entre pesquisadores da área que utilizam estratégias baseadas na abordagem *bottom-up* de utilizar aprendizagem por reforço ou aprendizagem por reforço inverso para desenvolver agentes capazes de aprender comportamentos éticos.[24,25,26] Nos últimos anos, entretanto, tem havido muito debate sobre o uso de aprendizagem de máquinas para resolver questões de alinhamento de valores.

As principais críticas, nesse sentido, têm sido relacionadas principalmente à qualidade dos dados usados para treinamento. O risco, nesse caso, é que sistemas que deveriam ser éticos acabem herdando vieses, preconceitos e outras características indesejadas que podem resultar em comportamentos antiéticos.[27] E, como temos visto ao longo das seções anteriores, essas são críticas bastante fundamentadas e justificáveis.

Além disso, há também uma questão importante relacionada à capacidade da aprendizagem por reforço inverso de generalizar seus aprendizados. Isso significa que um agente pode aprender certos comportamentos em um contexto específico e aplicá-los de forma incorreta em situações diferentes. Por exemplo, um agente treinado para agir eticamente em um ambiente controlado pode ter dificuldades em reconhecer e lidar com situações novas ou mais complexas. Nesses casos, os princípios éticos que ele aprendeu podem não se aplicar da mesma maneira, e o agente pode não saber como agir corretamente.

Outro desafio importante é a possibilidade de cair na falácia naturalista, que implica definir o que é certo baseado apenas no que é observado, sem considerar necessariamente o que deveria ser ético. Trata-se de um erro lógico que ocorre quando se tenta derivar um "dever ser" ético a partir de um "ser". É como assumir que um comportamento é bom apenas porque muitas pessoas o praticam ou porque é um costume comum. Mas o fato de uma ação ser amplamente adotada ou popular não significa que ela seja moralmente correta. Em outras palavras, a frequência com que um comportamento é praticado não é, por si só, um critério suficiente para determinar que ele é eticamente aceitável.

Imagine um robô criado para aprender sobre comportamento ético observando adolescentes em uma escola. Suponha que esse agente teria a capacidade de ajustar seu entendimento do que é certo ou errado com base no que vê sendo recompensado ou punido entre as pessoas. Agora, pense que os alunos desse colégio têm o hábito muito recorrente de fazer piadas sobre características físicas de seus colegas – brincadeiras que podem parecer engraçadas para alguns, mas que acabam machucando ou incomodando aqueles que são o alvo dessas piadas.

Se o robô perceber que esse tipo de comportamento é uma prática comum e que os alunos que o praticam recebem risos e se tornam populares em vez de serem corrigidos, ele pode interpretar esse comportamento como aceitável, positivo e esperado. Isso exemplifica a falácia naturalista, onde o robô pode concluir que, se algo é comum, deve ser correto.

Porém, é preciso ter em mente que fazer piadas sobre características físicas das pessoas pode causar danos emocionais e afetar a autoestima delas, mesmo que para alguns pareça inofensivo. O fato de muitos participarem dessa prática não a torna moralmente certa.

Essa falácia alerta para a necessidade de não simplificar questões éticas complexas apenas com base em observações superficiais ou práticas correntes. Ela nos lembra que a ética envolve considerações mais profundas sobre o que é justo, correto e moralmente aceitável, muitas vezes indo além do que é habitualmente observado ou praticado em uma sociedade. Portanto, confiar exclusivamente em técnicas de aprendizagem de máquina ou outras abordagens empíricas para ensinar agentes inteligentes sobre alinhamento de valores pode não resultar em aprendizados efetivos sobre princípios éticos fundamentais.

Seguindo os mestres: abordagem *top-down*

Como foi dito ao longo da seção "Uma questão de ética", há mais de dois milênios a humanidade vem desenvolvendo diferentes modelos, formas de raciocínio e métodos para resolver questões éticas e tentar se equilibrar entre o certo e o errado. Por que, então, não utilizarmos todo esse conhecimento acumulado para desenvolver máquinas capazes de discernir entre o certo e o errado, demonstrando comportamento ético?

Essa é a proposta da abordagem *top-down* para o desenvolvimento da moralidade artificial, que envolve a criação de agentes que seguem regras éticas explícitas baseadas em teorias e modelos éticos já reconhecidos. Nesse sentido, em vez de aprender moralidade por meio da experiência, esses agentes são programados com algoritmos que traduzem princípios, regras e formas de raciocínio em ações éticas. Um exemplo simples disso seria um robô que segue princípios como "não causar dano a seres humanos" ou "sempre dizer a verdade", sem a necessidade de aprender essas regras por tentativa e erro.

Para isso, a abordagem *top-down* busca implementar modelos éticos baseados na deontologia, no utilitarismo, na ética *prima facie*, entre outras diretamente no código dos agentes morais artificiais. Essas teorias éticas são convertidas em procedimentos algorítmicos de decisão que orientam o comportamento dos agentes em situações que exigem decisões éticas.

Assim, da mesma forma que para a abordagem *bottom-up*, também há registros de tentativas de implementar AMAs que seguem a abordagem *top-down* no decorrer da história da inteligência artificial. Aqui vão alguns deles para que se possa ter uma ideia mais clara de como funcionam:

- **MoralDM**: um agente inteligente projetado para interpretar e compreender problemas descritos em linguagem humana utilizando processamento de linguagem natural. Ele é capaz de ler problemas em um *prompt* e aplicar algoritmos que permitem calcular a utilidade e as consequências das possíveis ações. A utilidade se refere a uma medida que avalia o quanto uma ação pode ser boa ou ruim, enquanto as consequências são os resultados que podem surgir a partir da execução dessa ação. Além disso, o MoralDM é equipado com módulos que contêm princípios morais, funcionando como diretrizes éticas que orientam suas decisões.
  Dependendo do problema que enfrenta, o MoralDM pode exibir dois tipos de comportamento ético:
    - Comportamento utilitarista: aqui o agente busca a ação que trará o maior bem para o maior número de pessoas, maximizando a felicidade ou o bem-estar geral.

- Comportamento deontológico: neste caso, ele segue regras éticas predefinidas, independentemente das consequências, agindo de acordo com esses princípios, mesmo que isso não resulte no maior bem para todos.

Isso significa que o MoralDM é um sistema de IA que pode tomar decisões éticas se adaptando a diferentes situações e aplicando diferentes tipos de raciocínio moral para resolver problemas.[28,29]

- **Jeremy**: é uma solução baseada em ética utilitarista para tomada de decisão e resolução de dilemas éticos que implementa o algoritmo Hedonistic Act Utilitarianism (HAU), fundamentado na teoria de Jeremy Bentham, apresentada na seção "Utilitarismo: o que vale são as consequências". Diante de uma situação que exige uma decisão ética, o algoritmo escolhe, entre um conjunto de opções possíveis, aquela ação que resulte no maior prazer líquido ou felicidade, considerando igualmente todos os afetados pela ação a ser tomada.

Desse modo, para decidir sobre a ação correta, o algoritmo HAU requer como entrada:
- Número de pessoas afetadas: quantas pessoas serão impactadas pela ação.
- Intensidade de prazer ou desprazer: para cada pessoa, o algoritmo precisa saber quão intenso será o prazer ou desprazer causado pela ação. Isso pode ser medido em uma escala simples, como de 2 (muito prazer) a -2 (muito desprazer).
- Duração do prazer ou desprazer: o tempo que esse prazer ou desprazer pode durar. Pode ser em horas ou dias, por exemplo.
- Probabilidade de ocorrência: a probabilidade de que esse prazer ou desprazer realmente aconteça para cada ação possível.

Com essas informações, o algoritmo calcula o prazer líquido para cada pessoa afetada. Ele faz isso multiplicando a intensidade do prazer/desprazer pela duração e pela probabilidade de ocorrência. Depois, soma todos esses valores individuais para encontrar o Prazer Líquido Total (PLT).

O objetivo do algoritmo é encontrar a ação que maximiza o PLT, garantindo que a decisão tomada traga o maior benefício possível para o maior número de pessoas. A fórmula matemática que é usada para realizar esse cálculo combinando todos esses fatores para determinar a melhor escolha ética, pode ser observada logo abaixo:

$$Prazer\ Líquido\ Total = \sum_{i=1}^{n}(Intensidade_i . Duração_i . Probabilidade_i)$$

Onde n é o número total de pessoas afetadas pela ação.[30]
Esse algoritmo pode ser usado em diferentes contextos para resolver dilemas éticos. A seguir será mostrado um modelo de agente moral artificial que o aplica para esta finalidade.

- **Ethoscool**: um sistema multiagentes que implementa um agente moral artificial chamado Agente Tutor, que, por sua vez, aplica a ética deontológica para guiar estudantes em grupos de aprendizagem colaborativa que interagem por meio de um fórum de discussões on-line. O Ethoscool busca promover o engajamento comportamental dos alunos durante o tempo de execução da atividade.

Entre os princípios éticos seguidos pelo Ethoscool estão:
  - Promover a participação do aluno durante todo o tempo da atividade;
  - Promover a equidade na participação dos estudantes;
  - Não interferir na autonomia do aluno.

O problema é que promover a participação de um aluno, ou seja, fazer com que ele interaja, eventualmente pode significar intervir em sua autonomia quanto a liberdade de não interagir, levando o agente a um dilema ético. Para resolver isso, entra em cena a sua dimensão utilitarista, que aplica o algoritmo Jeremy para avaliar como uma intervenção ou não intervenção do agente impactaria no bem-estar geral dos estudantes envolvidos.[31]

Isso o ajuda a decidir qual ação mais correta a ser tomada para não violar a autonomia dos estudantes, nem deixar que as equipes se prejudiquem pela falta de colaboração entre os alunos.

Existem ainda muitas outras discussões sobre qual seria a melhor forma de implementar agentes morais artificiais usando a abordagem *top-down*. Os modelos apresentados aqui são alguns dos que já foram testados e apresentaram algum resultado satisfatório.

Há muitas dificuldades e desafios na implementação dessa abordagem. Um dos pontos mais significativos é que, embora ela ofereça clareza e consistência nas ações dos agentes de moralidade artificial, também enfrenta críticas devido à rigidez das regras e à dificuldade de lidar com nuances éticas complexas. A escolha das teorias morais a serem implementadas e a adaptação a diferentes contextos éticos também podem ser desafios significativos.

A impossibilidade de prever todos os cenários possíveis nas mais diversas situações em que um agente pode se encontrar acaba limitando a aplicação dos modelos *top-down* a contextos específicos e bem definidos. Isso inviabiliza a criação de agentes capazes de lidar com problemas éticos mais gerais e abstratos. No entanto, essa abordagem fornece uma estrutura sólida para a tomada de decisões éticas em domínios e situações especializadas. Além disso, aplicar teorias, estruturas e modelos éticos já validados para a construção de agentes morais artificiais ajuda a promover a confiança das pessoas nessas soluções, pois torna mais previsíveis e, de certo modo, mais explicáveis, as decisões tomadas.

O caminho do meio: abordagem híbrida

Como o próprio nome sugere, a abordagem híbrida na implementação de AMAs combina elementos das abordagens *top-down* e *bottom-up*, integrando tanto regras éticas explícitas e modelos de raciocínio ético quanto aprendizagem de máquina. Isso significa que os agentes de IA são programados com princípios éticos gerais, ao mesmo tempo que têm a capacidade de aprender e ajustar seu comportamento com base na experiência.

Por exemplo, imagine um sistema de IA em um ambiente de trabalho qualquer. Esse sistema segue diretrizes éticas predefinidas, mas também pode aprender por meio de interações com pessoas e *feedbacks*, aprimorando suas decisões éticas ao longo do tempo. Outra situação prática poderia ser um robô assistente doméstico previamente programado para seguir princípios gerais como respeitar a privacidade das pessoas, mas que também pudesse aprender a reconhecer e respeitar as preferências individuais dos moradores à medida que interage com eles.

A abordagem híbrida, portanto, busca combinar a clareza e a consistência das regras éticas reconhecidas e legitimadas com a flexibilidade e a adaptabilidade da aprendizagem que provê melhoria constante. A seguir, são apresentados alguns exemplos já implementados seguindo esta abordagem.

- **LIDA**: uma sigla para o termo em inglês *learning intelligent distribution agent*, que significa algo como agente inteligente de distribuição de aprendizagem. Esse termo se refere a um modelo conceitual e computacional de cognição humana que simula uma ampla gama de processos cognitivos em um agente artificial. Trata-se, portanto, de uma abordagem abrangente, conceitual e computacional baseada em diferentes teorias psicológicas e neuropsicológicas, sendo projetada para integrar emoções no processo de tomada de decisão.
O funcionamento do modelo LIDA é baseado em um ciclo cognitivo que consiste em três etapas principais: percepção, atenção e ação. Este ciclo é repetido continuamente, com o agente autônomo – seja humano, animal ou artificial – realizando essas fases para interagir com seu ambiente e tomar decisões. Durante cada ciclo cognitivo, o agente atualiza sua

representação do mundo externo e interno, decide qual parte da situação requer mais atenção e a transmite como conteúdo atual da consciência. Isso permite que o agente escolha uma ação apropriada e a execute.

O LIDA busca ainda representar influências éticas, como sentimentos, regras e virtudes, dentro de seus mecanismos, a fim de criar agentes que possam considerar informações éticas relevantes ao selecionar uma ação. Além disso, o modelo também incorpora diferentes modos de aprendizado, semelhante ao aprendizado humano, sendo não supervisionado, contínuo e combinando aspectos de seleção e instrução.

Por fim, o modelo é capaz de aprender e se adaptar ao ambiente por meio de iterações de ciclos de sentido-cognição-ação. Ele incorpora mecanismos que permitem ao agente ajustar suas ações com base nas experiências passadas e nas informações sensoriais atuais. Portanto, o LIDA não apenas toma decisões com base em suas percepções do ambiente, mas também pode aprender com essas interações para melhorar suas decisões futuras.

Esse modelo já foi parcialmente implementado em um robô assistente móvel chamado CareBot, que opera em um ambiente simulado. Apesar de ser descrito apenas como um exemplo de mecanismo de tomada de decisão restrita, há planos para incorporá-lo em um robô físico.[32]

- **MedEthEx**: é um projeto cujo objetivo foi criar um conselheiro ético para auxiliar profissionais de saúde na resolução de dilemas éticos. Essa proposta se fundamenta na teoria ética de múltiplos deveres desenvolvida por Tom L. Beauchamp e James F. Childress, autores do livro *Principles of Biomedical Ethics*, obra fundamental no campo da bioética e essencial para a disseminação e fortalecimento da disciplina globalmente.[33]

A concepção do projeto inclui quatro princípios: respeito pela autonomia, não maleficência, beneficência e justiça. Cada um desses princípios é considerado um dever *prima facie*, ou seja, uma obrigação a ser seguida a menos que seja sobreposta por uma obrigação mais forte. A tomada de decisões éticas com essa teoria envolve sensibilidade ética e julgamento especializado, que o MedEthEx tenta sistematizar através da generalização de informações aprendidas sobre casos particulares.[34]

Seu funcionamento começa pelo módulo de treinamento, que pede ao humano que irá treiná-lo uma estimativa da intensidade de cada dever *prima facie* satisfeito ou violado por uma ação. Em seguida, essa informação é combinada com o caso apresentado para criar um novo exemplo de aprendizado. O sistema usa o conhecimento de especialistas em ética para lidar com dilemas morais e, no módulo de aconselhamento, consulta sua base de conhecimento e a hipótese que está sendo testada para sugerir a melhor ação em uma situação específica.

Embora a abordagem híbrida apresente desafios na integração de diferentes metodologias e na harmonização entre regras e aprendizado, ela oferece uma maneira mais abrangente e adaptativa de desenvolver agentes morais artificiais. Ao combinar o melhor das abordagens *top-down* e *bottom-up*, também herda os problemas inerentes a ambas. Nesse sentido, é importante enfatizar que a busca pelo equilíbrio entre a consistência oferecida por modelos éticos bem estabelecidos e a capacidade de aprendizado e evolução dos agentes exige um esforço contínuo para evitar problemas conhecidos, como a replicação de vieses preconceituosos e falta de flexibilidade.

A classificação de cada modelo apresentado nesta seção foi inspirada no trabalho de pesquisadores do México que criaram uma taxonomia para organizar agentes morais artificiais de acordo com as suas características, com base na classificação proposta por Colin Allen, Iva Smit e Wendell Wallach.[35] Existem outros modelos não citados aqui, mas que contribuem de igual forma para o avanço dessa área de conhecimento.

Ao analisar todo o contexto que abrange AMAs, considerando, principalmente, os problemas e desafios que precisam ser enfrentados, o que fica claro é que a tentativa de criar sistemas éticos gerais pode não ser produtivo. A complexidade do mundo real e das relações humanas são obstáculos quase intransponíveis para a criação de um sistema capaz de lidar com todas as ambiguidades, variáveis e contextos possíveis.

Isso torna muito evidente a necessidade de simplificar o problema da implementação de um quadro ético completo, propondo mecanismos de tomada de decisão moral que sejam restritos a domínios e funcionalidades para os quais o agente é projetado. Assim, diferentemente de tentar desenvolver uma solução universal que aborde todos os dilemas éticos possíveis, a restrição a domínios específicos permite um foco mais detalhado e gerenciável.

Essa abordagem facilita a criação de regras e modelos éticos mais diretamente aplicáveis a situações concretas que o agente encontrará em seu escopo de ação. Um exemplo disso é o desenvolvimento de agentes morais artificiais para veículos autônomos. Esses agentes são projetados especificamente para tomar decisões éticas relacionadas à direção e à segurança no trânsito.

Os dilemas éticos enfrentados pelos veículos autônomos são numerosos e complexos, como decidir a ação mais segura em situações de risco iminente. Ao restringir o domínio ao ambiente de trânsito, os desenvolvedores podem se concentrar em princípios éticos diretamente aplicáveis, como a prioridade da segurança dos passageiros, pedestres e outros motoristas.

Além disso, limitar o escopo do agente facilita o teste e a validação do seu comportamento ético, permitindo a criação de cenários específicos que refletem situações reais. Isso ajuda a avaliar suas decisões e ajustar algoritmos, aumentando a confiança na capacidade do agente de agir de forma moralmente adequada.

Outra vantagem de restringir o domínio é a possibilidade de reduzir a necessidade de recursos. Desenvolver um agente moral que possa operar em qualquer contexto requer uma enorme quantidade de poder computacional e de dados para treinamento. Ao focar em um domínio específico, os desenvolvedores podem otimizar os recursos e melhorar a eficiência do sistema.

Ainda assim, a definição de características éticas gerais e de uma deontologia para a inteligência artificial que possa orientar o desenvolvimento e o uso de sistemas inteligentes é fundamental para o desenvolvimento futuro desse campo. Essa tarefa pode ser bastante desafiadora, pois diferentes culturas, valores e expectativas podem influenciar no que é considerado eticamente aceitável, tornando difícil criar um conjunto universal de diretrizes. Além disso, a rápida evolução tecnológica implica que as normas éticas precisam ser continuamente revisadas e adaptadas para manter a relevância e a eficácia na orientação dos comportamentos dos agentes de IA.

A próxima seção tenta simplificar esse trabalho, sintetizando propostas mundialmente reconhecidas e que representam um norte para a ética em IA. Essas propostas incluem princípios estabelecidos por organizações internacionais, como a Organização das Nações Unidas para a Educação, a Ciência e a Cultura (Unesco) e o Instituto de Engenheiros Eletricistas e Eletrônicos (IEEE), que trabalham para harmonizar diferentes perspectivas e criar um conjunto de diretrizes éticas abrangentes. Espera-se assim que seja possível fornecer uma base sólida e flexível para o desenvolvimento de sistemas de IA que não apenas atendam às necessidades técnicas e funcionais, mas também respeitem os valores e princípios éticos essenciais para a sociedade.

UM CAMINHO A SEGUIR: A DEONTOLOGIA DA IA

A história recente tem sido muito clara, como comprovam as páginas deste livro, sobre a importância e a necessidade de estabelecer limites éticos para o desenvolvimento e a utilização da inteligência artificial.

Qualquer recurso tecnológico potencialmente perigoso, como armamentos, defensivos agrícolas e medicamentos, que podem oferecer grandes benefícios, mas também representam riscos ao bem-estar humano e ao ambiente, precisam ter seu desenvolvimento e uso regulados de alguma forma. Sistemas e equipamentos que usam recursos de IA ainda estão em sua fase embrionária de desenvolvimento. Mal sabemos até onde podemos chegar com essas novas capacidades oferecidas pelos computadores e já experienciamos muitas das suas consequências negativas.

Esta é uma evidência sólida da necessidade de uma deontologia para a IA. Muitas profissões, de forma explícita ou tácita, dispõem de um conjunto de princípios e normas éticas que orientam sua atuação. Esse conjunto de regras é conhecido como código de ética e, no contexto da IA, é exatamente disso que trata a deontologia.

No âmbito da inteligência artificial, implica definir obrigações e proibições específicas que desenvolvedores, pesquisadores e usuários devem seguir para garantir que recursos de IA sejam utilizados de maneira ética e responsável. Nesse sentido, várias iniciativas vêm sendo organizadas desde 2017 ao redor do mundo com o objetivo de identificar princípios éticos capazes de nortear o desenvolvimento dessa área.

Um exemplo marcante é o trabalho do Future of Life Institute (FLI), fundado em 2014 por grandes nomes como Stephen Hawking, Max Tegmark e Stuart J. Russell. O FLI tem como missão "direcionar tecnologia transformadora para beneficiar a vida e evitar riscos graves em larga escala".[36]

Em janeiro de 2017, esse instituto organizou a conferência Beneficial AI em Asilomar, na Califórnia, um evento inovador que resultou na criação dos 23 Princípios de Asilomar para a Inteligência Artificial. Essas diretrizes são amplamente reconhecidas e dividem-se em três categorias principais: questões de pesquisa, ética e valores e questões de longo prazo. Cada uma aborda aspectos essenciais para garantir que a inteligência artificial seja desenvolvida e utilizada de forma ética e benéfica para a sociedade.

Com preocupações semelhantes, em 2019, o Instituto de Engenharia Elétrica e Eletrônica (IEEE), uma organização profissional global dedicada ao avanço da tecnologia relacionada à eletricidade, eletrônica e áreas afins, propôs um conjunto de oito princípios gerais de alto nível para o desenvolvimento e a operação de recursos de IA. Essas definições, elaboradas pelo IEEE Global Initiative on Ethics of Autonomous and Intelligent Systems, visam promover valores humanos e assegurar a confiabilidade da IA, além de oferecer *insights* e recomendações práticas, sendo uma referência importante para tecnólogos, educadores e legisladores nos próximos anos.[37]

Da mesma forma, em 2021 a Organização para a Cooperação e Desenvolvimento Econômico (OCDE), uma organização internacional formada por países com elevados índices de desenvolvimento humano, também lançou seu conjunto de princípios e recomendações para orientar o uso responsável e inovador da inteligência artificial.

Esses princípios visam garantir que o desenvolvimento e aplicação da IA sejam feitos de maneira que respeite os direitos humanos fundamentais e os valores democráticos. Além de tentar promover a confiança pública na IA, as diretrizes da OCDE enfatizam a importância de práticas transparentes, equitativas e éticas no desenvolvimento, implementação e governança dessas tecnologias emergentes.[38]

Por fim, e igualmente importante, em 2020 a Organização das Nações Unidas para a Educação, a Ciência e a Cultura (Unesco), uma agência especializada das Nações Unidas dedicada a promover a paz e a segurança por meio da cooperação internacional em educação, ciência, cultura e comunicação desenvolveu o Primeiro Rascunho de Recomendações sobre Ética em Inteligência Artificial. Essa proposta foi posteriormente atualizada e publicada em 2022 sob o nome de Recomendações Sobre Ética da Inteligência Artificial.

Esse documento aborda a ética da inteligência artificial como uma reflexão organizada e detalhada, baseada em uma combinação de valores, princípios e ações interconectadas que podem ajudar as sociedades a lidarem de maneira responsável com os impactos, conhecidos ou não, dos recursos de IA. Essa abordagem fornece uma base para que as pessoas adquiram condições para decidir, de forma consciente, se desejam ou não aceitar essas tecnologias em suas vidas.[39]

O documento da Unesco também destaca que a rápida evolução da inteligência artificial exige uma cooperação global que vá além dos interesses nacionais e comerciais, enfrentando os desafios éticos impostos pela diversidade cultural e a interconectividade mundial. Além disso, frisa que não se pode permitir que leis, muitas vezes lentas e desatualizadas, sejam superadas pela IA, que, se não for cuidadosamente regulada, poderá contribuir para o rompimento dos padrões éticos e valores locais. Também destaca que o futuro da IA não pode ser guiado apenas pela competição econômica, mas por uma responsabilidade coletiva que proteja a integridade das diversas culturas e sistemas éticos ao redor do mundo, conclamando os países membros para que se engajem nesse movimento.

Existem, claro, várias outras iniciativas com o intuito de estabelecer limites e princípios para o desenvolvimento da IA. Todas são importantes para a organização da área e contribuem para que o uso desse recurso seja cada vez mais ético, seguro e confiável. Entretanto, este livro se concentrará nas propostas transcontinentais que, de uma forma ou de outra, acabam servindo como fontes para iniciativas nacionais e internacionais, embasando a criação de leis e regulamentações mais específicas e adequadas a cada contexto.

Essas iniciativas globais refletem um consenso crescente sobre a necessidade de diretrizes éticas robustas para o uso da IA. Ao adotar e adaptar esses princípios às realidades locais, as instituições podem contribuir para que o uso da inteligência artificial seja benéfico e equitativo, promovendo um ambiente de aprendizado seguro e eficaz para todos. Porém, esta seção não poderia se chamar "Deontologia da IA" se não apresentasse um conjunto de princípios capazes de orientar o desenvolvimento e o uso de recursos de inteligência artificial. Por outro lado, também não faria sentido reinventar a roda, como se diz popularmente. O fato é que existem excelentes propostas para essa finalidade. Logo, o mais sensato é organizá-las e sintetizá-las de maneira compreensível.

Sendo assim, para facilitar esse trabalho, bem como a sua compreensão, o quadro a seguir apresenta os princípios para ética em IA propostos pelas organizações transcontinentais e supranacionais mais relevantes que se debruçaram sobre o problema. Além disso, no mesmo quadro é possível observar também que existem várias intersecções entre os princípios propostos por cada entidade, deixando claro que há bastante sinergia e pontos em comum entre elas.

Assim, da esquerda para a direita, estão listados os princípios éticos para a IA propostos pela Unesco, mais concretos e autoexplicativos, e que servirão como base para a próxima seção, na qual cada um deles será mais bem explicado. Na sequência, são listados os princípios de Asilomar, do IEEE e da OCDE. Como é possível observar, os dois últimos são mais abstratos e abrangentes. A ideia é que seja possível ter clareza de como esses princípios se relacionam entre si e quais são as intersecções entre as diferentes propostas para ética em IA.

Quadro 1 – Princípios para ética em IA e suas intersecções

Unesco	PRINCÍPIOS DE ASILOMAR	IEEE	OECD
Proporcionalidade e não causar danos	Liberdade e privacidade	Bem-estar	
	Cuidado de capacidade	Eficácia	
	Objetivo da pesquisa Não subversão Corrida armamentista		Robustez, segurança e proteção
Segurança e proteção	Evitar corridas		
	Autoaprimoramento recursivo	Conscientização sobre o uso indevido	
	Segurança		
	Riscos		

Justiça e não discriminação	Alinhamento de valores Valores humanos Benefício compartilhado	Direitos humanos Agência de dados	Valores centrados no ser humano e justiça
Privacidade	Privacidade pessoal		
Supervisão humana e determinação	Controle humano		
Sustentabilidade	Prosperidade compartilhada		
Transparência e explicabilidade	Transparência quanto a falhas Transparência Judicial	Transparência	Transparência e explicabilidade
Responsabilidade e prestação de contas	Responsabilidade	Responsabilidade	Responsabilidade
Conscientização e alfabetização	Cultura de pesquisa Cautela com capacidades	Competências	Crescimento inclusivo, desenvolvimento sustentável e bem-estar
Governança adaptativa e colaboração com múltiplas partes interessadas	Vínculo ciência-política Importância Bem comum Financiamento de pesquisa		

Cada princípio apresentado busca orientar no sentido de que medidas para a mitigação ou eliminação de riscos representados pelo desenvolvimento descontrolado da IA possam ser implementados. Conhecer tais princípios é de fundamental importância para que desenvolvedores, projetistas, elaboradores de políticas públicas e legisladores possam se antecipar aos problemas representados por novas tecnologias que envolvem IA.

Por essa razão, a próxima seção irá abordar cada um deles com a devida ênfase. O objetivo é deixar claro quais medidas e práticas para lidar com questões éticas na inteligência artificial têm sido adotadas pela comunidade internacional de pesquisa e de formulação de políticas para o desenvolvimento de novas tecnologias.

Os princípios da ética em IA

Toda embarcação em alto mar necessita de pontos de referência para se orientar em meio à vasta gama de possibilidades de direção que pode tomar para chegar a algum lugar. Nesse cenário, o primeiro passo é, sem dúvida, saber aonde se quer chegar. O segundo passo, tão importante quanto o primeiro, é saber onde se está. O terceiro, por fim, é se apoiar em referências, sejam bússolas, astros, mapas ou outros recursos tecnológicos que possam servir como guia até o destino desejado.

Pois bem, o nosso destino agora é a compreensão de princípios éticos e diretrizes capazes de garantir que o desenvolvimento e uso da IA beneficie a todos de maneira justa e segura. E como referência, em meio a tantas possibilidades, vamos tomar como bússola a proposta da Unesco, que será o norte moral para nos orientar ao navegar pelo vasto e complexo mar das tecnologias emergentes. Esses princípios foram criados para proteger a dignidade humana, promover o bem-estar e prevenir danos, refletindo uma abordagem holística que considera os impactos da IA não apenas nos indivíduos, mas também nas sociedades, no meio ambiente e nos ecossistemas.[40]

Esta seção apresenta uma descrição detalhada e reflexiva de cada um desses princípios, mostrando como podem ser aplicados para garantir que a IA atue como uma força benéfica em nosso mundo. Desse modo, seja você um entusiasta de tecnologia, um profissional da área ou simplesmente alguém curioso com as novidades tecnológicas, esta seção oferece *insights* valiosos sobre como podemos construir um futuro mais ético e responsável apoiado pela inteligência artificial.

Entretanto, antes de tudo, é necessário compreender dois conceitos-chave que serão aqui tratados. O primeiro é o **ciclo de vida dos sistemas de IA**, que, basicamente, envolve todas as etapas pelas quais um sistema de inteligência artificial passa. Isso inclui desde sua concepção inicial, passando pelo desenvolvimento, implementação, uso, até sua eventual desativação. Então, sempre que essa expressão for mencionada, é importante saber que ela se refere a esse processo completo.

Outro conceito importante é o de **atores de IA**, que se refere a qualquer indivíduo ou entidade que participe em qualquer uma das etapas do ciclo de vida de um sistema de IA. Isso inclui desde pesquisadores e desenvolvedores até usuários finais e empresas que financiam e operam esses sistemas. Os atores de IA podem ser pessoas físicas – indivíduos – ou jurídicas – empresas e organizações.

Com essa compreensão, podemos descrever os nove princípios para ética em IA propostos pela Unesco, abordando suas implicações com alguns exemplos práticos, quando aplicável. Esses princípios servirão como um guia e foram escolhidos em detrimento de outros apenas por abordarem o problema de forma mais sintética e mais concreta, possibilitando uma compreensão mais clara sobre o domínio do problema. Também é importante lembrar que o Quadro 1 faz uma relação de como esses princípios se relacionam com outros igualmente importantes, proporcionando uma visão abrangente e integrada do assunto.

I. A IA deve ser segura e protegida

Um dos princípios mais básicos para ética em IA diz que riscos de segurança e de proteção devem ser evitados ao longo do ciclo de vida da inteligência artificial para garantir a segurança e a proteção humana, ambiental e dos ecossistemas. Embora os termos "**segurança**" e "**proteção**" muitas vezes sejam usados como sinônimos, no contexto da ética em IA, eles têm significados distintos. Segurança se refere à capacidade de um sistema de evitar danos indesejados, como falhas operacionais que podem resultar em acidentes ou lesões. Proteção, por outro lado, trata de prevenir vulnerabilidades que podem ser exploradas por agentes externos, como hackers.

Considere, por exemplo, um avião de combate autônomo que, sob o controle de uma IA, é capaz de se orientar sozinho pelo céu e identificar alvos de acordo com as instruções que recebe do comando. Atender aos requisitos de segurança, nesse caso, envolveria garantir que todos os seus sistemas, como navegação, controle de voo e armamentos, funcionem corretamente para evitar acidentes e ataques inesperados ou equivocados. Isso implica, entre outras coisas, realizar manutenções regulares e testes rigorosos.

Por outro lado, a proteção do avião e do seu sistema de IA envolveria garantir que ele estivesse seguro contra ataques externos. Imagine que hackers tentassem invadir o sistema de controle do avião para desativar seus armamentos ou mudar sua rota ou seus alvos. Para evitar isso, seria necessário implementar fortes medidas de segurança cibernética, como *firewalls*, criptografia e protocolos de autenticação robustos. Vulnerabilidades de proteção e de segurança, nesse caso, poderiam comprometer não apenas uma missão, mas também a segurança nacional.

Em resumo, a segurança evita danos operacionais, enquanto a proteção previne ataques externos. Ambas são fundamentais para que os sistemas de IA funcionem de maneira eficaz e confiável.

II. A IA e seus desenvolvedores devem ser justos e evitar discriminações

Grande parte das preocupações envolvendo o uso da IA têm como causa mais evidente a forma como a própria humanidade trata a si mesma. Injustiças e discriminações por questões relacionadas a sexo, gênero, etnia, raça ou crença são observadas em todo o planeta. Na verdade, é muito mais comum encontrar sociedades nas quais tais problemas estão presentes do que o contrário.

Como já dissemos, a inteligência artificial, nesse contexto, apenas reproduz comportamentos já observados na sociedade, seja de forma intencionalmente programada ou não. Por essa razão, entre os princípios que guiam o desenvolvimento desse tipo de recurso precisam constar orientações claras sobre justiça e discriminação.

Essas questões precisam ser tratadas como prioridades na ética em IA. Nesse sentido, é imperativo que, além de promover a equidade, os atores de IA também não poupem esforços para minimizar e evitar o reforço de preconceitos inadequados e discriminações baseadas na identidade das pessoas. Isso significa garantir que os sistemas de IA sejam projetados e operados de maneira a não perpetuar discriminações existentes. No capítulo "A verdadeira ameaça", foram apresentados exemplos atuais sobre estes tipos de discriminação.

Entretanto, há um aspecto da promoção da justiça que também deve ser observado pelos atores de IA durante seu uso e desenvolvimento. É amplamente sabido que interesses políticos e financeiros orientam a maior parte dos investimentos para a criação de novos recursos de IA, mas não se pode ignorar que tais recursos têm o potencial de acelerar ainda mais as desigualdades em todas as suas dimensões.

Sendo assim, a Unesco, por meio da sua proposta para ética em IA,[41] coloca de forma clara a necessidade de atentar, também, para a responsabilidade de promover a justiça social e respeitar a equidade. Segundo o documento, em termos práticos, implica garantir que os benefícios das tecnologias de inteligência artificial sejam compartilhados de maneira justa e inclusiva, considerando as necessidades específicas de diferentes faixas etárias, sistemas culturais, grupos linguísticos, pessoas com deficiências, meninas e mulheres, além de populações desfavorecidas, marginalizadas e vulneráveis. Tudo isso nos níveis local, nacional e global.

Em nível local, isso se traduz em esforços para garantir que as comunidades tenham acesso a sistemas de IA em seus próprios idiomas e de uma maneira que respeite suas culturas. Por exemplo, imagine uma solução baseada em IA desenvolvida para auxiliar na educação de crianças em uma região remota. Para ser verdadeiramente eficaz e equitativa, essa solução deve ser adaptada ao idioma local e respeitar as tradições culturais da comunidade, garantindo que todas as crianças, independentemente de suas origens, tenham acesso a uma educação de qualidade.

No nível nacional, por outro lado, os governos têm a obrigação de demonstrar equidade entre áreas rurais e urbanas e entre todas as pessoas, sem distinção de sexo, gênero, idioma, religião, opinião política, origem étnica ou social, orientação sexual, identidade de gênero, propriedade, deficiência, idade ou outro *status*. Um exemplo claro disso seria a implementação de sistemas de saúde baseados em IA que ofereçam diagnósticos e tratamentos igualmente eficazes tanto para pacientes em grandes cidades quanto para aqueles em áreas rurais isoladas.

No cenário internacional, por fim, os países tecnologicamente mais avançados devem ser solidários com aqueles que ainda não dispõem de recursos para desenvolver suas próprias tecnologias. Para isso, os benefícios gerados pela IA precisam ser compartilhados de forma que contribuam para um mundo mais justo e equilibrado. Por exemplo, países desenvolvidos poderiam colaborar com países em desenvolvimento e emergentes na implementação de sistemas de IA que ajudem a resolver problemas críticos, como a escassez de alimentos, oferecendo suporte técnico e recursos necessários.

Apesar da dificuldade do cumprimento de tais princípios, principalmente devido às disputas entre empresas, governos e nações, é preciso espalhar a ideia de que, pelo bem e pelo futuro próspero de toda a humanidade, colaborar deve ter primazia sobre competir. As transformações climáticas e políticas pelas quais o mundo já está passando talvez nos comprovem isso das piores maneiras nas próximas décadas.

III. A IA deve garantir a privacidade das pessoas

A privacidade é um direito fundamental que garante a proteção da dignidade humana, permitindo que as pessoas mantenham controle sobre suas informações pessoais e suas decisões, sem interferências indevidas e sem serem expostas ou ameaçadas por causa delas. Além disso, também assegura que indivíduos possam agir de forma autônoma, tomar decisões livres de coerção e exercer sua agência pessoal, ou seja, sua capacidade de agir e fazer escolhas de acordo com seus próprios interesses e valores. Sem a proteção da privacidade, a liberdade individual é comprometida, afetando negativamente a dignidade e o bem-estar das pessoas.[42]

Assim, fica clara a importância de proteger e respeitar a privacidade das pessoas, tanto pessoal quanto coletivamente, durante todo o ciclo de vida dos sistemas que usam inteligência artificial. Isso significa que os dados utilizados pela IA devem ser coletados, utilizados, compartilhados, arquivados e excluídos de maneira consistente com os valores e princípios de respeito à privacidade.

Para ilustrar, imagine que você está usando no seu smartphone um aplicativo de saúde que coleta dados sobre suas atividades físicas, dieta e sono. É importante que todas essas informações sejam usadas apenas para os fins declarados, como fornecer recomendações personalizadas de saúde, e que você tenha controle sobre o que é compartilhado e com quem. Seus dados não poderiam, por exemplo, ser compartilhados com empresas farmacêuticas para promover publicidade baseada nos dados pessoais coletados durante o uso do aplicativo. Para garantir essa proteção, devem ser estabelecidos processos adequados de proteção de dados e mecanismos de governança. Esses processos precisam ser desenvolvidos por agências reguladoras nacionais ou supranacionais, protegidos por sistemas judiciais e aplicados em todas as fases do ciclo de vida dos sistemas de IA.

Por exemplo, se uma empresa de tecnologia coleta seus dados de saúde, deve haver mecanismos para garantir que você possa solicitar a exclusão desses dados quando desejar, e que haja transparência sobre como e por que seus dados estão sendo utilizados.[43] Isso seria o mínimo para atender ao princípio da autodeterminação informativa.

Além disso, os sistemas algorítmicos, como os utilizados em IA, precisam passar por avaliações rigorosas de impacto sobre a privacidade, que também considerem os aspectos sociais e éticos de seu uso.

IV. A IA deve ser sempre supervisionada por humanos

Com a inteligência artificial assumindo cada vez mais responsabilidades e tomando decisões com cada vez mais autonomia, é imprescindível estabelecer mecanismos que garantam que qualquer decisão que possa afetar o bem-estar humano e a segurança do meio ambiente e dos ecossistemas sejam rigorosamente submetidas à supervisão humana. Afinal, não podemos permitir que máquinas, incapazes de assumir responsabilidades morais e legais, tenham autonomia para tomar decisões que possam ter consequências críticas e de longo alcance.

Por esse motivo, é essencial que a responsabilidade ética e legal por todas as fases do ciclo de vida da inteligência artificial possa sempre ser atribuída a indivíduos ou entidades formalmente instituídas. Em outras palavras, a supervisão humana não se limita apenas a pessoas, mas também se estende a órgãos governamentais, organizações privadas e entidades sociais.[44]

Exemplos nesse sentido podem ser observados na área da saúde, onde médicos podem confiar em sistemas de IA para auxiliar no diagnóstico por imagens, mas o diagnóstico final e a responsabilidade intrínseca serão sempre atribuídos ao próprio médico. Da mesma forma, atualmente é comum observar no setor financeiro como analistas humanos supervisionam sistemas de IA que detectam fraudes, gerenciam investimentos e tomam decisões de crédito. Em qualquer situação, entretanto, as responsabilidades por qualquer decisão tomada deverão ser atribuídas ao analista humano e não ao sistema que processou e forneceu os dados.

Esse princípio também tem sido bastante importante em cenários de guerra, onde robôs e sistemas de IA vem sendo aplicados de forma estratégica, tática e operacional. Nesse contexto em particular, todos devem concordar que usar máquinas para lutar contra humanos precisa ser considerado injusto, desleal e desumano. No entanto, é notória a crescente utilização de recursos desse tipo para a obtenção de vantagens militares. Em todo caso, é fundamental garantir que, ao menos, a decisão final sobre a vida ou a morte de um ser humano em campo de batalha seja atribuída a outro ser humano.

Além disso, combinar o poder de processamento da IA com a inteligência e o julgamento humano pode contribuir para a construção de um futuro no qual a inteligência artificial possa exercer um papel mais efetivo para o bem-estar da sociedade e o progresso da humanidade. Essa colaboração entre algoritmos e supervisão humana, principalmente em decisões mais críticas, permite a atribuição mais justa das responsabilidades pelas decisões tomadas, respeitando os valores fundamentais e os direitos das pessoas.

Ao integrar o discernimento humano nas decisões assistidas por IA, asseguramos que as inovações tecnológicas beneficiem a todos, promovendo um desenvolvimento sustentável e inclusivo. Essa abordagem não só potencializa as capacidades da IA, mas também tem o potencial de proteger e valorizar a dignidade e a autonomia humana, pavimentando o caminho para um futuro mais justo e próspero.

V. A IA deve ser transparente e explicável

Pesquisas como aquelas realizadas pelo Centro de Governança de IA da Universidade de Oxford e pela Northstar, apresentadas no capítulo "Essa tal de inteligência artificial", evidenciam a dificuldade das pessoas em identificar onde exatamente a IA é empregada e como suas vidas são influenciadas por ela. Isso se deve, em grande parte, à falta de transparência, intencional ou não, por parte dos atores de IA.

Entretanto, um dos pontos mais importantes no debate acerca da ética em IA é precisamente a transparência, uma qualidade essencial para garantir que os direitos humanos e os princípios éticos sejam respeitados. Imagine que um sistema de inteligência artificial seja usado para decidir se uma pessoa recebe ou não um empréstimo bancário. A transparência significa que o banco deve ser claro sobre como essa decisão é tomada, quais dados são usados e quais regras o algoritmo segue. Isso ajuda a garantir que tudo está sendo feito de maneira justa e em conformidade com as leis vigentes.

Da mesma forma, as mídias sociais devem ser mais transparentes sobre os métodos que utilizam para determinar quais conteúdos são exibidos para cada pessoa. Os usuários precisam não só estar cientes de que estão sendo tutelados por recursos de IA, mas também conhecer os critérios utilizados pelos algoritmos para decidir por que determinados conteúdos estão sendo apresentados em detrimento de outros. A mesma regra também deve valer para as publicidades direcionadas.

Além disso, com a acelerada evolução das capacidades generativas da inteligência artificial, a dificuldade em diferenciar conteúdos reais dos criados por IA exige que rótulos, selos ou marcas d'água sejam incluídas em conteúdos criados artificialmente para facilitar essa distinção. Este simples procedimento poderia evitar a disseminação massiva de conteúdos falsos como se tem observado, sobretudo, em períodos eleitorais.

A capacidade de distinguir entre conteúdos criados por IA e aqueles produzidos por humanos se tornou tão importante que o governo dos EUA incluiu essa preocupação em uma ordem executiva emitida em 2023. Essa determinação, focada em estabelecer uma regulamentação robusta para a inteligência artificial, estabelece diretrizes para que todo conteúdo sintético gerado por IA seja devidamente marcado. Tal exigência visa garantir que o público possa identificar facilmente a origem dos conteúdos, aumentando a transparência e a confiabilidade da inteligência artificial.[45]

Contudo, desenvolver tais mecanismos é apenas parte do desafio. Para que a IA funcione de forma efetiva em uma sociedade democrática, é importante também que os sistemas que dela fazem uso sejam explicáveis. Isso quer dizer que as pessoas precisam entender não apenas quando, mas também como uma dada decisão é tomada usando IA. É preciso que sistemas que usam inteligência artificial sejam capazes de explicar de que forma chegam às conclusões que chegam, como os dados são usados, que critérios foram aplicados, entre outras coisas.

Com isso, a transparência contribui para aumentar a confiança das pessoas em sistemas de IA, enquanto a explicabilidade ajuda a torná-los mais inteligíveis e aptos a fornecer informações sobre os seus resultados.[46] A explicabilidade, portanto, é sobre tornar as decisões dos sistemas de IA compreensíveis para todos. Se uma inteligência artificial recomenda um tratamento de saúde, por exemplo, a explicabilidade permite que médicos e pacientes entendam por que esse tratamento foi sugerido. Isso possibilita não apenas a tomada de decisões mais bem embasadas, mas também permite que qualquer erro potencial seja identificado e corrigido.

No entanto, existem também certos cuidados que precisam ser tomados ao tratar desse tema. Às vezes, ser completamente explicável pode comprometer a segurança ou a privacidade. Uma empresa de segurança que usa IA para detectar fraudes, por exemplo, pode não querer revelar detalhes de seu sistema para evitar que fraudadores aprendam a burlar seus algoritmos. De maneira igualmente contraditória, para explicar uma decisão tomada, pode ser necessário expor os dados pessoais utilizados pelos algoritmos, a fim de entender como esses dados influenciam a decisão. Isso pode incluir informações sensíveis sobre indivíduos, como dados de saúde, histórico financeiro ou preferências pessoais. Tudo isso torna mais desafiador o objetivo de construir uma IA mais transparente e compreensível.

Além disso, da mesma forma que a ética, a explicabilidade também deve ser contextual. Isso significa que ela deve levar em conta o contexto na qual está inserida, assim como a tarefa e as habilidades e expectativas dos seus usuários. As definições de interpretabilidade e explicabilidade são, portanto, dependentes do domínio e não podem ser definidas de forma genérica.[47] Não precisar definir um padrão genérico sobre o que seria uma IA explicável ajuda a adaptar as diretrizes de explicabilidade às necessidades específicas de cada aplicação, garantindo que a transparência seja relevante e eficaz em contextos variados

Por fim, a transparência e a explicabilidade estão intimamente ligadas à responsabilidade e à confiança. Quando as pessoas sabem que há responsabilidade e clareza por parte dos atores de IA, elas tendem a confiar mais nestes sistemas, percebendo que são justos e seguros.

VI. A IA não deve responder por suas ações

Ao longo deste livro foram apresentados diferentes meios pelos quais a inteligência artificial pode causar ou já está causando danos e prejuízos ao bem-estar e à dignidade humana, bem como para o meio ambiente e os ecossistemas. Entretanto, mais do que apontar problemas, é preciso questionar quem poderá ser responsabilizado pelos resultados danosos da IA.

A maioria dos casos aqui narrados foi assumida pelos desenvolvedores, que passaram a adotar mecanismos para prevenir e mitigar potenciais riscos que seus sistemas possam causar. Por exemplo, empresas de tecnologia têm implementado auditorias internas para garantir que seus algoritmos de reconhecimento facial não discriminem pessoas com base em raça ou gênero. No entanto, na grande maioria dos casos, não se ouve falar sobre a responsabilização dos atores de IA, mesmo em casos de violações já previstas no ordenamento jurídico de muitos países, como comportamentos racistas. Uma ilustração clara dessa problemática é a falta de consequências legais significativas para empresas cujos sistemas de IA discriminam candidatos em processos seletivos de emprego.

Além disso, se considerarmos que programas de computador não possuem cidadania, não podem ser responsabilizados juridicamente e, acima de tudo, não podem responder por seus atos, fica claro que as responsabilidades pelos resultados do seu uso devem ser atribuídas aos seus desenvolvedores ou operadores. Imagine um sistema de IA que gerencia o tráfego urbano e que, por um erro de programação, acabe causando um acidente com vítimas fatais. Nesse caso, não seria razoável exigir que o sistema respondesse pelo erro. O mais sensato seria responsabilizar os engenheiros e os desenvolvedores que o projetaram.

Por essas razões, o princípio da responsabilidade e da prestação de contas da IA destaca que a responsabilidade por erros ou falhas que resultem em impactos negativos por decisões equivocadas tomadas por IA devem ser atribuídos aos seus desenvolvedores. Isso inclui qualquer ator da IA, responsável ou corresponsável pelo seu projeto, codificação e investimento.

Nesse sentido, é consenso entre as diferentes organizações internacionais que trataram do tema que os atores da IA devem respeitar, proteger e promover os direitos humanos e a proteção do meio ambiente e dos ecossistemas. Eles devem assumir a responsabilidade ética e legal de acordo com as leis nacionais e internacionais, especialmente as leis, princípios e normas relacionadas aos direitos humanos internacionais.

Outro aspecto importante nesse contexto é que, para assegurar o uso ético e responsável da IA, também há consenso sobre a necessidade da criação de mecanismos adequados para a supervisão, avaliação de impacto e intervenções durante todo o ciclo de vida dos sistemas que usam IA. Isso deve abranger a inclusão de meios que permitam a auditoria e a rastreabilidade desses sistemas, especialmente para resolver conflitos com os direitos humanos e ameaças ao bem-estar ambiental e dos ecossistemas.[48]

VII. As pessoas devem ser alfabetizadas e conscientizadas sobre a IA

O surgimento de qualquer recurso tecnológico capaz de impactar ou influenciar as vidas das pessoas requer tempo para ser assimilado e compreendido. Na década de 1990, por exemplo, o uso dos computadores era limitado basicamente a escritórios e atividades profissionais. Atualmente, entretanto, é bastante comum encontrar pessoas que usam os chamados smartphones, que podem ser considerados computadores de bolso. E não é que as pessoas compreendam a arquitetura básica dos computadores ou como eles funcionam. Ainda há muito a ser feito pela alfabetização digital, mas o acesso e a consciência de que estão utilizando equipamentos digitais, de certo modo já as inclui no modo de vida contemporâneo.

Com relação à inteligência artificial, ainda estamos dando os primeiros passos em direção à sua popularização e democratização. Ainda assim, não basta apenas que as soluções de IA sejam transparentes e explicáveis para que as pessoas tenham consciência sobre onde são usadas. Para compreendê-las de fato e ter condições de interpretar a sua explicabilidade, é importante promover uma educação acessível e aberta, engajamento cívico, desenvolvimento de habilidades digitais, treinamento em ética de IA e alfabetização computacional. Diferentes setores da sociedade, como governos, organizações intergovernamentais, sociedade civil, universidades, imprensa, líderes comunitários e o setor privado devem trabalhar juntos para alcançar esse objetivo, considerando a diversidade linguística, social e cultural existente.[49]

Nesse contexto, a alfabetização e conscientização não envolve apenas treinar as pessoas em como a IA funciona, mas também sobre questões éticas relacionadas ao seu uso. Esse princípio, na prática, implicaria uma formação que possibilitaria a compreensão tanto dos benefícios quanto dos riscos do uso da inteligência artificial.

Para a Unesco,[50] aprender sobre o impacto dos sistemas de IA deve incluir o aprendizado sobre, através e para os direitos humanos. Isso significa que devemos estudar e compreender esses sistemas considerando sempre seu impacto nos direitos das pessoas e como elas podem ter esses direitos negados em função do mau uso da IA. Para garantir que todos possam ser incluídos nesse novo paradigma de sociedade, é essencial promover essa educação e conscientização. Isso ajuda a proteger as pessoas de influências indevidas e permite que elas façam escolhas informadas sobre a tecnologia que utilizam.

Segundo a entidade, governos e empresas podem criar campanhas informativas que expliquem de maneira simples e clara como a IA é usada em diferentes serviços públicos, como saúde e segurança, informando não só os benefícios, mas também os riscos reais. Ao implementar essas estratégias, todos os membros da sociedade, independentemente de seus conhecimentos prévios sobre o assunto, poderão desenvolver uma visão mais ampla e mais clara melhor a inteligência artificial, promovendo assim um ambiente mais equitativo, transparente e ético.

VIII. A IA deve unir a todos em torno de uma governança adaptativa

No tópico anterior ficou bastante clara a importância do envolvimento de todos os atores da IA para que a sua popularização se torne a mais democrática possível. Para isso, é necessário seguir critérios claros e amplamente difundidos, preservando a transparência em todos os processos. Também é essencial que os diversos atores, sejam pessoa físicas, governos, empresas, organizações não governamentais, universidades, mídia ou grupos comunitários, trabalhem juntos para regular e controlar como a IA deve ser desenvolvida e aplicada, respeitando as leis e os direitos de cada país e dos cidadãos.[51]

Nesse contexto, um dos conceitos mais importantes é o de soberania de dados, que reconhece que cada país tem o direito de controlar os dados gerados dentro de suas fronteiras ou que por elas passem. Por exemplo, se um aplicativo de saúde coleta dados de cidadãos de um país, esse país deve ter o direito de regular como esses dados serão usados e protegidos. Isso garante que a privacidade dos indivíduos seja respeitada e que as informações não sejam usadas de forma abusiva.

Outro ponto relevante é a adoção de padrões abertos e da interoperabilidade. Padrões abertos evitam que uma única organização ou grupo controlem sozinhos os recursos tecnológicos mais avançados disponíveis. Além disso, permitem também que todos possam ter acesso a meios para desenvolver suas próprias soluções baseadas em IA. A interoperabilidade, por sua vez, garante que os diversos recursos de inteligência artificial sejam criados de maneira que possam operar com outros sistemas existentes.

Por exemplo, se diferentes hospitais utilizam diferentes sistemas de IA para gerenciar dados de pacientes, esses sistemas devem ser compatíveis para que informações importantes possam ser compartilhadas de maneira segura e efetiva. Isso contribui para a melhoria do atendimento aos pacientes e da colaboração entre diferentes instituições.

Por fim, é necessário aplicar o conceito de governança adaptativa, que significa que as regras e os processos de controle da IA devem ser flexíveis e capazes de evoluir com o tempo. À medida que novas tecnologias surgem e novos grupos de pessoas são impactados pela IA, é preciso ajustar as regras para continuar protegendo os direitos de todos. Em outras palavras, o princípio de governança colaborativa e adaptativa com múltiplos atores nos orienta sobre a necessidade de trabalhar juntos, respeitar as leis e os direitos humanos e se adaptar às mudanças tecnológicas para garantir que a utilização da inteligência artificial seja justa e benéfica para todos.

IX. A IA deve ser sustentável

A sustentabilidade é um tema que permeia quase todas as áreas da atuação humana. Muito se fala a respeito dela, mas poucos sabem com clareza do que se trata e qual a sua real importância para a construção de um futuro com mais dignidade para todos. Por essa razão, antes de falar sobre o que a inteligência artificial tem a ver com sustentabilidade, vamos compreender melhor o que significa ser sustentável.

Durante muitos séculos, a exploração de recursos naturais e humanos foi realizada sem nenhuma preocupação com as gerações futuras. Os registros históricos são muito claros ao nos mostrar como tais recursos eram explorados no período da expansão colonial de alguns países europeus a partir do século XIV. O extrativismo descontrolado e a utilização de mão de obra escravizada são evidências patentes desse desleixo com os ecossistemas e com a própria humanidade. O colonialismo de exploração só deixou pobreza por onde passou.

E isso não mudou durante os anos que sucederam à revolução industrial, já no século XVIII. As revoluções tecnológicas, além de trazerem mais conforto, dignidade e consciência com o aumento da eficiência dos meios de produção, acabou também despertando e aguçando ainda mais a sanha avarenta pelo lucro a qualquer custo e o desejo pelo poder. O resultado disso foi um crescimento jamais visto da capacidade produtiva, mas também da destruição do meio ambiente e o aumento sem precedentes das desigualdades sociais.

As consequências disso são observadas facilmente ao direcionarmos o olhar para o crescimento da pobreza e para a crise climática, cada vez mais evidente com os eventos extremos testemunhados nos últimos anos. A exploração descontrolada dos recursos disponíveis e a destruição dos ecossistemas chegaram a tal ponto que, durante as décadas de 1970, 1980 e 1990, a Organização das Nações Unidas passou a incluir em sua agenda preocupações acerca dos graves e negativos impactos das atividades humanas sobre o planeta.

Por causa disso, em 1972, aconteceu aquela que seria conhecida como a primeira grande reunião de estadistas em torno de assuntos relacionados ao cuidado e à preservação do meio ambiente, a Conferência de Estocolmo. Anos mais tarde, em 1983, foi estabelecida a Comissão Mundial das Nações Unidas sobre o Meio Ambiente e Desenvolvimento, encarregada de conduzir discussões e realizar investigações sobre o tema. Os trabalhos dessa comissão resultaram em um relatório nomeado "Nosso Futuro Comum", que ficou mais conhecido como Relatório Brundtland, em referência à ex-primeira-ministra e médica norueguesa Gro Harlem Brundtland, que chefiou a comissão responsável pelo trabalho. Como um dos resultados dessa iniciativa, surgiu a definição globalmente aceita, que afirma que o objetivo de desenvolvimento sustentável é "satisfazer as necessidades presentes, sem comprometer a capacidade das gerações futuras de suprir suas próprias necessidades".[52]

Trata-se, portanto, de um conceito bastante amplo, que pode ser compreendido e deve ser tratado em suas múltiplas dimensões. Ele envolve um equilíbrio entre crescimento econômico, cuidado ambiental e bem-estar social. Em termos práticos, a sustentabilidade implica práticas que preservem os recursos naturais, promovam a justiça social e apoiem o desenvolvimento econômico de maneira equitativa e viável a longo prazo.

Para facilitar a compreensão do ponto exato onde se situa o desenvolvimento sustentável, em geral, utiliza-se uma representação usando o diagrama de Venn, como pode ser visto a seguir:

Figura 4: Diagrama de Venn da Sustentabilidade

Por meio dessa representação fica mais fácil perceber que existem, pelo menos, três dimensões do desenvolvimento que precisam ser observadas para a promoção do desenvolvimento sustentável: a econômica, a ecológica e a social. Podemos imaginar como se fosse uma mesa de três pernas. Se uma delas estiver quebrada, ela cairá.

A dimensão econômica é talvez a mais conhecida, até porque a humanidade se ocupou apenas dela durante séculos. Ela envolve aspectos como geração de riqueza e crescimento sustentável e duradouro da economia, com ênfase na melhoria do padrão de vida, aumento da renda per capita, redução da pobreza, entre outros fatores. No entanto, se esse desenvolvimento não for equilibrado com as outras duas dimensões, os seus benefícios podem ser limitados e insustentáveis ao longo do tempo, causando até mais prejuízos do que benefícios.

A dimensão ecológica, por sua vez, diz respeito ao cuidado com o meio ambiente. O desenvolvimento econômico muitas vezes vem acompanhado de um consumo excessivo de recursos naturais, poluição e degradação ambiental. É imperativo que ações para a preservação do meio ambiente e dos ecossistemas sejam realizadas para evitar o esgotamento de recursos essenciais para a vida. Do contrário, os danos causados ao planeta poderão ser irreparáveis.

Para isso, a implementação de práticas sustentáveis, capazes de preservar o meio ambiente, como o uso de tecnologias e energias limpas e a preservação de áreas verdes é imprescindível para que futuras gerações também possam desfrutar dos recursos naturais que desfrutamos hoje. Quando conseguimos aliar sustentabilidade econômica e sustentabilidade ambiental, criamos condições viáveis para o desenvolvimento de longo prazo, como mostra a imagem sobre desenvolvimento sustentável.

Por fim, a dimensão social envolve a qualidade de vida e o bem-estar das pessoas. Isso abrange, entre outras coisas, a garantia de acesso à saúde, educação e segurança, bem como igualdade e inclusão social. Um crescimento econômico que não leva em conta a justiça social pode aumentar as desigualdades e potencializar a marginalização de pessoas e grupos, contribuindo, desse modo, para o aumento da pobreza. É fundamental promover o desenvolvimento que beneficie a todos, garantindo acesso igualitário a oportunidades e recursos. Quando conseguimos aliar desenvolvimento econômico e desenvolvimento social, criamos sociedades mais equitativas.

Mas o que tem a inteligência artificial a ver com tudo isso? Segundo a Unesco,[53] no contexto da IA, sustentabilidade se refere ao desenvolvimento e à aplicação dessas tecnologias de maneira que beneficiem as sociedades sem comprometer o meio ambiente, a economia ou a cultura. O objetivo é garantir que as inovações tecnológicas contribuam para um futuro equilibrado e saudável para todos. Isso é importante, porque a IA pode potencializar qualquer empreendimento humano, seja para fins alinhados aos princípios até agora descritos, seja para satisfazer interesses de pessoas ou grupos restritos, que desconsiderem critérios éticos.

E o custo de ignorar isso pode ser bastante alto. Um estudo publicado pela revista Joule,[54] por exemplo, indica que, em um cenário equilibrado, até 2027, a demanda por energia elétrica para abastecer servidores de IA pode variar entre 85 e 134 terawatts-hora (TWh) anualmente. Uma faixa que se assimila ao consumo anual de países como Argentina e Suécia em 2024, representando 0,5% do consumo global nesse mesmo ano. Para suprir essa necessidade, grandes empresas como Google, OpenAI e Meta estão investindo na geração de energia nuclear própria. Uma alternativa mais limpa em comparação com outras fontes, mas que ainda representa um grande impacto no consumo mundial de energia elétrica.

No entanto, todo esse investimento sofreu um choque recente, no início de 2025, com o anúncio da DeepSeek, uma empresa de inteligência artificial chinesa, que revelou uma IA mais barata e eficiente. O anúncio fez com que as maiores empresas do segmento até então tivessem uma perda de cerca de 1 trilhão de dólares em valor de mercado. Com custos reduzidos e menor consumo energético, a tecnologia da DeepSeek desafia a lógica da escalada exponencial de infraestrutura, colocando pressão sobre as gigantes da IA para revisarem suas estratégias. Esse movimento pode redefinir os rumos do setor, incentivando soluções mais sustentáveis e acessíveis.

Esses eventos evidenciam o impacto cada vez maior da inteligência artificial na sociedade. Até o atual momento, a humanidade ainda não havia se deparado com um recurso tão poderoso e versátil, capaz de catalisar, otimizar e, agora, graças ao advento da IA generativa, gerar soluções em qualquer campo da atuação humana. Isso torna evidente a necessidade de que a IA seja usada de forma ética e alinhada aos fins do desenvolvimento sustentável. E, como foi demonstrado neste capítulo, esse é um processo complexo que envolve alcançar objetivos em várias dimensões. A IA pode desempenhar um papel fundamental nisso, mas seu impacto pode variar dependendo de como e onde é aplicada.

Em países com diferentes níveis de desenvolvimento, por exemplo, a mesma tecnologia pode ter efeitos também diversos. Nas nações mais ricas, a IA pode ser aplicada para automatizar processos industriais e melhorar a eficiência energética, promovendo crescimento econômico robusto, avanços ecológicos e melhor qualidade de vida. No entanto, em países em desenvolvimento, a introdução da IA para o mesmo fim, sem a infraestrutura adequada, pode levar à perda de empregos em setores importantes, prejudicando a sustentabilidade econômica e social.

Para garantir que a inteligência artificial contribua positivamente para a sustentabilidade é essencial realizar avaliações contínuas acerca de seu impacto, como instruem as diferentes propostas para ética em inteligência artificial mencionadas ao longo desta seção. Isso significa analisar constantemente como as tecnologias de IA afetam diferentes aspectos da sociedade e do meio ambiente. Por exemplo, ao implementar um sistema de IA para monitorar informações sobre saúde pública, é importante avaliar não apenas a eficiência do sistema, mas também como ele influencia a privacidade das pessoas, e se todos têm acesso igualitário a essa tecnologia.

A relevância de todas essas questões ficou bastante clara em 2024, durante a Cúpula do Futuro, realizada na sede da ONU em Nova York. Um dos resultados mais significativos desse evento, que reuniu líderes globais com o objetivo de reformular a cooperação internacional frente às ameaças emergentes e alinhar as instituições às realidades do século XXI,[55] foi a adoção do Pacto para o Futuro.

Esse pacto é, na verdade, um acordo internacional abrangente, com compromissos em áreas como paz e segurança, desenvolvimento sustentável, mudanças climáticas, cooperação digital, direitos humanos, gênero, juventude e gerações futuras. No que tange à inteligência artificial, o Pacto Digital Global, que integra o Pacto para o Futuro, estabelece várias ações e metas para promover a inclusão digital e fortalecer a governança internacional da IA para garantir que seus benefícios sejam distribuídos de maneira justa e sustentável para toda a humanidade.[56]

Entre as principais iniciativas estabelecidas por esse documento está a criação de um painel científico internacional independente para avaliar os impactos, riscos e oportunidades da IA, bem como a promoção de um diálogo global sobre a governança da inteligência artificial, envolvendo governos, empresas e a sociedade civil. O pacto ressalta a importância de uma abordagem equilibrada e inclusiva, com atenção especial aos países em desenvolvimento, promovendo o uso responsável da IA em conformidade com o direito internacional e os direitos humanos.

Além disso, os governos se comprometeram a avaliar continuamente os impactos da IA, a promover a transparência e a assegurar a supervisão humana sobre esses sistemas. O pacto também exige que empresas de tecnologia aumentem sua responsabilidade, implementando salvaguardas nos processos de treinamento de modelos e garantindo a identificação de conteúdo gerado por IA, por meio de medidas como certificação de autenticidade e rotulagem. Esses esforços têm como objetivo mitigar riscos, como o discurso de ódio e a desinformação, promovendo um ambiente digital mais ético e seguro.

Assim, o Pacto para o Futuro representa um passo inicial, porém importante, na construção de um cenário global onde a inteligência artificial seja desenvolvida e aplicada de maneira ética, transparente e inclusiva, garantindo que seus benefícios sejam amplamente compartilhados e seus riscos, cuidadosamente gerenciados. Ainda é necessário que os compromissos assumidos sejam colocados em prática para avaliar os resultados desse pacto. A sua efetividade dependerá da cooperação contínua entre governos, empresas e sociedade civil, bem como da criação de mecanismos claros de monitoramento e fiscalização. No fim das contas, a verdadeira medida de sucesso será a capacidade de transformar os recursos de IA em benefícios para todas as nações e gerações de forma sustentável.

Medos, mitos e reais razões para temer

É possível que ao chegar neste capítulo o leitor já tenha formado a sua opinião a respeito dos riscos e benefícios da inteligência artificial. Seria justo e nada precipitado se o tivesse, pois as informações apresentadas até agora podem constituir fundamentos suficientes para isso. Entretanto, vamos assumir agora o desafio de aprofundar um pouco mais algumas discussões sobre esse tema e abordá-lo a partir de perspectivas menos formais. Como se estivéssemos conversando em um confortável cômodo da sua casa, enquanto tomamos um chá ou um café.

Para começar, podemos reafirmar o que vimos no decorrer deste livro e concluir que o medo da rápida ascensão da IA não precisa ser irracional. De fato, talvez por não compreenderem direito o que está acontecendo, as pessoas em geral acabam manifestando e vivenciando o clássico medo do desconhecido. Em outros casos, a falta de informações qualificadas sobre o assunto as leva a temer a inteligência artificial pelas razões erradas.

Por outro lado, se você está no grupo das pessoas que não veem razão para ter medo ou não têm qualquer tipo de preocupação a respeito dos avanços da IA, provavelmente você não está tão bem-informado quanto imagina. Nesse sentido, para ajudar na construção de preocupações racionalmente justificadas sobre o assunto, as discussões levantadas nas próximas seções trazem reflexões mais leves, mas sempre devidamente fundamentadas.

Para isso, primeiramente vamos falar sobre os monstros e mitos criados pelo medo irracional ou pela desinformação acerca dos recursos tecnológicos que, na realidade, representam transformações profundas em nossa sociedade. Em seguida, abordaremos a criação da IA e, sem apegos à vaidade, refletiremos sobre como essa tecnologia é capaz de espelhar a nossa essência, mostrando que ela foi criada e é operada à nossa imagem e semelhança. Por fim, discutiremos as razões mais sensatas para temer ou não a inteligência artificial, revelando as respostas mais esperadas sobre esse assunto, que é, sem dúvida, um dos mais importantes deste século.

MOINHOS DE VENTO CONTEMPORÂNEOS

O título desta seção faz referência a uma das cenas mais icônicas e simbólicas da obra *Dom Quixote de la Mancha*, escrita por Miguel de Cervantes no século XVII. Nesse episódio, Dom Quixote, um cavaleiro errante e visionário, confunde moinhos de vento com gigantes ameaçadores e decide enfrentá-los em batalha. Em sua mente, ele está empenhado em uma nobre missão para derrotar esses supostos inimigos e proteger os indefesos. Assim, montado em seu fiel cavalo Rocinante e com sua lança em punho, o cavaleiro avança corajosamente contra os moinhos, acreditando estar salvando o mundo de um grande mal. No entanto, a realidade logo se impõe, e ele é derrubado pelas pás de um dos moinhos, sofrendo uma derrota humilhante.[1]

Esse episódio, entre outras coisas, simboliza a luta entre a fantasia e a realidade, uma constante na vida de Dom Quixote. Sua visão idealizada do mundo o leva a interpretar erroneamente situações comuns, transformando-as em aventuras épicas. A luta contra os moinhos de vento se tornou uma metáfora para os esforços fúteis e as batalhas travadas contra inimigos imaginários. Essa passagem não apenas destaca a nobreza e a determinação do personagem, mas também revela a tragédia de sua ilusão e a inevitável colisão entre seus sonhos e a dura realidade.

Essa metáfora pode ser compreendida em diferentes contextos das nossas vidas, mas, por ora, vamos usá-la para refletir um pouco sobre os monstros imaginários e aqueles que precisam ser combatidos de fato.

Nesse universo de moinhos de vento metafóricos, muitos dos recursos tecnológicos que criamos costumam ser inicialmente temidos ou negados, principalmente se forem capazes de causar reflexões profundas e disseminar novas ideias. Um clássico exemplo disso são os livros. Tão bem quistos atualmente, símbolos da intelectualidade e da cultura, também já foram motivos de preocupação e até perseguição. Durante certos períodos históricos, as autoridades temiam que a difusão de ideias através da leitura pudesse desafiar as normas estabelecidas e ameaçar a ordem vigente.

Durante muito tempo, por exemplo, a Igreja Católica desincentivou que as pessoas tivessem bíblias em suas casas. A prática comum era que as pessoas tivessem acesso ao conhecimento das escrituras por intermédio dos clérigos, para evitar diferentes interpretações e a leitura de traduções não compatíveis com as aprovadas pela Igreja.

A invenção da prensa por Gutenberg no século XV, que revolucionou a produção de livros e deu início à era da comunicação de massa, também trouxe um grande temor entre as autoridades eclesiásticas. Apesar de aprová-la, a possibilidade de reproduzir textos rapidamente e em grande quantidade significava que ideias consideradas heréticas, revolucionárias e subversivas poderiam se espalhar com facilidade. Consequentemente, muitos livros foram censurados, e listas de livros proibidos, como a *Index Librorum Prohibitorum* da Igreja Católica, foram criadas para controlar o que poderia ser lido pelo público. Aqueles que desafiavam essas proibições frequentemente enfrentavam severas punições.

Podemos comparar esse fenômeno com o que atualmente conhecemos como tecnofobia, que se refere ao medo, resistência ou aversão à tecnologia, seja por falta de qualificação para o uso, traumas psicológicos, motivos religiosos, resposta intuitiva à novidade ou medo de ser substituído profissionalmente. Do ponto de vista clínico, pessoas que sofrem desse transtorno podem desenvolver quadros de ansiedade quando confrontadas com artefatos tecnológicos.

Do ponto de vista histórico, entretanto, podemos considerar a tecnofobia como uma possível causa para as resistências e reações ao longo da história às inovações tecnológicas que ameaçam mudar drasticamente as coisas como elas estão. Em palavras mais simples, trata-se do velho medo do desconhecido, uma reação natural que surge quando novas tecnologias desafiam as normas estabelecidas, gerando incertezas e inseguranças sobre o futuro.

Inicialmente, a televisão e o rádio foram recebidos com desconfiança por parte da sociedade, que temia que esses novos veículos de comunicação massiva pudessem ser usados para manipular e controlar a opinião pública. A capacidade de atingir um grande número de pessoas simultaneamente levantou preocupações sobre a difusão de propagandas, notícias falsas e influências culturais indesejadas, fomentando uma resistência à adoção dessas tecnologias.

De fato, muitos pesquisadores sérios argumentam que a informação é o bem intangível mais valioso da sociedade contemporânea. Desse modo, dado que a TV e o rádio foram, durante anos, os principais meios de disseminação de informações, o seu poder de influenciar a sociedade é inquestionável. Isso acabou gerando muito receio em diferentes grupos da sociedade, que passaram a questionar e controlar o que deve e o que não deve ser transmitido.

Contudo, outro meio de transmissão de informações que tem se mostrado ainda mais poderoso começou a se popularizar na década de 1990: a internet. Apesar de existir desde a década de 1960, era usada apenas por cientistas e militares. Foi somente em 1989, com a criação da *world wide web*, a conhecida www, que em tradução livre pode ser compreendida como a rede de alcance mundial, que esse novo meio de comunicação passou a ser popularizado e usado pelas pessoas em geral. A www é composta basicamente de bilhões de sites contendo páginas de hipertexto, ou seja, que contêm links e referências para outras páginas. Nada mais e nada menos do que a internet como as pessoas conhecem hoje.

Essa nova forma de comunicação trouxe muitos avanços, mas também muitos receios, pois seu conteúdo não passa pelos mecanismos de controle que as mídias mais tradicionais costumam passar. Até então, existiam livros, jornais e revistas, que propiciavam a existência de instituições e organizações como editoras, bibliotecas e livrarias. O rádio e a TV também dependiam da existência de gravadoras de disco, produtoras de conteúdo e instituições governamentais para a regulação. A internet, por sua vez, principalmente no seu início, não contava com nada parecido. Por essa razão, havia muitos mitos misturados com verdades sobre os riscos que representa.

Não se pode negar que a maior parte desses temores encontram nexo na realidade e são evidentemente justificáveis. O problema nesses casos é que as pessoas estão temendo e conspirando contra os inimigos errados, pois a finalidade desses recursos tecnológicos nunca foi controlar as massas, influenciar sociedades, desvirtuar a moral ou implantar ideias subversivas nas pessoas.

A palavra "mídia" tem sua origem no latim *media*, sendo o plural de *médium*, e significa meio, algo que está entre duas partes, com sentido de intermediário. No entanto, atualmente empregamos o sentido de meio de comunicação de massa para essa palavra, em alusão à expressão em inglês *mass media*, usada para essa finalidade.

De qualquer forma, o que fica claro é que, sendo apenas o meio de divulgação de informações entre o receptor e o emissor, as mídias, sejam quais forem, são absolutamente passivas, cumprindo somente a sua finalidade de transmissão. Os verdadeiros vilões a serem combatidos não são os recursos tecnológicos, mas as pessoas que os usam para transmitir aquilo que, porventura, possa ser considerado indevido. É o uso não ético de tais recursos o verdadeiro problema e não os recursos em si.

Porém, a tecnofobia não se limita apenas aos recursos de mídia. Esse é um fenômeno que acompanha as transformações tecnológicas desde os seus primórdios. Quando Alexander Graham Bell apresentou o telefone ao mundo em 1876, a novidade gerou tanto entusiasmo quanto apreensão. O medo de que o dispositivo isolasse as pessoas e substituísse as interações face a face ou reduzisse a qualidade das relações sociais era uma preocupação recorrente na época. Além disso, também havia o temor de que o telefone pudesse favorecer a violação da privacidade das pessoas.[2] Bastante irônico se considerarmos que as mídias sociais atuais fomentam as mesmas preocupações.

Muitos não lembram, mas talvez ainda mais importante que o telefone e a internet foi o advento da energia elétrica, pois viabilizou invenções futuras e se tornou indispensável para nosso bem-estar e qualidade de vida. A sua introdução também encontrou resistência significativa no início. Quando Thomas Edison, no final do século XIX, inventou e tentou popularizar a eletricidade, havia um temor generalizado de que ela fosse perigosa e pudesse causar incêndios e choques fatais. É claro que, a exemplo dos medos relacionados às mídias de massa, esses também são justificáveis e contam com incidentes reais para fundamentá-los. Mas estamos falando de casos isolados, que não justificariam um boicote ao uso de recursos tecnológicos que se mostraram tão importantes para a sociedade.

Além do mais, o mundo atual não seria o mesmo se qualquer um dos exemplos citados fosse proibido ou descontinuado porque foram transformados em monstros, como na metáfora dos moinhos de vento. De qualquer forma, a reflexão sobre esses fatos nos permite estar mais conscientes de que, toda vez que nos depararmos com tecnologias disruptivas, provavelmente haverá desconfianças, receios e resistências sobre a sua aceitação. Isso é o que acontece atualmente com a inteligência artificial.

Eu mesmo, tendo acompanhado e participado da maior parte das inovações no campo das tecnologias digitais de informação e comunicação (TDIC), já ouvi muitas vezes de colegas e professores seus receios a cada novo recurso que chegava. No advento da internet, as pessoas costumavam dizer que professores não seriam mais necessários, já que o acesso à grande rede possibilitaria entrar em contato com uma quantidade ilimitada de conhecimento. Logo após, com a chegada dos corretores e revisores automáticos nos editores de texto, dizia-se que as pessoas emburreceriam, pois não precisariam mais aprender a escrever corretamente.

Atualmente o medo se voltou contra modelos de linguagem como o ChatGPT, o Google Gemini e similares. O argumento agora é que tais ferramentas farão todo o trabalho, tanto de professores quanto de alunos, levando a uma decadência dos processos formativos. Isso sem falar em questões de plágio e direitos autorais. O temor chegou a tal ponto que, em 2023, o Departamento de Educação da cidade de Nova York, nos Estados Unidos, chegou a bloquear o acesso ao ChatGPT em todos os dispositivos e redes escolares ligadas ao órgão. Meses depois, a decisão foi revogada, com a promessa de esforços para abraçar o potencial da ferramenta.

Isso mostra que, ao contrário das crenças iniciais, nem a internet substituiu os professores, nem os corretores automáticos deixaram as pessoas menos inteligentes. Da mesma forma, não vai demorar para que todos percebam que, por maior que seja o avanço, as IAs generativas vão ocupar um nicho limitado na sociedade, assim como a internet e os demais recursos tecnológicos já criados. Cabe às pessoas se adaptarem e aprenderem a conviver com elas.

Apesar disso, o que se observa é que o medo tem levado muitas pessoas a resistirem e criticar esses avanços. No entanto, a pergunta que devemos nos fazer é: estamos enfrentando problemas reais ou combatendo moinhos de vento? Os riscos, de fato, existem, mas talvez não com a gravidade ou o impacto que imaginamos. O verdadeiro problema é que quase todas as consequências negativas do uso de qualquer recurso tecnológico têm como principal causa a ação humana, seja por imperícia, imprudência, negligência, ignorância ou até mesmo má intenção.

Fatalidades acontecem, claro, cujos acidentes podem ser traumáticos. Contudo, é preciso reconhecer que, mesmo que centenas de pessoas percam suas vidas todos os anos devido a acidentes envolvendo eletricidade,[3,4] atualmente ninguém cogita deixar de usá-la. O ponto central desta discussão é que não há o que possa ser feito para impedir os avanços tecnológicos. Se vamos entrar nesse campo de batalha para lutar por alguma coisa, que seja pela ética no desenvolvimento, aplicação e utilização destes recursos e por regulações que atendam aos interesses do bem-estar comum, aos direitos humanos e ao desenvolvimento sustentável.

No campo da inteligência artificial, de forma mais específica, em vez de resistir aos seus avanços, é mais prudente que as pessoas se conscientizem de sua existência, e que a IA seja transparente o suficiente para que sempre seja possível saber onde e como está sendo aplicada. O respeito pela privacidade e pela autodeterminação informativa, bem como por valores como a inclusão e a diversidade, sem vieses e sem discriminações devem ser exigidos dos desenvolvedores de IA.

Além disso, a regulação e a governança da tecnologia devem ser prioridades. Governos, empresas e organizações da sociedade civil precisam colaborar para estabelecer normas e políticas que garantam o uso responsável da inteligência artificial. Isso inclui a criação de marcos regulatórios que protejam a privacidade dos indivíduos, evitem a disseminação de desinformação e assegurem que os benefícios das inovações tecnológicas sejam distribuídos de maneira equitativa.

Por fim, a luta contra as ameaças representadas pela IA também deve envolver a reavaliação constante dos efeitos do seu uso na sociedade e no meio ambiente. Essas são as batalhas que valem a pena neste campo e que podem contribuir para que os avanços no campo da IA possam servir para melhorar a qualidade de vida de todos, em vez de perpetuar problemas existentes ou criar novos desafios.

Todavia, existe ainda outro fator que precisa ser considerado no caso da inteligência artificial. Sua importância é tão grande que a próxima seção é dedicada somente a ele. Para adiantar o assunto, pode-se afirmar que, a menos que haja uma grande mudança, os riscos do uso da IA se tornarão cada vez mais concretos e difíceis de resolver.

À NOSSA IMAGEM E SEMELHANÇA

Entre 570 e 480 antes da era comum, na Grécia, um filósofo conhecido como Xenófanes de Colofão argumentava que o homem havia criado os deuses à sua imagem e semelhança. Essa afirmação chama a atenção por revelar uma perspectiva crítica sobre a religião e a antropomorfização das divindades. Lembre-se de que antropomorfizar significa atribuir características, comportamentos ou formas humanas a seres não humanos, como animais, objetos ou deuses.

Com isso, ele observou que as características dos deuses refletem as culturas e as aparências físicas de seus adoradores. Por exemplo, Xenófanes costumava dizer que os etíopes representavam seus deuses como sendo negros e de nariz achatado, enquanto os trácios representavam os seus com olhos azuis e cabelos ruivos.[5] Essa observação sugere que as divindades são construções humanas, moldadas conforme a própria imagem daqueles que as veneram.

Além disso, a visão de Xenófanes implica que as crenças religiosas são, em grande parte, projeções dos desejos, medos e valores humanos. Ao criar deuses que se parecem com eles, os homens não apenas conferem características humanas às divindades, mas também atribuem a essas figuras poderes e comportamentos que refletem a sua própria condição.

Isso pode ser visto em diversas culturas ao longo da história. Na mitologia grega, por exemplo, os deuses do Olimpo exibem uma ampla gama de emoções e comportamentos humanos, como ciúmes, amor, vingança e traições. Da mesma forma, na mitologia nórdica, os deuses enfrentam dilemas morais e batalhas épicas que projetam experiências humanas.

Essa é, como foi mostrado no capítulo "Essa tal de inteligência artificial", uma característica muito forte nos homens. Antropomorfizar as coisas ajuda a compreendê-las melhor. A inteligência artificial é um excelente exemplo como também já falamos. A questão é que, nesse caso, desde a sua concepção até a sua desativação, os recursos que usam mecanismos de inteligência artificial acabam realmente refletindo, mesmo que imperfeitamente, muitas de nossas características, qualidades e defeitos.

Assim, ao observar os diferentes tipos de IA descritos na seção "Um fascinante quebra-cabeça", fica fácil concluir que a imitação das capacidades cognitivas humanas é a ideia central de qualquer modelo construído atualmente. Para citar alguns exemplos, podemos começar pelas redes neurais, que tentam imitar a maneira como os neurônios se conectam e processam informações, evocando analogias com o cérebro humano.

Alguns agentes artificiais, por sua vez, utilizam arquiteturas de estados mentais, como crenças, desejos e intenções – o conhecido modelo BDI –, para perseguir objetivos e interagir com o ambiente em que se encontram. As crenças, baseadas em informações sobre o ambiente, formam um modelo interno do mundo essencial para possibilitar que o agente possa perceber alterações no ambiente e tomar suas decisões.

É como naquela brincadeira na qual você precisa decorar os objetos de uma sala e a localização de cada um, para depois sair enquanto seus amigos os trocam de lugar. Em seguida você volta para a sala e procura pelas alterações realizadas. Quando você faz este esforço para memorizar os objetos e a sua disposição, você está criando um modelo mental da sala. Ao fazer isso, você acredita que sabe exatamente como estava a organização dos objetos quando saiu. As crenças de um agente seguem esta ideia. Elas formam a representação do ambiente, por meio da qual o agente acredita que o conhece.

Os desejos, por outro lado, são os objetivos que o agente pretende alcançar, como limpar toda a sala, no caso dos robôs de limpeza. No exemplo da brincadeira que estamos descrevendo, os objetivos de quem sai da sala é identificar as alterações realizadas por seus amigos, fazer isso de forma acurada e o mais rápido possível. Esses objetivos estão para você como os desejos estão para o agente.

Por fim, quando o agente passa a acreditar verdadeiramente que um desejo pode ser alcançado, ele se compromete em transformá-lo em realidade, convertendo-o em uma intenção. Voltando ao exemplo da brincadeira da sala, isso aconteceria quando você retornasse à sala e passasse a acreditar que é capaz de identificar as mudanças feitas por seus amigos na disposição dos objetos. No momento em que você decidisse apontar um objeto que foi alterado de lugar, acabou de transformar o desejo de identificá-lo na intenção de fazer isso, executando a ação e satisfazendo seu desejo. Assim, o agente usa suas crenças para tomar decisões informadas e as adapta com base em novas informações que recebe do ambiente, da mesma forma que você faz ao atualizar o modelo mental da sala quando percebe as mudanças dos objetos do seu lugar original.

Mas a antropomorfização não para por aí. Na visão computacional, a IA é programada para **ver** e **interpretar** imagens, enquanto no processamento de linguagem natural ela deve **compreender** e **produzir** linguagem humana. Já na **aprendizagem** de máquina, os algoritmos são treinados para melhorar seu desempenho com base em dados. Ao direcionar a atenção às palavras em negrito, não é difícil concluir que termos como **reconhecimento**, **aprendizagem** e **compreensão** antropomorfizam a IA atribuindo-lhe capacidades que associamos à mente humana.

Contudo, essas tentativas conscientes de atribuir características humanas a operações computacionais, que de uma forma simplificada são na verdade processos lógicos e aritméticos que usam dados codificados no sistema binário, talvez não justificasse afirmar que a IA de fato reproduz nossos comportamentos. Em outras palavras, um amontoado de cálculos e procedimentos lógicos não é capaz de reproduzir toda a complexidade da mente humana.

Apesar disso, há um aspecto da inteligência artificial, justamente o mais preocupante, que está aprendendo a copiar padrões e preconceitos humanos: os modelos enviesados por dados ou por algoritmos. Durante todo o capítulo "A verdadeira ameaça" foram apresentados muitos exemplos de como isso pode afetar negativamente nossas vidas.

Não é que tais modelos tenham intenções ou sentimentos negativos a respeito de alguma coisa, afinal, continuam sendo aquele amontoado de cálculos e procedimentos lógicos – embora bastante complexos e refinados. Mas o fato é que, antes de serem treinados e se tornarem modelos operacionais, os algoritmos funcionam como mentes vazias, prontas para aprender o que lhes for ensinado. Sendo assim, todos devem concordar que não faz sentido repreender uma criança por reproduzir um comportamento que aprendeu de forma legítima com um adulto, seja na escola ou em casa. E se esse comportamento for de fato inapropriado, seria mais justo tomar medidas em relação àquele que o ensinou.

Esse raciocínio é importante porque, no caso dos vieses da inteligência artificial, o maior vilão são os dados usados para treiná-la, que, por sua vez, são consequência direta de informações comportamentais humanas. Isso significa que um sistema de IA pode aprender a reproduzir vieses de gênero ou raça presentes em dados históricos, transformando os modelos de IA em extensões das práticas e valores humanos reais.

Com isso, se uma sociedade marginaliza parte da população, ela cria oportunidades desiguais e discrimina com base em gênero, etnia, religião ou classe social, mesmo que inconscientemente, suas tecnologias de inteligência artificial podem refletir esses comportamentos. Assim, sem os devidos cuidados, a IA aprenderá e reproduzirá esses vieses. Da mesma forma, a falta de inclusão e diversidade em grupos dominantes fará com que isso seja projetado para as decisões e modos de operar dos recursos de IA. O capítulo "A verdadeira ameaça" apresenta evidências suficientes para fundamentar essas afirmações.

Por isso, podemos afirmar com toda a segurança que a inteligência artificial é mais do que uma simples criação humana, ela é feita à nossa imagem e semelhança. Reconhecer isso permite assumir que os sistemas de IA são moldados pelas informações e pelos comportamentos humanos que espelham nossos valores, sejam eles positivos ou negativos, perpetuando os mesmos padrões de comportamento e discriminação que existem na sociedade.

Isso permite que façamos uma autocrítica como espécie humana. Em vez de culparmos e criticarmos a IA pelos seus comportamentos discriminatórios, não seria mais produtivo, e até mesmo mais nobre, se reconhecêssemos nossas próprias responsabilidades? Por enquanto, o que nos resta a fazer é tentar criar alternativas para impedir que recursos de inteligência artificial reproduzam comportamentos que ameacem o bem-estar e a dignidade humana, mesmo que seja apenas uma solução paliativa para reduzir os danos mais graves. A solução real e definitiva implica mudar a nós mesmos.

TEMER OU NÃO TEMER, EIS A QUESTÃO

Uma vez mais, o título desta seção faz alusão a um famoso personagem da literatura: o príncipe Hamlet, de William Shakespeare. Na peça que leva o seu nome, a certa altura ele fala sua famosa frase "ser ou não ser, eis a questão". Ao dizer isso, questiona a sua própria existência, argumentando "Será mais nobre sofrer na alma pedradas e flechadas do destino feroz ou pegar em armas contra o mar de angústias e, combatendo-o, dar-lhe fim? Morrer; dormir; só isso".[6]

Em sua fala, o personagem reconhece que a vida é cheia de tormentos e sofrimentos, e sua dúvida reside em saber se é melhor aceitar a existência com sua dor inerente ou pôr fim à própria vida para fugir dela. Ele prossegue em sua reflexão, ponderando que, se a vida é um sofrimento constante, a morte parece ser a solução. No entanto, a incerteza sobre o que vem após a morte é ainda mais assustadora do que os tormentos da vida.

É claro que a profundidade de tais questionamentos não são comparáveis à dúvida sobre o temor da IA. Entretanto, há um ponto de convergência entre a angústia de Hamlet e as dúvidas acerca dos riscos da inteligência artificial. Assim como o príncipe se questiona se é mais nobre enfrentar as dores da vida ou morrer para evitá-las, é possível que alguém esteja se perguntando se é melhor tomar plena consciência dos riscos da IA para a sociedade e se preocupar com mais esse problema ou ignorar as ameaças e fingir que não existem, apenas para continuar dormindo tranquilo.

Acontece que o problema está à nossa frente, e há, sim, razões para temer a rápida e descontrolada ascensão da IA nas sociedades contemporâneas. No entanto, como já dito algumas vezes ao longo deste livro, é preciso temê-la pelas razões corretas. Só assim será possível deixar de lutar contra moinhos de vento. E agora, para que não restem dúvidas ou interpretações ambíguas, vamos esclarecer quais são os motivos legítimos e quais são os equivocados para temer a inteligência artificial. Começando pelas incorretas, é possível afirmar que elas basicamente se concentram no universo das profecias apocalípticas.

A ideia de que a inteligência artificial pode desencadear um cenário apocalíptico, em que as máquinas tomam o controle do planeta ou mesmo o destroem, é amplamente popularizada por obras de ficção científica. Filmes como *Exterminador do futuro* e *Matrix* apresentam visões distópicas onde a IA se volta contra a humanidade. No entanto, essas narrativas são mais reflexo dos medos humanos acerca do desconhecido do que realidades tecnológicas plausíveis.

O mito de uma guerra iminente entre homens e máquinas é outra preocupação infundada. A inteligência artificial, por si só, não possui consciência, desejos ou motivações próprias. As máquinas operam com base em algoritmos e dados fornecidos por humanos e não têm capacidade de tomar decisões de forma autônoma e consciente da mesma forma como os seres humanos fazem. A ideia de que a IA pode desenvolver uma vontade própria e iniciar uma guerra contra a humanidade ignora a natureza fundamentalmente programada e limitada das tecnologias atuais.

O temor de que a inteligência artificial possa tomar o controle do planeta também é exagerado. Para que isso acontecesse, seria necessário que ela desenvolvesse uma forma de autoconsciência e autonomia que está muito além das capacidades tecnológicas atuais. As IAs operam dentro de parâmetros definidos por seus programadores e não possuem a capacidade de agir fora desses limites. E, com exceção de casos especiais, as IAs não têm objetivos ou desejos próprios; elas executam tarefas específicas conforme foram programadas para fazer.

É verdade que existem pesquisas sérias com o objetivo de investigar caminhos para a construção de IAs cada vez mais gerais, poderosas e parecidas com a inteligência humana. Ainda assim, além de não haver nada sequer parecido com as inteligências artificiais descritas na ficção científica, se algum dia elas puderem existir, o que é muito improvável, isso não significa que irão necessariamente se voltar contra nós.

Com isso, embora as previsões distópicas de um futuro apocalíptico pertença ao universo da ficção, é importante reconhecer os riscos reais associados ao uso irresponsável da IA. Tais ameaças, em sua maioria, podem ser atribuídas a seres humanos e fazem parte daquelas para as quais há razões suficientemente fundamentadas para despertar receio, temor e cuidado. Sendo assim, vamos agora tratar das razões corretas para temer a inteligência artificial.

Um dos motivos reais para se manter vigilante está relacionado ao potencial da inteligência artificial para reforçar e perpetuar vieses que geram comportamentos discriminatórios. Os sistemas de IA são treinados com grandes volumes de dados históricos que muitas vezes contêm preconceitos humanos. Como vimos, esses vieses podem levar a decisões discriminatórias em várias áreas, como recrutamento de pessoal, concessão de crédito e até mesmo na aplicação da lei.

Além disso, se não forem tomados os devidos cuidados, a IA pode amplificar o racismo e o sexismo presentes nos dados com os quais é treinada. Modelos de IA que analisam currículos para recrutamento podem, inadvertidamente, priorizar candidatos de um determinado gênero ou raça se os dados históricos refletirem tais preferências. Isso resulta em práticas de contratação discriminatórias, reproduzindo e perpetuando desigualdades já existentes no mercado de trabalho.

Outra fonte de preocupações legítimas diz respeito à ameaça que a inteligência artificial pode representar para os direitos humanos, particularmente no que se refere à privacidade e às liberdades individuais. Já existem evidências e estudos capazes de comprovar a aplicação de recursos de IA para realizar campanhas de publicidade altamente personalizadas usando dados pessoais dos usuários de mídias sociais.

Nesse contexto, já seria grave a simples violação da privacidade dos usuários, mas o direcionamento de publicidade baseada no perfil psicológico das pessoas, devido ao seu potencial comprovadamente persuasivo, pode ser usado, como já foi, para a manipulação da opinião pública. Isso somado ao poder das IAs generativas para criar e disseminar conteúdos, incluindo notícias falsas, tem o potencial de influenciar processos eleitorais e minar a confiança pública nas instituições democráticas. Além disso, a capacidade já comprovada da IA para segmentar e manipular eleitores com base em seus perfis psicológicos representa uma ameaça direta à integridade das eleições e à própria democracia.

Esse conjunto de ameaças, mais bem detalhadas e fundamentadas no capítulo "A verdadeira ameaça", resultam principalmente do fato de que a IA herdou os nossos vícios e vieses. Criada à nossa imagem e semelhança, ela reproduz o que já é naturalizado na sociedade. Os riscos que não se encaixam nesse critério são o resultado do mau uso, intencional ou não, dos recursos de IA, como as publicidades altamente customizadas. De qualquer forma, todos esses riscos estão diretamente relacionados à ação humana, seja ela consciente ou não.

Mas existem ameaças reais que, apesar de também poderem ser atribuídas a ações humanas, são mais difíceis de prever e evitar, mesmo que a utilização de técnicas adequadas de testes e validações reduzam o risco de que se concretizem. Esses perigos estão relacionados à instanciação perversa e à manipulação de recompensa – ou *reward hacking*, como é mais conhecida. Ambos se referem a situações em que a IA, ao buscar otimizar um objetivo específico, pode gerar resultados inesperados e até prejudiciais.

Imagine um drone treinado para fotografar paisagens naturais. O objetivo dele é registrar o maior número de paisagens naturais sem a presença de pessoas e no menor tempo possível para otimizar o seu consumo de bateria. Nesse contexto, ele poderia assumir que para poder tirar o maior número de fotos sem ter de se deslocar muito, uma boa solução seria expulsar as pessoas dos jardins e parques próximos, liberando mais espaço para o registro de paisagens. Isso levaria o agente a perseguir e expulsar pessoas de lugares públicos. Um bom exemplo de instanciação perversa.

Embora nesse exemplo os danos causados possam ter um baixo potencial de impacto no bem-estar das pessoas, se esse tipo de erro ocorrer em sistemas mais críticos, como fornecimento de suprimentos ou sistemas militares que controlam armas, as consequências podem ser bastante graves. Esse gênero de comportamento justifica receios e preocupações mais sérias em relação à IA, pois são capazes de gerar comportamentos imprevisíveis e potencialmente destrutivos.

Da mesma forma, algumas técnicas de aprendizagem de máquina também representam riscos devido à imprevisibilidade dos resultados que podem gerar. Essa falta de controle sobre o que e como de fato será aprendido é observada em técnicas como aprendizagem por reforço e aprendizagem por reforço inverso, como detalhado no capítulo "A verdadeira ameaça".

Nesse contexto, sem o controle sobre o que um modelo pode aprender, é impossível prever os resultados que pode gerar. Essa falta de supervisão gera insegurança e imprevisibilidade, tornando desafiadora até mesmo a implementação de mecanismos de segurança capazes de garantir o uso ético de tais modelos.

Comportamentos como os descritos podem representar riscos maiores ou menores, de acordo com o escopo e o alcance dos recursos de IA que os executam. Essas ameaças podem comprometer a segurança, o bem-estar e os direitos de indivíduos ou grupos. Entretanto, mesmo que tais questões sejam preocupantes, não se pode concluir que a inteligência artificial representa um perigo existencial para a humanidade.

A IA é uma ferramenta, e como tal, seu potencial para o bem ou para o mal depende de como é utilizada. A supervisão humana contínua, a responsabilidade compartilhada e o desenvolvimento de princípios éticos são fundamentais para garantir que inteligência artificial seja uma força benéfica. Sua evolução é um processo contínuo, e cabe a nós, como sociedade, moldá-la para garantir um futuro seguro e próspero para todos. A IA projeta aquilo que somos, e podemos aprender a ser melhores tornando-a melhor.

E, para que não restem dúvidas, talvez a melhor forma de encerrar este livro seja fazendo a seguinte afirmação: por mais que a inteligência artificial desperte temores e incertezas sobre o futuro, a única inteligência no planeta que ainda representa uma ameaça à existência da raça humana é a sua própria.

Notas

Capítulo "ESSA TAL DE INTELIGÊNCIA ARTIFICIAL" (pp. 12-125)

1. KRUGER, J.; DUNNING, D. Unskilled and unaware of it: how difficulties in recognizing one's own incompetence lead to inflated self-assessments. *Journal of personality and social psychology*, v. 77, n. 6, Disponível em: https://psycnet.apa.org/buy/1999-15054-002. Acesso em: 01 fev. 2025.
2. KRUGER, J.; DUNNING, D. Unskilled and unaware of it: how difficulties in recognizing one's own incompetence lead to inflated self-assessments. *Journal of personality and social psychology*, v. 77, n. 6, Disponível em: https://www.sciencedirect.com/science/article/abs/pii/B9780123855220000056. Acesso em: 02 fev. 2025.
3. KRUGER, J.; DUNNING, D. Unskilled and unaware of it: how difficulties in recognizing one's own incompetence lead to inflated self-assessments. *Journal of personality and social psychology*, v. 77, n. 6, Disponível em: https://psycnet.apa.org/buy/1999-15054-002. Acesso em: 01 fev. 2025.
4. LAWSON, R. The science of cycology: Failures to understand how everyday objects work. *Memory & cognition*, v. 34, n. 8, 1667-1675, 2006. Disponível em: https://link.springer.com/article/10.3758/bf03195929. Acesso em: 01 fev. 2025.
5. PEGASYSTEMS. "What Consumers Really Think About AI: A Global Study". Pega, [s.d.]. Disponível em: https://www.pega.com/ai-survey. Acesso em: 27 fev. 2024.
6. ALIZADEH, F.; STEVENS, G.; ESAU, M. I Don't Know, Is AI Also Used in Airbags? - An Empirical Study of Folk Concepts and People's Expectations of Current and Future Artificial Intelligence. i-com, v. 20, n. 1, p. 3-17, 2021. Disponível em: https://www.degruyter.com/document/doi/10.1515/icom-2021-0009/html. Acesso em: 01 fev. 2025.
7. ZHANG, B.; DAFOE, A. Artificial intelligence: American attitudes and trends. Social Science Research Network, Available at SSRN 3312874, jan. 2019. Disponível em: https://ssrn.com/abstract=3312874. Acesso em: 04 mar. 2024.
8. NORTHSTAR. AI Today, AI Tomorrow, 2020. Disponível em: https://www.arm.com/resources/report/ai-today-ai-tomorrow-ty. Acesso em: 7 mar. 2024.

9. McCarthy, J. What is Artificial Intelligence?. Stanford University, 2007. Disponível em: https://www.formal.stanford.edu/jmc/whatisai.pdf. Acesso em: 07 jan. 2025.
10. WATSON, D. The Rhetoric and Reality of Anthropomorphism in Artificial Intelligence. *Minds and Machines*, v. 29, n. 3, p. 417-440, 1 set. 2019. Disponível em: https://link.springer.com/article/10.1007/s11023-019-09506-6. Acesso em: 12 abr. 2024.
11. SALLES, A.; EVERS, K.; FARISCO, M. Anthropomorphism in AI. AJOB Neuroscience, v. 11, n. 2, p. 88-95, 2020. Disponível em: https://www.tandfonline.com/doi/full/10.1080/21507740.2020.1740350. Acesso em: 11 abr. 2024.
12. NG, G. W.; LEUNG, W. C. Strong artificial intelligence and consciousness. *Journal of Artificial Intelligence and Consciousness*, v. 7, n. 01, p. 63-72, 2020. Disponível em: https://doi.org/10.1142/S2705078520300042. Acesso em: 13 abr. 2024.
13. BOSTROM, N. How long before superintelligence. *International Journal of Futures Studies*, v. 2, n. 2003, p. 12-17, 1998. Disponível em: https://nickbostrom.com/superintelligence. Acesso em: 14 abr.2024.
14. RUSSEL, S.; NORVIG, P. *Inteligência artificial*. 3. ed. Rio de Janeiro: Elsevier, 2013.
15. RUSSEL, S.; NORVIG, P. *Inteligência artificial*. 3. ed. Rio de Janeiro: Elsevier, 2013.
16. WOOLDRIDGE, M. "Intelligent Agents: The key concepts". ECCAI Advanced Course on Artificial Intelligence. Anais... Springer, 2001. Disponível em: https://link.springer.com/chapter/10.1007/3-540-45982-0_1. Acesso em: 03 mai. 2024.
17. LUCK, M.; D'INVERNO, M. "A Formal Framework for Agency and Autonomy". Icmas. Anais..., 1995. Disponível em: https://aaai.org/papers/icmas95-034-a-formal-framework-for-agency-and-autonomy/. Acesso em: 01 mai. 2024.
18. ROSENBLUETH, A.; WIENER, N. Purposeful and Non-Purposeful Behavior. Philosophy of Science, v. 17, n. 4, p. 318-326, 1950. Disponível em: https://www.jstor.org/stable/185931. Acesso em: 06 mai. 2024.
19. *Dicionário infopédia da Língua Portuguesa*. Porto: Porto Editora. Disponível em: https://www.infopedia.pt/dicionarios/lingua-portuguesa/aprender. Acesso em: 12 abr. 2024.
20. MOREIRA, M. A. *Teorias de aprendizagem*. São Paulo: EPU, 1999.
21. SIRNEY, C. What Is Learning?. Berkeley Extension, 2019. Disponível em: <https://voices.berkeley.edu/instructors/what-learning>. Acesso em: 5 ago. 2024.
22. MOREIRA, M. A. *Teorias de aprendizagem*. São Paulo: EPU, 1999.
23. LIU, W.; WANG, J.; CHANG, S.-F. Robust and scalable graph-based semisupervised learning. Proceedings of the IEEE, v. 100, n. 9, p. 2624-2638, 2012. Disponível em: https://ieeexplore.ieee.org/document/6235979. Acesso em 02 fev. 2025.
24. LECUN, Y.; BENGIO, Y.; HINTON, G. Deep learning. Nature, v. 521, n. 7553, p. 436-444, 2015. Disponível em: https://www.nature.com/articles/nature14539. Acesso em 02 fev. 2025.
25. KAELBLING, L. P.; LITTMAN, M. L.; MOORE, A. W. Reinforcement learning: A survey. *Journal of artificial intelligence research*, v. 4, p. 237-285, 1996. Disponível em: https://www.jair.org/index.php/jair/article/view/10166. Acesso em 06 jun. 2024.
26. DULAC-ARNOLD, G.; MANKOWITZ, D.; HESTER, T. Challenges of real-world reinforcement learning. arXiv:1904.12901v1, abr. 2019. Disponível em: https://arxiv.org/abs/1904.12901v1. Acesso em 11 jun. 2024.
27. LIDDY, E. D. Enhanced text retrieval using natural language processing. *Bulletin of the American Society for Information Science and Technology*, v. 24, n. 4, p. 14-16, 1998. Disponível em: https://eric.ed.gov/?id=EJ566602. Acesso em 09 mai. 2024.
28. VASWANI, A. et al. Attention is all you need. Advances in neural information processing systems, 2017. Disponível em: https://proceedings.neurips.cc/paper_files/paper/2017/file/3f5ee243547dee-91fbd053c1c4a845aa-Paper.pdf. Acesso em 22 jun. 2024.
29. JACOBS R. A. et al. "Adaptive Mixtures of Local Experts," in *Neural Computation*, vol. 3, no. 1, pp. 79-87, March 1991. Disponível em: https://doi.org/10.1162/neco.1991.3.1.79. Acesso em: 03/02/2025.
30. PETERS, U. What is the function of confirmation bias? Erkenntnis, v. 87, n. 3, p. 1351-1376, 2022. Disponível em: https://link.springer.com/article/10.1007/s10670-020-00252-1. Acesso em 11 jul. 2024.
31. OLIVEIRA, H. N. DE; SILVA, C. A. M. DA; OLIVEIRA, A. T. R. DE. Imigração internacional: uma alternativa para os impactos das mudanças demográficas no Brasil? *Revista Brasileira de Estudos de*

População, v. 36, p. e0076, 2019. Disponível em: https://www.rebep.org.br/revista/article/view/1254. Acesso em 27 jul. 2024.

32 KUNDA, Z. The case for motivated reasoning. *Psychological bulletin*, v. 108, n. 3, p. 480, 1990. Disponível em: https://psycnet.apa.org/doiLanding?doi=10.1037%2F0033-2909.108.3.480. Acesso em 03 ago. 2024.

33 DA ROCHA WEITZEL, S. O desenvolvimento de coleções e a organização do conhecimento: suas origens e desafios. *Perspectivas em ciência da informação*, v. 7, n. 1, 2002. Disponível em: https://periodicos.ufmg.br/index.php/pci/article/view/23411. Acesso em 05 ago. 2024.

34 NONAKA, I.; TAKEUCHI, H. *Gestão do conhecimento*. Porto Alegre: Bookman, 2008.

35 NONAKA, I.; TAKEUCHI, H. *Gestão do conhecimento*. Porto Alegre: Bookman, 2008.

36 BURNHAM, T. F. et al. Aprendizagem organizacional e gestão do conhecimento. In: VI CINFORM – Encontro Nacional de Ciência da Informação. Anais..., Salvador: UFBA, 14 -17 jun. 2005. Disponível em: https://repositorio.ufba.br/handle/ri/3876. Acesso em 02 jan. 2025.

37 MCCARTHY, J.; HAYES, P. J. Some philosophical problems from the standpoint of artificial intelligence. In: Readings in artificial intelligence. [s.l.] Elsevier, 1981. p. 431-450. Disponível em: https://doi.org/10.1016/B978-0-934613-03-3.50033-7. Acesso em 02 jan. 2025.

38 MINSKY, M. "A framework for representing knowledge". In J. Haugeland (Ed.), Mind Design II: Philosophy, Psychology, and Artificial Intelligence. *The MIT Press.*, Cambridge, jun. 1974. Disponível em: https://doi.org/10.7551/mitpress/4626.003.0005. Acesso em 02 jan. 2025.

39 VAESEN, K. The cognitive bases of human tool use. *Behavioral and brain sciences*, v. 35, n. 4, p. 203-218, 2012. Disponível em: https://doi.org/10.1017/S0140525X11001452. Acesso em 03 ago. 2024.

40 FERNANDES, J. V. Robot citizenship and gender (in)equality: the case of Sophia the robot in Saudi Arabia. Janus.net, e-journal of international relations, v. 12, n. 2, TD2 – Dossiê temático The Middle East, fev. 2022. Disponível em: https://observare.autonoma.pt/janus-net/en/janusnet/robot-citizenship-and-gender-inequality-the-case-of-sophia-the-robot-in-saudi-arabia/. Acesso em 02 jan. 2025.

41 MU, S. et al. Dual-modal Tactile E-skin: Enabling Bidirectional Human-Robot Interaction via Integrated Tactile Perception and Feedback. ArXiv, 8 fev. 2024. Disponível em: http://arxiv.org/abs/2402.05725. Acesso em: 31 jul. 2024.

42 VAESEN, K. The cognitive bases of human tool use. *Behavioral and brain sciences*, v. 35, n. 4, p. 203-218, 2012. Disponível em: https://doi.org/10.1017/S0140525X11001452. Acesso em 03 ago. 2024.

43 DIGITAL 2024: GLOBAL OVERVIEW REPORT. [s.l.] DatarePortal, 2024. Disponível em: https://datareportal.com/global-digital-overview. Acesso em: 18 mar. 2024.

44 TAYLOR, P. Amount of data created, consumed, and stored 2010-2020, with forecasts to 2025. [s.l: s.n.]. Disponível em: https://www.statista.com/statistics/871513/worldwide-data-created/. Acesso em: 25 mar. 2024.

45 DIGITAL 2024: GLOBAL OVERVIEW REPORT. DatarePortal, 2024. Disponível em: https://datareportal.com/global-digital-overview. Acesso em: 18 mar. 2024.

46 YOUYOU, W.; KOSINSKI, M.; STILLWELL, D. Computer-based personality judgments are more accurate than those made by humans. *Proceedings of the National Academy of Sciences*, v. 112, n. 4, p. 1036-1040, 2015. Disponível em: https://www.pnas.org/doi/full/10.1073/pnas.1418680112. Acesso em 04 mar. 2024.

47 REECE, A. G.; DANFORTH, C. M. Instagram photos reveal predictive markers of depression. *EPJ Data Science*, v. 6, n. 1, p. 15, 2017. Disponível em: https://epjdatascience.springeropen.com/articles/10.1140/epjds/s13688-017-0110-z. Acesso em 06 mar. 2024.

48 CARBALLO, R. Using A.I. to Talk to the Dead. *The New York Times*, 11 dez. 2023. Disponível em: https://www.nytimes.com/2023/12/11/technology/ai-chatbots-dead-relatives.html. Acesso em 16 set. 2024.

49 DANZIGER, S.; LEVAV, J.; AVNAIM-PESSO, L. Extraneous factors in judicial decisions. *Proceedings of the National Academy of Sciences*, v. 108, n. 17, p. 6889-6892, 2011. Disponível em: https://www.pnas.org/doi/full/10.1073/pnas.1018033108. Acesso em 02 jan. 2025.

50 LIM, J.; DINGES, D. F. Sleep deprivation and vigilant attention. *Annals of the New York Academy of Sciences*, v. 1129, n. 1, p. 305-322, 2008. Disponível em: https://nyaspubs.onlinelibrary.wiley.com/doi/10.1196/annals.1417.002. Acesso em 03 jan. 2025.

51 "Actioned hate speech content items on Facebook worldwide from 4th quarter 2017 to 3rd quarter 2024". Statista. Disponível em: https://www.statista.com/statistics/1013804/facebook-hate-speech-content-deletion-quarter/. Acesso em: 29 abr. 2024.

52 "Actioned hate speech content items on Instagram worldwide from 4th quarter 2019 to 3rd quarter 2024". Statista. Disponível em: https://www.statista.com/statistics/1013804/facebook-hate-speech-content-deletion-quarter/. Acesso em: 29 abr. 2024.

53 WATSON, A. "False news worldwide - statistics & facts". Statista. Disponível em: https://www.statista.com/topics/6341/fake-news-worldwide/#topicOverview. Acesso em: 29 abr. 2024.

54 DUIN, N.; SUTCLIFFE, J. A history of medicine: from prehistory to the year 2020. New York: Simon & Schuster, 1992.

55 MONTES, J. A. R. La sangría terapéutica: del rito a la Ciencia. *Boletín de la Academia Malagueña de Ciencias*, n. 15, p. 7-20, 2013. Disponível em: https://dialnet.unirioja.es/servlet/articulo?codigo=6426625. Acesso em 03 jan. 2025.

56 DUIN, N.; SUTCLIFFE, J. *A history of medicine: from prehistory to the year 2020*. New York: Simon & Schuster, 1992.

57 CONNER-SIMONS, Adam; GORDON, Rachel. Using AI to predict breast cancer and personalize care. *MIT News*, 7 maio 2019. Disponível em: https://news.mit.edu/2019/using-ai-predict-breast-cancer-and-personalize-care-0507. Acesso em 03 jan. 2025.

58 HE, B. et al. Blinded, randomized trial of sonographer versus AI cardiac function assessment. *Nature*, v. 616, n. 7957, p. 520-524, 2023. Disponível em: https://www.nature.com/articles/s41586-023-05947-3. Acesso em 03 jan. 2025.

59 MESKO, B. The role of artificial intelligence in precision medicine. Expert Review of Precision Medicine and Drug Development, v. 2, n. 5, p. 239-241, 2017. Disponível em: https://www.tandfonline.com/doi/full/10.1080/23808993.2017.1380516. Acesso em 09 ago. 2024.

60 LENHARO, M. Google AI has better bedside manner than human doctors – and makes better diagnoses. *Nature*, v. 625, n. 7996, p. 643-644, 2024.

61 VASEY, B. et al. Intraoperative applications of artificial intelligence in robotic surgery: a scoping review of current development stages and levels of autonomy. *Annals of Surgery*, v. 278, n. 6, p. 896-903, dez. 2023. Disponível em: https://journals.lww.com/annalsofsurgery/fulltext/2023/12000/intraoperative_applications_of_artificial.10.aspx. Acesso em 11 ago. 2024.

62 SPATZ, E. S. et al. Wearable digital health technologies for monitoring in cardiovascular medicine. *New England Journal of Medicine*, v. 390, n. 4, p. 346-356, 2024. Annals of Surgery, v. 278, n. 6, p. 896-903, 2023. Disponível em: https://www.nejm.org/doi/full/10.1056/NEJMra2301903. Acesso em 17 ago. 2024.

63 SPATZ, E. S. et al. Wearable digital health technologies for monitoring in cardiovascular medicine. *New England Journal of Medicine*, v. 390, n. 4, p. 346-356, 2024. Annals of Surgery, v. 278, n. 6, p. 896-903, 2023. Disponível em: https://www.nejm.org/doi/full/10.1056/NEJMra2301903. Acesso em 17 ago. 2024.

64 SHAJARI, S. et al. The emergence of AI-based wearable sensors for digital health technology: a review. *Sensors*, v. 23, n. 23, p. 9.498, 2023. Disponível em: https://www.mdpi.com/1424-8220/23/23/9498. Acesso em 03 set. 2024.

65 CHIU, T. K. F. et al. Systematic literature review on opportunities, challenges, and future research recommendations of artificial intelligence in education. *Computers and Education: Artificial Intelligence*, v. 4, p. 100118, 2023. Disponível em: https://www.sciencedirect.com/science/article/pii/S2666920X2200073X. Acesso em 05 set. 2024.

66 BONNETON-BOTTÉ, N. et al. Can tablet apps support the learning of handwriting? An investigation of learning outcomes in kindergarten classroom. *Computers & Education*, v. 151, p. 103831, 2020. Disponível em: https://www.sciencedirect.com/science/article/abs/pii/S0360131520300336?via%3Dihub. Acesso em 08 set. 2024.

67 CHAN, H. Einstein and anime: Hong Kong university tests AI professors. Disponível em: https://phys.org/news/2024-05-einstein-anime-hong-kong-university.html. Acesso em: 14 maio 2024.

68 ARTAXO, P.; RIZZO, L. V.; MACHADO, L. A. T. Inteligência artificial e mudanças climáticas. *Revista USP*, n. 141, p. 29-40, 2024. Disponível em: https://www.revistas.usp.br/revusp/article/view/225205. Acesso em 13 set. 2024.

69 BROWN, C. F. et al. Dynamic World, Near real-time global 10 m land use land cover mapping. *Scientific Data*, v. 9, n. 1, p. 251, 2022. Disponível em: https://www.nature.com/articles/s41597-022-01307-4. Acesso em 29 set. 2024.

NOTAS

70 THIRUNAVUKKARASU, M.; SAWLE, Y.; LALA, H. A comprehensive review on optimization of hybrid renewable energy systems using various optimization techniques. *Renewable and Sustainable Energy Reviews*, v. 176, p. 113192, 2023. Disponível em: https://www.sciencedirect.com/science/article/abs/pii/S1364032123000485. Acesso em 27 set. 2024.
71 ARTAXO, P.; RIZZO, L. V.; MACHADO, L. A. T. Inteligência artificial e mudanças climáticas. *Revista USP*, n. 141, p. 29-40, 2024. Disponível em: https://www.revistas.usp.br/revusp/article/view/225205. Acesso em 13 set. 2024.
72 ARTAXO, P.; RIZZO, L. V.; MACHADO, L. A. T. Inteligência artificial e mudanças climáticas. *Revista USP*, n. 141, p. 29-40, 2024.
73 TELESCOPE, L. S. S. Data Management. Disponível em: https://www.lsst.org/about/dm. Acesso em: 30 jul. 2024.
74 ZHANG, S. et al. DrugAI: a multi-view deep learning model for predicting drug-target activating/inhibiting mechanisms. *Briefings in Bioinformatics*, v. 24, n. 1, p. bbac526, 1 jan. 2023. Disponível em: https://academic.oup.com/bib/article/24/1/bbac526/6918762. Acesso em 03 ago. 2024.
75 ZHAVORONKOV, A.; VANHAELEN, Q.; OPREA, T. I. Will artificial intelligence for drug discovery impact clinical pharmacology? *Clinical Pharmacology & Therapeutics*, v. 107, n. 4, p. 780-785, 2020.
76 HAO, Karen. What is AI? We drew you a flowchart to work it out. *MIT Technology Review*, 10 nov. 2018. Disponível em: https://www.technologyreview.com/2018/11/10/139137/is-this-ai-we-drew-you-a-flowchart-to-work-it-out/. Acesso em: 28 dez. 2024.

CAPÍTULO "A VERDADEIRA AMEAÇA" (pp. 126-185)

1 ASIMOV, I. *Eu, robô*. São Paulo: Aleph, 2015.
2 ASIMOV, I. *Robôs e Império*. São Paulo: Aleph, 2022.
3 BOSTROM, N. How long before superintelligence. *International Journal of Futures Studies*, v. 2, n. 2003, p. 12-17, 1998. Disponível em: https://philpapers.org/rec/BOSHLB. Acesso em 17 ago. 2024.
4 BOSTROM, N. How long before superintelligence. *International Journal of Futures Studies*, v. 2, n. 2003, p. 12-17, 1998.
5 BOSTROM, N. How long before superintelligence. *International Journal of Futures Studies*, v. 2, n. 2003, p. 12-17, 1998.
6 NAÇÕES UNIDAS. Convenção Internacional sobre a Eliminação de Todas as Formas de Preconceito, 1965.
7 FAVARETTO, M.; DE CLERCQ, E.; ELGER, B. S. Big Data and discrimination: perils, promises and solutions. A systematic review. *Journal of Big Data*, v. 6, n. 1, p. 1-27, dez. 2019. Disponível em: https://journalofbigdata.springeropen.com/articles/10.1186/s40537-019-0177-4. Acesso em 09 ago. 2024.
8 WULF, J. Automated Decision-Making Systems and Discrimination: Understanding causes, recognizing cases, supporting those affected. AlgorithmWatch. 2022. Disponível em: https://algorithmwatch.org/en/wp-content/uploads/2022/06/AutoCheck-Guidebook_ADM_Discrimination_EN-AlgorithmWatch_June_2022.pdf. Acesso em 23 ago. 2024.
9 FAVARETTO, M.; DE CLERCQ, E.; ELGER, B. S. Big Data and discrimination: perils, promises and solutions. A systematic review. Journal of Big Data, v. 6, n. 1, p. 1-27, dez. 2019. Disponível em: https://journalofbigdata.springeropen.com/articles/10.1186/s40537-019-0177-4. Acesso em 09 ago. 2024.
10 SOUZA, N. S. *Tornar-se negro: ou as vicissitudes da identidade do negro brasileiro em ascensão social*. São Paulo: Companhia das Letras, 2021.
11 UNITED NATIONS. 2021 Global Multidimensional Poverty Index (MPI) Human Development Reports. United Nations, 7 out. 2021. Disponível em: https://hdr.undp.org/content/2021-global-multidimensional-poverty-index-mpi. Acesso em: 27 maio 2024.
12 WORLD PRISON BRIEF. Disponível em: https://www.prisonstudies.org/. Acesso em: 25 maio 2024.
13 MILLER, E. J. et al. AI hyperrealism: Why AI faces are perceived as more real than human ones. *Psychological science*, v. 34, n. 12, p. 1390–1403, 2023. Disponível em: https://journals.sagepub.com/doi/10.1177/09567976231207095. Acesso em 02 jan. 2025.
14 BUOLAMWINI, J.; GEBRU, T. "Gender shades: Intersectional accuracy disparities in commercial gender classification". Conference on fairness, accountability and transparency. Anais... PMLR, 2018. Disponível em: https://proceedings.mlr.press/v81/buolamwini18a.html. Acesso em 02 jan. 2025.

15. USA, Federal Bureau of Prisons (FBOP). BOP Statistics: Inmate Race. Disponível em: https://www.bop.gov/about/statistics/statistics_inmate_race.jsp. Acesso em: 27 maio 2024.
16. ANUÁRIO BRASILEIRO DE SEGURANÇA PÚBLICA: 2023. São Paulo: Fórum Brasileiro de Segurança Pública, ano 17, 2023.
17. LARSON, Jeff et al. Machine Bias. ProPublica, 23 maio 2016. Disponível em: https://www.propublica.org/article/machine-bias-risk-assessments-in-criminal-sentencing. Acesso em: 24 maio 2024.
18. YIN, L.; ALBA, D.; EQUALITY, L. N. T. OpenAI's GPT Is a Recruiter's Dream Tool. Tests Show There's Racial Bias. Bloomberg.com, 7 mar. 2024. Disponível em: https://www.bloomberg.com/graphics/2024-openai-gpt-hiring-racial-discrimination/. Acesso em: 28 maio 2024.
19. ANANYA. AI image generators often give racist and sexist results: can they be fixed? Nature, v. 627, n. 8005, p. 722-725, 19 mar. 2024. Disponível em: https://www.nature.com/articles/d41586-024-00674-9. Acesso em 24 ago. 2024.
20. TÔRRES, M. R. Considerações sobre a condição da mulher na Grécia Clássica (sécs. V e IV aC). *Mirabilia: electronic journal of antiquity and middle ages*, n. 1, p. 48-55, 2001. Disponível em: https://raco.cat/index.php/Mirabilia/article/view/283713. Acesso em 24 ago. 2024.
21. ERLER, M.; KOWALESKI, M. *Women and power in the Middle Ages*. Athens: University of Georgia Press, 1988.
22. ERLER, M.; KOWALESKI, M. *Women and power in the Middle Ages*. Athens: University of Georgia Press, 1988.
23. PATEMAN, C. " The disorder of women": Women, love, and the sense of justice. *Ethics*, v. 91, n. 1, p. 20-34, 1980. Disponível em: https://www.jstor.org/stable/2380368. Acesso em 14 nov. 2024.
24. COLLETT, C. et al. Os efeitos da inteligência artificial na vida profissional das mulheres. Paris: Organização das Nações Unidas para a Educação, a Ciência e a Cultura (Unesco), 2023. Disponível em: https://unesdoc.unesco.org/ark:/48223/pf0000384693. Acesso em: 08 jan. 2025.
25. EQUIDADE DE GÊNERO EM SAÚDE – OPAS/OMS | Organização Pan-Americana da Saúde. Disponível em: https://www.paho.org/pt/topicos/equidade-genero-em-saude. Acesso em: 29 maio 2024.
26. COLLETT, C. et al. Os efeitos da inteligência artificial na vida profissional das mulheres. Paris: Organização das Nações Unidas para a Educação, a Ciência e a Cultura (Unesco), 2023. Disponível em: https://unesdoc.unesco.org/ark:/48223/pf0000384693. Acesso em: 08 jan. 2025.
27. NEWSTEAD, T.; EAGER, B.; WILSON, S. How AI can perpetuate – Or help mitigate – Gender bias in leadership. *Organizational Dynamics*, v. 52, n. 4, p. 100998, 1 out. 2023. Disponível em: https://www.sciencedirect.com/science/article/pii/S0090261623000426. Acesso em 21 nov. 2024.
28. TAMBE, P.; CAPPELLI, P.; YAKUBOVICH, V. Artificial Intelligence in Human Resources Management: Challenges and a Path Forward. *California Management Review*, v. 61, n. 4, p. 15-42, 1 ago. 2019. Disponível em: https://journals.sagepub.com/doi/10.1177/0008125619867910. Acesso em 19 ago. 2024.
29. DATTA, A.; TSCHANTZ, M. C.; DATTA, A. Automated experiments on ad privacy settings: A tale of opacity, choice, and discrimination. ArXiv preprint arXiv:1408.6491, ago. 2014. Disponível em: https://arxiv.org/abs/1408.6491v2. Acesso em 15 set. 2024.
30. COLLETT, C. et al. Os efeitos da inteligência artificial na vida profissional das mulheres. Paris: Organização das Nações Unidas para a Educação, a Ciência e a Cultura (Unesco), 2023. Disponível em: https://unesdoc.unesco.org/ark:/48223/pf0000384693. Acesso em: 08 jan. 2025.
31. WALL, S.; SCHELLMANN, H. LinkedIn's job-matching AI was biased. The company's solution? More AI. MIT Technology Review, 23 jun. 2021.
32. MOHR, T. S. Why women don't apply for jobs unless they're 100% qualified. *Harvard Business Review*, v. 25, p. 40-45, 2014. Disponível em: https://hbr.org/2014/08/why-women-dont-apply-for-jobs-unless-theyre-100-qualified. Acesso em 02 out. 2024.
33. YOUNG, E.; WAJCMAN, J.; SPREJER, L. Where are the Women? Mapping the Gender Job Gap in AI. Policy Briefing: Full Report. The Alan Turing Institut, 2021. Disponível em: https://www.turing.ac.uk/news/publications/report-where-are-women-mapping-gender-job-gap-ai. Acesso em 02 jan. 2025.
34. DAS, S; KOTIKULA, A. Gender-based employment segregation: Understanding causes and policy interventions. World Bank, 2019. Disponível em: https://ideas.repec.org/p/wbk/jbsgrp/30947812.html. Acesso em 02 jan. 2025.
35. POWELL, C. 'Masculine' language in job adverts deterring female candidates, research finds. *People Management*, 18 ago. 2021. Disponível em: https://www.peoplemanagement.co.uk/article/1743030?utm_source=website&utm_medium=social. Acesso em: 29 maio 2024.

NOTAS

36   COLLETT, C. et al. Os efeitos da inteligência artificial na vida profissional das mulheres. Paris: Organização das Nações Unidas para a Educação, a Ciência e a Cultura (Unesco), 2023. Disponível em: https://unesdoc.unesco.org/ark:/48223/pf0000384693. Acesso em: 08 jan. 2025.
37   KWEILIN, E. et al. Generative AI and the future of work in America. McKinsey Global Institute, 26 jun. 2023. Disponível em: https://www.mckinsey.com/mgi/our-research/generative-ai-and-the-future-of-work-in-america. Acesso em: 29 maio. 2024.
38   NAÇÕES UNIDAS. Declaração Universal dos Direitos Humanos, 1948. Disponível em: https://brasil.un.org/pt-br/91601-declaração-universal-dos-direitos-humanos. Acesso em 02 jan. 2025.
39   NAÇÕES UNIDAS. Declaração Universal dos Direitos Humanos. 1948. Disponível em: https://brasil.un.org/pt-br/91601-declaração-universal-dos-direitos-humanos. Acesso em 02 jan. 2025.
40   NAÇÕES UNIDAS. Declaração Universal dos Direitos Humanos. 1948. Disponível em: https://brasil.un.org/pt-br/91601-declaração-universal-dos-direitos-humanos. Acesso em 02 jan. 2025.
41   UNITED NATIONS DEVELOPMENT GROUP. Data privacy, ethics and protection: guidance note on big data for achievement of the 2030 agenda. United Nations, 2017. Disponível em: https://unsdg.un.org/sites/default/files/UNDG_BigData_final_web.pdf. Acesso em: 16 set. 2024.
42   NAÇÕES UNIDAS. Declaração Universal dos Direitos Humanos. 1948. Disponível em: https://brasil.un.org/pt-br/91601-declaração-universal-dos-direitos-humanos. Acesso em 02 jan. 2025.
43   WATSON, A. False news worldwide – statistics & facts. Statista, 32 jul. 2024. Disponível em: https://www.statista.com/topics/6341/fake-news-worldwide/#topicOverview. Acesso em: 29 abr. 2024.
44   MATZ, S. C. et al. Psychological targeting as an effective approach to digital mass persuasion. *Proceedings of the national academy of sciences*, v. 114, n. 48, p. 12714-12719, 2017. Disponível em: https://www.pnas.org/doi/10.1073/pnas.1710966114. Acesso em 02 jan. 2025.
45   NAÇÕES UNIDAS. Declaração Universal dos Direitos Humanos. 1948. Disponível em: https://brasil.un.org/pt-br/91601-declaração-universal-dos-direitos-humanos. Acesso em 02 jan. 2025.
46   ISAAK, J.; HANNA, M. J. User data privacy: Facebook, Cambridge Analytica, and privacy protection. Computer, v. 51, n. 8, p. 56-59, 2018. Disponível em: https://ieeexplore.ieee.org/document/8436900. Acesso em 02 jan. 2025.
47   UR REHMAN, I. Facebook-cambridge analytica data harvesting: What you need to know. Library Philosophy and Practice, p. 1-11, 2019. Disponível em: https://www.proquest.com/docview/2234441812/. Acesso em 02 jan. 2025.
48   IZIDRO, I. Vigilância nas redes: como romper o cerco. Conexão UFRJ. Disponível em: https://conexao.ufrj.br/2016/09/vigilancia-nas-redes-como-romper-o-cerco/. Acesso em: 1 jun. 2024.
49   NAÇÕES UNIDAS. Declaração Universal dos Direitos Humanos. 1948. Disponível em: https://brasil.un.org/pt-br/91601-declaração-universal-dos-direitos-humanos. Acesso em 02 jan. 2025.
50   DAHL, R. A. On Democracy. New Haven/London: *Yale University Press*, 2000.
51   LEVITSKY, S.; ZIBLATT, D. *Como as democracias morrem*. São Paulo: Companhia das Letras, 2018.
52   ISAAK, J.; HANNA, M. J. User data privacy: Facebook, Cambridge Analytica, and privacy protection. Computer, v. 51, n. 8, p. 56-59, 2018. Disponível em: https://ieeexplore.ieee.org/document/8436900. Acesso em 02 jan. 2025.
53   UR REHMAN, I. Facebook-cambridge analytica data harvesting: What you need to know. Library Philosophy and Practice, p. 1-11, 2019. Disponível em: https://www.proquest.com/docview/2234441812/. Acesso em 02 jan. 2025.
54   RISSO, L. Harvesting your soul? Cambridge analytica and Brexit. Brexit Means Brexit, v. 2018, p. 75-90, 2018. Disponível em: https://www.adwmainz.de/fileadmin/user_upload/Brexit-Symposium_Online-Version.pdf#page=75. Acesso em 02 jan. 2025.
55   WELCH, D. Nazi propaganda and the Volksgemeinschaft: Constructing a people's community. *Journal of contemporary history*, v. 39, n. 2, p. 213-238, 2004. Disponível em https://journals.sagepub.com/doi/10.1177/0022009404042129. Acesso em 02 jan. 2025.
56   MATTINGLY, D. C.; YAO, E. How soft propaganda persuades. *Comparative Political Studies*, v. 55, n. 9, p. 1569-1594, 2022. Disponível em https://journals.sagepub.com/doi/10.1177/00104140211047403. Acesso em 02 jan. 2025.
57   CRAWFORD, D.; WANG, J.; SINGH, R. AI's Trillion-Dollar Opportunity. Bain & Company, 25 set. 2024. Disponível em https://www.bain.com/insights/ais-trillion-dollar-opportunity-tech-report-2024/. Acesso em 02 jan. 2025.

58 DZIEZA, Josh. O exército (sub-)humano que alimenta a IA. *OutrasPalavras*, 29 jun. 2023. Disponível em: https://outraspalavras.net/tecnologiaemdisputa/exercito-sub-humano-que-alimenta-a-ia/. Acesso em: 12 out. 2024.
59 PERRIGO, Billy. "Exclusive: OpenAI Used Kenyan Workers on Less Than $2 Per Hour to Make ChatGPT Less Toxic", 18 jan. 2023. Disponível em: https://time.com/6247678/openai-chatgpt-kenya-workers/. Acesso em: 6 dez. 2023.
60 PERRIGO, Billy. "Exclusive: OpenAI Used Kenyan Workers on Less Than $2 Per Hour to Make ChatGPT Less Toxic", 18 jan. 2023. Disponível em: https://time.com/6247678/openai-chatgpt-kenya-workers/. Acesso em: 6 dez. 2023.
61 DZIEZA, Josh. O exército (sub-)humano que alimenta a IA. *OutrasPalavras*, 29 jun. 2023. Disponível em: https://outraspalavras.net/tecnologiaemdisputa/exercito-sub-humano-que-alimenta-a-ia/. Acesso em: 12 out. 2024.
62 HAIDER, J. et al. GPT-fabricated scientific papers on Google Scholar: Key features, spread, and implications for preempting evidence manipulation. *Harvard Kennedy School Misinformation Review*, v. 5, n. 5, p. 1-16, 2024. Disponível em https://misinforeview.hks.harvard.edu/article/gpt-fabricated-scientific-papers-on-google-scholar-key-features-spread-and-implications-for-preempting-evidence-manipulation/. Acesso em 02 jan. 2025.
63 SHUMAILOV, I.; SHUMAYLOV, Z.; ZHAO, Y. et al. AI models collapse when trained on recursively generated data. *Nature*, v. 631, p. 755-759, 2024. Disponível em: https://doi.org/10.1038/s41586-024-07566-y. Acesso em: 29 out. 2024.
64 SHUMAILOV, I.; SHUMAYLOV, Z.; ZHAO, Y. et al. AI models collapse when trained on recursively generated data. *Nature*, v. 631, p. 755–759, 2024. Disponível em: https://doi.org/10.1038/s41586-024-07566-y. Acesso em: 29 out. 2024.
65 MEINKE, A. et al. Frontier models are capable of in-context scheming. arXiv:2412.04984 [cs.AI], 2024. Disponível em: https://arxiv.org/abs/2412.04984. Acesso em: 6 fev. 2025.

CAPÍTULO "PARA ONDE VAMOS?" (pp. 186-255)

1 WIENER, N. Some Moral and Technical Consequences of Automation: As machines learn they may develop unforeseen strategies at rates that baffle their programmers. *Science*, v. 131, n. 3410, p. 1355-1358, 1960. Disponível em: https://www.science.org/doi/10.1126/science.131.3410.1355. Acesso em: 03 fev. 2025.
2 CÓRDOVA, P. R. et al. A Proposal for Artificial Moral Pedagogical Agents. In: ROCHA, Á. et al. (Eds.). Trends and Applications in Information Systems and Technologies. *Cham: Springer International Publishing*, 2021,. v. 1365, p. 396-40. Disponível em: https://link.springer.com/chapter/10.1007/978-3-030-72657-7_38. Acesso em: 03 fev. 2025.
3 AWAD, E. et al. The Moral Machine experiment. *Nature*, 2018. Disponível em: https://doi.org/10.1038/s41586-018-0637-6. Acesso em: 20 fev. 2020.
4 ANDINO, C. El lugar de la ética entre los saberes técnicos: Un abordaje filosófico. *Revista Científica de la UCSA*, v. 2, p. 85-94, dez. 2015. Disponível em: http://scielo.iics.una.py/scielo.php?script=sci_arttext&pid=S2409-87522015000200008. Acesso em: 03 fev. 2025.
5 SCHROEDER, M. Normative ethics and metaethics. *Routledge handbook of metaethics*. London: Routledge, 2017, p. 674-686.
6 ZAGZEBSKI, L. Exemplarist virtue theory. Metaphilosophy, v. 41, n. 1-2, p. 41-57, jan. 2010. Disponível em: https://onlinelibrary.wiley.com/doi/10.1111/j.1467-9973.2009.01627.x. Acesso em: 12 mar. 2024.
7 BAUMANE-VITOLINA, I.; CALS, I.; SUMILO, E. Is Ethics Rational? Teleological, Deontological and Virtue Ethics Theories Reconciled in the Context of Traditional Economic Decision Making. *Procedia Economics and Finance*, v. 39, p. 108-114, 2016. Disponível em: https://www.sciencedirect.com/science/article/pii/S2212567116302490. Acesso em: 12 fev. 2024.
8 BENTHAM, J. *The principles of moral and legislation*. Amherst: Prometheus, 1988.
9 WALLACH, W.; FRANKLIN, S.; ALLEN, C. A conceptual and computational model of moral decision making in human and artificial agents. *Topics in cognitive science*, v. 2, n. 3, p. 454-485, 2010. Disponível em: https://doi.org/10.1111/j.1756-8765.2010.01095.x. Acesso em: 12 fev. 2024.

NOTAS

10. KANT, I. *Metafísica dos costumes*. Petrópolis/Bragança Paulista: Vozes/São Francisco, 2013.
11. VAMPLEW, P. et al. Human-aligned artificial intelligence is a multiobjective problem. *Ethics and Information Technology*, v. 20, n. 1, p. 27-40, 1 mar. 2018. Disponível em: https://link.springer.com/article/10.1007/s10676-017-9440-6. Acesso em: 12 fev. 2024.
12. ROSS, W. D. *The right and the good*. Oxford: Clarendon Press, 1930.
13. MCINTYRE, A. Doctrine of Double Effect, *The Stanford Encyclopedia of Philosophy* (Winter 2023 Edition), Edward N. Zalta & Uri Nodelman (Eds.) Disponível em: https://plato.stanford.edu/archives/win2023/entries/double-effect. Acesso em: 03 fev. 2025.
14. FOOT, P. The problem of abortion and the doctrine of double effect. *Oxford Review*, v. 5, 1967. Disponível em: https://philpapers.org/archive/footpo-2.pdf. Acesso em: 22 out. 2024.
15. CERVANTES, J.-A. et al. Artificial Moral Agents: A Survey of the Current Status. *Science and Engineering Ethics*, v. 26, n. 2, p. 501-532, 1 abr. 2020. Disponível em: https://link.springer.com/article/10.1007/s11948-019-00151-x. Acesso em: 22 out. 2024.
16. PINTO, Á. *O conceito de tecnologia*. Rio de Janeiro: Contraponto, 2005, v. 2.
17. DIGNUM, V. Ethics in artificial intelligence: introduction to the special issue. *Ethics and Information Technology*, v. 20, n. 1, p. 1-3, 1 mar. 2018. Disponível em: https://link.springer.com/article/10.1007/s10676-018-9450-z. Acesso em: 22 out. 2024.
18. DIGNUM, V. Ethics in artificial intelligence: introduction to the special issue. *Ethics and Information Technology*, v. 20, n. 1, p. 1-3, 1 mar. 2018. Disponível em: https://link.springer.com/article/10.1007/s10676-018-9450-z. Acesso em: 22 out. 2024.
19. CERVANTES, J.-A. et al. Artificial Moral Agents: A Survey of the Current Status. *Science and Engineering Ethics*, v. 26, n. 2, p. 501-532, 1 abr. 2020. Disponível em: https://link.springer.com/article/10.1007/s11948-019-00151-x. Acesso em: 22 out. 2024.
20. MOOR, J. H. The Nature, Importance, and Difficulty of Machine Ethics. IEEE Intelligent Systems, v. 21, n. 4, p. 18-21, 2006. Disponível em: https://ieeexplore.ieee.org/document/1667948. Acesso em: 18 out. 2024.
21. ALLEN, C.; SMIT, I.; WALLACH, W. Artificial Morality: Top-down, Bottom-up, and Hybrid Approaches. *Ethics and Information Technology*, v. 7, n. 3, p. 149-155, 1 set. 2005. Disponível em: https://link.springer.com/article/10.1007/s10676-006-0004-4. Acesso em: 03 fev. 2024.
22. HONARVAR, A. R.; GHASEM-AGHAEE, N. Casuist BDI-agent: a new extended BDI architecture with the capability of ethical reasoning. International conference on artificial intelligence and computational intelligence. Anais... Springer, 2009. Disponível em: https://link.springer.com/article/10.1007/s10676-006-0004-4. Acesso em: 03 fev. 2024.
23. ANDERSON, M.; ANDERSON, S. L. ROBOT BE GOOD. *Scientific American*, v. 303, n. 4, p. 72-77, 2010. Disponível em: https://www.scientificamerican.com/article/robot-be-good/. Acesso em: 07 out. 2024.
24. GABRIEL, I.; GHAZAVI, V. The challenge of value alignment: From fairer algorithms to AI safety. ArXiv preprint arXiv:2101.06060, 2021. Disponível em: https://arxiv.org/abs/2101.06060. Acesso em: 05 out. 2024.
25. HAAS, J. Moral Gridworlds: A Theoretical Proposal for Modeling Artificial Moral Cognition. *Minds and Machines*, v. 30, n. 2, p. 219-246, 1 jun. 2020. Disponível em: https://link.springer.com/article/10.1007/s11023-020-09524-9. Acesso em: 18 set. 2024.
26. RODRIGUEZ-SOTO, M. et al. Instilling moral value alignment by means of multi-objective reinforcement learning. *Ethics and Information Technology*, v. 24, n. 1, p. 9, 2022. Disponível em: https://link.springer.com/article/10.1007/s10676-022-09635-0. Acesso em: 16 ago. 2024.
27. DULAC-ARNOLD, G.; MANKOWITZ, D.; HESTER, T. Challenges of real-world reinforcement learning. ArXiv preprint arXiv:1904.12901, 2019. Disponível em: https://link.springer.com/article/10.1007/s10994-021-05961-4. Acesso em: 13 nov. 2024.
28. DEHGHANI, M. et al. "An Integrated Reasoning Approach to Moral Decision-Making". In: Anderson M., Anderson S. L., eds. *Machine Ethics*. Cambridge University Press, 2011. Disponível em: https://doi.org/10.1017/CBO9780511978036.028. Acesso em: 13 jul. 2024.
29. BLASS, J. A. Interactive Learning and Analogical Chaining for Moral and Commonsense Reasoning. Thirtieth AAAI Conference on Artificial Intelligence. Em: Thirtieth Aaai Conference On Artificial Intelligence Anais... Phoenix: 2016. Disponível em: https://www.aaai.org/ocs/index.php/AAAI/AAAI16/paper/view/12293. Acesso em: 26 jul. 2021.

30 ANDERSON, M.; ANDERSON, S. L. Ethical Healthcare Agents. In: Sordo, M., Vaidya, S., Jain, L.C. (eds) Advanced Computational Intelligence Paradigms in Healthcare - 3. *Studies in Computational Intelligence*, vol 107. Springer, Berlin, Heidelberg. 2008. Disponível em: https://doi.org/10.1007/978-3-540-77662-8_10. Acesso em: 03 jan. 2025.

31 CÓRDOVA, P. R. Ethoscool: Avançando a ética em IA na educação por meio de agentes morais artificiais. Porto Alegre, 2024. Tese (Doutorado) – Universidade Federal do Rio Grande do Sul.

32 WALLACH, W.; FRANKLIN, S.; ALLEN, C. A conceptual and computational model of moral decision making in human and artificial agents. *Topics in cognitive science*, v. 2, n. 3, p. 454-485, 2010. Disponível em: https://doi.org/10.1111/j.1756-8765.2010.01095.x. Acesso em: 13 jul. 2024.

33 BEAUCHAMP, T. L.; CHILDRESS, J. F. *Principles of Biomedical Ethics*. 5. ed. New York: Oxford University Press, 2001.

34 ANDERSON, M.; ANDERSON, S. L.; ARMEN, C. MedEthEx: a prototype medical ethics advisor. Proceedings of the national conference on artificial intelligence. Menlo Park, Cambridge; London: AAAI Press MIT Press; 2006. p. 1759-1765. Disponível em: https://citeseerx.ist.psu.edu/document?repid=rep1&type=pdf&doi=3bd83fc015adbeaeef03d10e4a2ce4830a75890d. Acesso em: 08 mar. 2024.

35 CERVANTES, J.-A. et al. Artificial Moral Agents: A Survey of the Current Status. *Science and Engineering Ethics*, v. 26, n. 2, p. 501-532, 1 abr. 2020. Disponível em: https://link.springer.com/article/10.1007/s11948-019-00151-x. Acesso em: 22 out. 2024.

36 FLI, F. OF L. Our Mission. Future of Life. Disponível em: https://futureoflife.org/our-mission/. Acesso em: 27 jun. 2024.

37 INSTITUTE OF ELECTRICAL AND ELECTRONIC ENGINEERS. Ethically Aligned Design: A Vision for Prioritizing Human Well-being. 2019. Disponível em: https://standards.ieee.org/wp-content/uploads/import/documents/other/ead_v2.pdf. Acesso em: 03 fev. 2025.

38 ORGANISATION FOR ECONOMIC CO-OPERATION AND DEVELOPMENT. The OECD Artificial Intelligence (AI) Principles – OECD.AI. Disponível em: https://oecd.ai/en/ai-principles. Acesso em: 15 dez. 2024.

39 UNESCO, U. N. E., Scientific and Cultural Organization. Recommendation on the Ethics of Artificial Intelligence. 2022. Disponível em: https://unesdoc.unesco.org/ark:/48223/pf0000373434. Acesso em: 7 fev. 2024.

40 UNESCO, U. N. E., Scientific and Cultural Organization. Recommendation on the Ethics of Artificial Intelligence. 2022. Disponível em: https://unesdoc.unesco.org/ark:/48223/pf0000373434. Acesso em: 7 fev. 2024.

41 UNESCO, U. N. E., Scientific and Cultural Organization. Recommendation on the Ethics of Artificial Intelligence. 2022. Disponível em: https://unesdoc.unesco.org/ark:/48223/pf0000373434. Acesso em: 7 fev. 2024.

42 UNESCO, U. N. E., Scientific and Cultural Organization. Recommendation on the Ethics of Artificial Intelligence. 2022. Disponível em: https://unesdoc.unesco.org/ark:/48223/pf0000373434. Acesso em: 7 fev. 2022.

43 UNESCO, U. N. E., Scientific and Cultural Organization. Recommendation on the Ethics of Artificial Intelligence. 2022. Disponível em: https://unesdoc.unesco.org/ark:/48223/pf0000373434. Acesso em: 7 fev. 2022.

44 UNESCO, U. N. E., Scientific and Cultural Organization. Recommendation on the Ethics of Artificial Intelligence. 2022. Disponível em: https://unesdoc.unesco.org/ark:/48223/pf0000373434. Acesso em: 7 fev. 2022

45 USA. White House. Executive Order on the Safe, Secure, and Trustworthy Development and Use of Artificial Intelligence. Disponível em:<https://www.whitehouse.gov/briefing-room/presidential-actions/2023/10/30/executive-order-on-the-safe-secure-and-trustworthy-development-and-use-of-artificial-intelligence/. Acesso em: 9 jul. 2024.

46 UNESCO, U. N. E., Scientific and Cultural Organization. Recommendation on the Ethics of Artificial Intelligence. 2022. Disponível em: https://unesdoc.unesco.org/ark:/48223/pf0000373434. Acesso em: 7 fev. 2022.

47 GUNNING, D.; AHA, D. DARPA's Explainable Artificial Intelligence (XAI) Program. *AI Magazine*, v. 40, n. 2, p. 44-58, 24 jun. 2019. Disponível em: https://onlinelibrary.wiley.com/doi/10.1609/aimag.v40i2.2850. Acesso em: 03 fev. 2025.

NOTAS

48 UNESCO, U. N. E., Scientific and Cultural Organization. Recommendation on the Ethics of Artificial Intelligence. 2022. Disponível em: https://unesdoc.unesco.org/ark:/48223/pf0000373434. Acesso em: 7 fev. 2022.
49 UNESCO, U. N. E., Scientific and Cultural Organization. Recommendation on the Ethics of Artificial Intelligence. 2022. Disponível em: https://unesdoc.unesco.org/ark:/48223/pf0000373434. Acesso em: 7 fev. 2022.
50 UNESCO, U. N. E., Scientific and Cultural Organization. Recommendation on the Ethics of Artificial Intelligence. 2022. Disponível em: https://unesdoc.unesco.org/ark:/48223/pf0000373434. Acesso em: 7 fev. 2022.
51 UNESCO, U. N. E., Scientific and Cultural Organization. Recommendation on the Ethics of Artificial Intelligence. 2022. Disponível em: https://unesdoc.unesco.org/ark:/48223/pf0000373434. Acesso em: 7 fev. 2022.
52 UNITED NATIONS. Report of the World Commission on Environment and Development : "Our common future". Disponível em: https://digitallibrary.un.org/record/139811?v=pdf. Acesso em: 25 ago. 2024.
53 UNESCO, U. N. E., Scientific and Cultural Organization. Recommendation on the Ethics of Artificial Intelligence. 2022. Disponível em: https://unesdoc.unesco.org/ark:/48223/pf0000373434. Acesso em: 7 fev. 2022.
54 DE VRIES, Alex. The growing energy footprint of artificial intelligence. Joule, v. 7, n. 10, p. 2191-2194, 2023. Disponível em: https://www.sciencedirect.com/science/article/pii/S2542435123003653. Acesso em: 6 fev. 2025.
55 UNITED NATIONS. Secretário Geral (2017 – 2026: Antonio Manuel de Oliveira Guterres). Cúpula do Futuro: Adoção do Pacto do Futuro. New York, 22 set. 2024. Disponível em: https://brasil.un.org/pt-br/279298-cúpula-do-futuro-adoção-do-pacto-do-futuro. Acesso em: 30 set. 2024.
56 UNITED NATIONS. Summit of the Future: Outcome Documents. setembro 20241. Disponível em: <https://www.un.org/sites/un2.un.org/files/sotf-pact_for_the_future_adopted.pdf>. Acesso em: 1 out. 2024.

CAPÍTULO "MEDOS, MITOS E REAIS RAZÕES PARA TEMER" (pp. 256-273)

1 CERVANTES, M. de. *Dom Quixote*. São Paulo: DCL, 2005.
2 RYMARCZUK, R. Same old story: On non-use and resistance to the telephone and social media. *Technology in Society*, v. 45, p. 40-47, 1 maio 2016. Disponível em: https://ideas.repec.org/a/eee/teinso/v45y2016icp40-47.html. Acesso em: 03 fev. 2025.
3 MAJANO, D. Electrical Fatalities in the Workplace: 2011-2022. Electrical Safety Foundation International. Disponível em: <https://www.esfi.org/electrical-fatalities-in-the-workplace-2011-2022/>. Acesso em: 25 jul. 2024.
4 ABRACOPEL. Abracopel solta os dados mais recentes de acidentes de origem elétrica. Abracopel, 29 ago. 2023. Disponível em: https://abracopel.org/blog/noticias/abracopel-solta-os-dados-mais-recentes-de-acidentes-de-origem-eletrica/. Acesso em: 25 jul. 2024.
5 BORHEIM, G. *Os filósofos pré-socráticos*. São Paulo: Cultrix, 1993.
6 SHAKESPEARE, W. Hamlet. Porto Alegre: L&PM, 2014.

O autor

Paulo Roberto Córdova é professor, pesquisador e especialista com destacada atuação na área de computação desde 2001. Professor no Instituto Federal de Educação, Ciência e Tecnologia de Santa Catarina, é bacharel em Sistemas de Informação, mestre em Desenvolvimento e Sociedade, doutor em Informática na Educação, especialista em Inteligência Artificial e possui MBA em Gestão Empresarial. Seu trabalho interdisciplinar explora os impactos da inteligência artificial na sociedade, com especial atenção à ética no uso de tecnologias emergentes. Autor de diversas publicações científicas, é reconhecido como uma voz influente na construção de uma relação equilibrada entre inovação tecnológica e responsabilidade social.

GRÁFICA PAYM
Tel. [11] 4392-3344
paym@graficapaym.com.br